Información y Nuevas Tecnologías

Coordinadores

Teresa M.Geraldes Da Cunha Lopes
Antonio Álvaro Robles Soto

Facultad de Derecho y Ciencias Sociales
División de Estudios de Posgrado
Centro de Investigaciones Jurídicas y Sociales
Cuerpo Académico "Derecho, Estado Y Sociedad
Democratica"/Promep

Editado
15 de FEBRERO de 2013
Título
Información y Nuevas Tecnologías
Coordinadores
Teresa M. Geraldes Da Cunha Lopes
Antonio Álvaro Robles Soto
1ª.Edición
250 Ejemplares
Colección
"Transformaciones Jurídicas y Sociales en el Siglo XXI"
6ª serie/No. 5
Coordinadores de la Colección
Hill Arturo del Río Ramírez
Teresa M. G. Da Cunha Lopes
Arbitraje
Comisión Editorial de la Facultad de Derecho y Ciencias Sociales
Comisión Editorial del CIJUS

ISBN 978-1-300-73387-4

Coordinadora de la Edición
Irena Medina Sapovalova
Diseño Gráfico de portada y contraportada
Irena Medina Sapovalova
Copyright ©: Teresa Da Cunha Lopes/Antonio Robles/ CA Derecho, Estado Y Sociedad Democrática
Editado por : CIJUS/Facultad de Derecho, CAEC "Derecho, Estado y Sociedad Democrática"
Impreso por: Ediciones AAA , Sociedad Cooperativa de Responsabilidad Limitada Calle Dr. Ignacio Chávez, no. 71, Colonia Las Camelinas, CP 58290, Morelia, Mich.

DIRECTORIO

Universidad Michoacana de San Nicolás de Hidalgo	Facultad de Derecho y Ciencias Sociales

<table>
<tr>
<td>

Dr. Salvador Jara Guerrero
Rector

Dr. Egberto Bedolla Becerril
Secretario General

Dr. José Gerardo Tinoco Ruiz
Secretario Académico

M. C. Carlos Salvador Rodríguez Camarena
Secretarío Administrativo

C. P. Horacio Guillermo Díaz Mora
Tesorero

Dra. Rosa María de la Torre Torres
Secretaria Auxiliar

Mtro.Teodoro Barajas Rodríguez
Secretario de Difusión Cultural
y Extensión Universitaria

</td>
<td>

Hill Arturo Del Río Ramírez
Director

Dr. Jean-Cadet Odimba
On'Etambalako Wetshokonda
  Coordinador-General del CIJUS

Lic. Zayuri Aguirre Alvarado
Secretaria Académica

Mtro. Damián Arévalo Orozco
Secretario Administrativo

Lic. J. Jesús Rodríguez Morelos
Secretario de Desarrollo Estudi-
antil

Dr. Miguel Mendoza Barajas
Coordinador General de
Licenciatura

M.en D.María Elena Pineda Solorio
Coordinadora de la Licenciatura
en Derecho, Sistema Abierto

Dra. Susana Madrigal Guerrero
Coordinadora de la División de
Estudios de Posgrado

</td>
</tr>
</table>

www.umich.mx	**www.themis.umich.mx**

ÍNDICE

Capítulo I

El Individuo, los Derechos y la Libertad

Teresa M. Geraldes Da Cunha Lopes

El Individuo, los Derechos y la Libertad

Teresa M. Geraldes Da Cunha Lopes*

Resumen

En la actualidad asistimos a fenómenos sociales y políticos inimaginables hace apenas un cuarto de siglo. Se trata de la incursión de las tecnologías de la información y comunicación en el ámbito económico y en las actividades de las sociedades humanas que transforman y moldean la vida cotidiana de los individuos y crean una nueva realidad: la Telépolis.

Tales fenómenos se presentan en un contexto y un proceso mayor: la globalización y, en particular, la construcción de la Sociedad de la Información y del Conocimiento (SIC). Estos contextos como realidades complejas, pueden estudiarse desde múltiples puntos de vista. El que aquí emprendemos es el que pone énfasis en su incidencia en la teoría y la práctica de los Derechos Fundamentales, en particular en la emergencia y jurisdicción de la Intimidad y de la Protección de Datos Personales, y en el ejercicio efectivo de las Libertades, cuando la soberanía del estado y, por ende, el ámbito de aplicación de las constituciones territoriales se debilita.

Abstract

The present research paper attempts to study the theoretical aspects that interconnect Privacy Law and Data Protection in the Information Society to Civil Liberties and Constitutional Law, both from a doctrinal point a view and from an historical perspective. Advances in information and communication technologies are revolutionizing virtually every aspect of life and facilitating access to information in an exponential way. This is affecting governments and public administrations, which are exploring how to interact with citizens in order to provide better administrative services and facilitate participation, and also private sectors and the average individual. On one hand, this calls for public administrations, Internet providers and business managers, to reengineer their processes so as to benefit from ICT while, on the other, it means they have to facilitate citizen access to their personal information and be fully in compliance with Constitutional rights to Privacy and to Data Protection Laws, and, at the same time, to introduce new automated processes requested by a citizenry aware of the potential ICT. We are, therefore, facing the beginning of a revolution which will redefine the rule of law, brought about by elements, so different in nature, such as: a change in state sovereignty concepts; new international security concerns and regular use of databases which allow massive storage of information or networks which allow fast and secure communications. This revolution is contemplated in many governments IT strategic plans, as in the case of Mexico, but has not yet been fully realized in any country. Many issues are still to be debated and solved, including those related to existing regulations (or the lack of those regulations) for security and data protection. We think that the establishment of electronic management systems constitutes a decisive element in increasing the quality of the relations between public and private administrations and citizens or users. Such systems raise the level of efficiency in public services, increase the degree of the interactivity with the citizenry, raise the potential for democratic participation and the rule of law, and, they upgrade the quality of services and life, as a major factor in the structuring of modern economy. However, electronic management systems imply the collecting, processing and transmission of personal data. For this reason, it is absolutely necessary to detect potential problems relating to Data Protection on the Internet and to Civil Liberties. Therefore we must assess the risks involved and study the appropriate solutions, not only within technical parameters but with legal instruments and the correspondent judiciary implementation protocols. Informational Autonomy is the key word in our research paper. In fact, when people speak of a right to Privacy, they mostly have in mind informational Privacy, a person's control over others' acquisition and distribution of information about himself.

* Este texto fue elaborado a partir de las columnas de opinión semanal, previamente publicadas por la autora en diversos medios de comunicación (AIMICH, Grupo Crónicas Revista, Globedia, Le Nouvel Observateur, OJN)

Sumario

Introducción. 1.El Individuo, los Derechos y la Libertad. 2.Derecho a la Intimidad, Derecho a la Protección de Datos e Investigación Policial. 3.Chips, RFID y Protección de Datos Personales. 4.Conclusiones. Referencias bibliográficas.

Introducción

El concepto troncal de nuestras sociedades democráticas en el siglo XXI es, no el del ejercicio del voto, sí el de "Estado de derecho". Este a su vez remite al concepto de "Derechos Humanos" que está indisociablemente unido a la idea de *"libertad"*. Y ésta, desde Baruch Espinoza,[1] al concepto de "autonomía del sujeto".

Al relacionar los dos términos, resulta necesario, más que una diferenciación terminológica entre ambos, su consideración como dos términos que *"describen una misma realidad, sólo que desde perspectivas diferentes"*.[2]

Es evidente el debilitamiento de la posición del individuo en los contextos de la globalización, que supone el hecho de que las fronteras estatales sean cada vez más difusas en el actual contexto globalizado.

Ahora bien, como contrapartida en clave positiva, destaca el hecho de cómo la internacionalización de los derechos y de sus mecanismos de protección ha servido para que la soberanía estatal deje de ser utilizada como pretexto para considerar a la protección de los derechos únicamente como un asunto interno de cada Estado.[3]

Sin embargo, en las últimas décadas del Siglo XX y primera década del Siglo XXI, nuevas estructuras tecnoeconómicas han impactado la producción de la doctrina y el ejercicio efectivo de los Derechos Fundamentales.

En este artículo intentaremos cuestionarnos sobre el Individuo, los Derechos y la Libertad en el Siglo XXI, enfocando el análisis a las transformaciones observadas en el campo del Derecho a la Intimidad y a la Protección de Datos en Internet, a partir de un ejercicio centrado en dos casos concretos: a) Derecho a la Intimidad, Derecho a la Protección de Datos e Investigación Policial; b) Chips, RFID y Protección de Datos Personales.

---

1 SPINOZA, Baruch y Espinosa, Luciano. ed. Obra completa. Biblioteca de Grandes Pensadores, Editorial Gredos, Madrid (trad. 2011)

2   A este propósito ver HIERRO: 2002.

3   KRASNER, S.: *Sovereignty. Organized Hypocrisy*. Princeton University Press, Princeton, 1999

Concluiremos con una reflexión construida a partir de Stuart Mill, sobre si podemos continuar hablando de y sobre la Libertad sin hablar en paralelo del Derecho a la Información y de su relación con la Propiedad, y si podemos hablar de "Libertad" sin hablar de desarrollo.

1- El Individuo, los Derechos y la Libertad

Desde el punto de vista de la filosofía política, se considera a los *"derechos humanos"* exigencias de la dignidad humana,[4] cuyo reconocimiento y respeto resultan necesarios, entre otros aspectos, para legitimar el poder político de un Estado.

En la perspectiva histórico-política, los derechos y libertades se presentan como reivindicaciones ligadas al origen del constitucionalismo, esgrimidas por los revolucionarios de finales del siglo XVIII frente a las monarquías absolutas europeas del Antiguo Régimen. La evolución histórica del reconocimiento de los derechos es, de algún modo, paralela a la propia evolución del primitivo Estado liberal de Derecho hacia el "Estado social y democrático de Derecho". Hoy, tenemos que hablar del Estado supranacional. De soberanías funcionales y de la paulatina construcción de la *Telépolis*.[5]

---

4 FUKUYAMA, Francis. *State-Building: Governance and World Order in the 21st Century.* Ithaca, NY: Cornell University Press, 2004

5 Concepto acuñado por Javier ECHEVERRÍA en el libro *"Telépolis"* 1994. El sistema tecnológico que ha posibilitado la emergencia y el desarrollo de las actuales sociedades de la información genera, según ECHEVERRIA, un nuevo espacio social, el tercer entorno, que permite una nueva modalidad de acción humana: la TELÉPOLIS. Por analogía con el concepto griego de la POLIS, ECHEVERRÍA, produce un análisis basado en la siguiente argumentación: a).- Desde una perspectiva arquitectónica y urbanística, una metrópolis está compuesta por un conjunto de edificios, plazas, calles, viviendas, tiendas, oficinas, monumentos y medios de transporte que permiten a los ciudadanos desplazarse a diario por el espacio urbano, donde conviven miles o millones de personas. Hay hombres y mujeres, niños, jóvenes, adultos y ancianos, lugareños y forasteros, que desarrollan diversas actividades en ámbitos públicos, privados e íntimos. Al igual que las aldeas y los pueblos, una ciudad es un espacio en el que coexisten diversos tipos de personas a lo largo del tiempo y desarrollan sus respectivas actividades. Además de su componente urbanística, las ciudades también pueden ser consideradas como un ámbito que da cabida de forma duradera a una gran diversidad de actividades humanas y relaciones sociales. b).- Esta segunda perspectiva es la que permite concebir TELÉPOLIS, la ciudad electrónica global, donde se desarrolla hoy en día una nueva modalidad de sociedad, la sociedad de la información. Nadie reside físicamente en ella, pero sí mentalmente. Por sus "calles" y "plazas" no circulan personas de carne y hueso, ni coches, sino representaciones digitalizadas de todo tipo de objetos y cosas: imágenes de personas, animales, objetos y lugares, voces y sonidos pronunciados en cualquier lengua, melodías, datos, logotipos, mercancías y dinero, todo ello en formato electrónico. c).- Para que esos flujos vertiginosos circulen por los viales de Telépolis, hoy en día de banda ancha, es preciso que diversos artefactos tecnológicos digitalicen, informaticen y distribuyan a través de las redes telemáticas todas esas entidades. El sistema tecnológico que ha posibilitado la emergencia y el desarrollo de las actuales sociedades de la información genera un nuevo espacio social, el tercer entorno, en el que está siendo construida Telépolis a lo largo de las tres últimas décadas. Las diversas tecnologías de la información y la comunicación (TIC) han ido convergiendo e integrándose en un sistema tecnológico de amplia difusión, cuya consolidación ha generado como propiedad emergente ni más ni menos que un nuevo espacio-tiempo social, que ahora se trata de urbanizar y civilizar. El proyecto de construir una ciudad digitalizada y virtual en el espacio electrónico recibe el nombre de Telépolis. d).- El primer y el segundo entorno son el campo (physis) y posibilitan las relaciones humanas cuando éstas se basan en la proximidad y en la común presencia en un mismo recinto o territorio, que puede ser más o menos extenso. En cambio, las interrelaciones humanas y sociales en el tercer entorno se producen a distancia y en red, conforme a una métrica no euclídea que no requiere la presencia física ni la cercanía de los actores para intervenir en los ámbitos públicos, privados o íntimos. El sistema tecnológico de las TIC no sólo transforma la información y la comunicación. Ante todo, posibilita una nueva modalidad de acción humana, a distancia y en red. Esta transformación radical de las capacidades humanas de acción está en la base de la emergencia de la sociedad de la información.

La posición jurídica, suele utilizar la expresión *"derechos fundamentales"* o *"derechos constitucionales"* (*garantías constitucionales*) para referirse al ámbito jurídico de los individuos frente al Estado, así como a los mecanismos y procedimientos que puede utilizar para exigir determinados comportamientos de los poderes públicos.[6]

Articulando los planos filosófico, histórico-político y jurídico, podemos señalar que las Constituciones modernas positivizan y garantizan una serie de derechos fundamentales, como consecuencia de los logros obtenidos de los procesos revolucionarios a finales del siglo XVIII y fueron precisamente lo que dieron origen al constitucionalismo moderno, en su lucha por la *libertad* y la *igualdad*, tal y como se considera exigido por la actual concepción de la dignidad humana.

Cabe advertir que la terminología utilizada en lo que a derechos y libertades se refiere, es bastante imprecisa.

En la actualidad, se reserva el nombre de *"derechos fundamentales"* o *"constitucionales"*, aquellos que son recogidos en los ordenamientos internos de los Estados; y *"derechos humanos"* a los que han sido formulados en las declaraciones y convenios internacionales, por ejemplo, la Declaración Universal de Derechos Humanos de la ONU, de 1948.

El significado de esta última expresión está más bien ligado a su consideración como derechos que la persona tiene por el mero hecho de serlo, independientemente de su reconocimiento por el Derecho positivo de cada Estado.

En este sentido, pueden considerarse *derechos fundamentales* a los *derechos humanos* que están positivizados y dotados de garantía en una Constitución. También se emplea la expresión "Derechos Públicos Subjetivos" para referirse a los Derechos Humanos desde el punto de vista de la relación jurídica entre el Estado y el individuo, a quien el ordenamiento reconoce la facultad de exigir de aquél un determinado comportamiento de acción u omisión. Por último, en cuanto a la expresión "Libertades públicas", hace referencia a aquellos derechos que reconocen un ámbito de obrar lícito, los llamados "derechos de libertad".

Los caracteres de los derechos se fueron definiendo paulatinamente conforme fue evolucionando el reconocimiento y garantía de los derechos,[7] por

---

6 Ver BAYÓN, 2003

7 JUAN ÁLVAREZ-CIENFUEGOS FIDALGO, en su artículo *"Un apunte sobre los Derechos Humanos y sus generaciones"*, sintetiza los

parte de los textos constitucionales a lo largo de los siglos XIX y XX.

Esa progresiva definición de las características de los *derechos* experimenta un impulso decisivo tras la I Guerra Mundial. Si hasta ese momento los derechos y deberes de los ciudadanos habían sido formulados jurídicamente sólo en relación con la *actividad jurídica* del Estado, desde esa época fueron definidos también respecto de la *actividad social* del Estado ligada a las ideas de bienestar y progreso (Hierro: 2002), trayendo consigo un considerable incremento de la extensión de los textos constitucionales, por ejemplo, la Constitución de Weimar de 1919.[8] A partir de la II Guerra Mundial, se experimentará una progresiva internacionalización a través de los tratados y convenios internacionales, lo que se transforma a partir de los años setenta en un movimiento de "revolución copernicana" en los sistemas normativos internos de los Estado- Nación. En México, las reformas constitucionales de Junio del 2011, vienen a plasmar en texto constitucional esta tendencia de larga duración.

Desde la perspectiva constitucional, los derechos fundamentales aparecen *doblemente caracterizados.*

En primer lugar, al tratarse de *"esferas de libertad garantizadas específicamente en el texto constitucional"[9]* y que, por tanto, participan del *carácter normativo supremo de la propia Constitución*; disponen de un sistema de garantías más fuerte que otros derechos, *"no fundamentales"*, reconocidos no en la Constitución, sino en las leyes ordinarias. En segundo lugar, el reconocimiento y garantía de esos derechos fundamentales es la expresión y está al servicio de unos determinados valores, sobre los que asienta la comunidad política y la propia norma fundamental.

En gran parte de las Constituciones posteriores a la Declaración Universal

---

elementos principales de este movimiento de construcción de la doctrina de los Derechos Humanos : "A finales del siglo XVIII, envueltos en el ambiente ilustrado que preconizaba la autonomía como principal distintivo del ser humano, cuyo corolario era la libertad, se hacen públicos algunos textos básicos del ideario de la revolución burguesa, cuya inspiración última serían el "Iusnaturalismo" racionalista, todos los seres humanos poseen unos derechos naturales que dimanan de su racionalidad y que deben ser reconocidos por el poder político, y el contractualismo, las normas que deben regir a la sociedad son el resultado del consenso o la voluntad popular. La Declaración de Derechos de Virginia, la Declaración de Independencia de los Estados Unidos y las sucesivas Declaraciones de los Derechos del Hombre y del Ciudadano de la Revolución Francesa tienen en común partir del reconocimiento de que "todos los hombre fueron creados libres e iguales" -lo cual entraña la evidente paradoja, respecto a la mencionada autonomía, de que la dignidad del ser humano no le es intrínseca, sino que proviene del hecho de haber sido creado a imagen de Dios, es decir, una dignidad heterónoma-, también comparten un mismo y sentido énfasis en considerar a la libertad como la seña de identidad que tiene que guiar la acción de los poderes públicos –ahora bien, para decirlo en términos actuales, la libertad defendida por los independentistas americanos y los republicanos franceses es la libertad negativa, la "libertad de"; lo que quiere decir, la ausencia de obstáculos interpuestos por el poder político al libre desarrollo del ciudadano- y, asimismo, dieron lugar a la aprobación de Constituciones como declaraciones últimas que estructuraban jurídicamente al Estado y constituían el horizonte al que debía dirigir su mirada el legislador." (fin de citación). In DA CUNHA LOPES et alii, 2007: Aproximaciones Interdisciplinarias a la Reflexión Jurídica, Ed. Universitaria, UMSNH

8 ALEXY. op. cit. 2003

9 GARCÍA CUADRADO. 1996

de los Derechos Humanos de 1948, se parte del *"reconocimiento de la dignidad intrínseca y de los derechos iguales e inalienables de todos los miembros de la familia humana".*

Puede ser de interés repasar algunas objeciones que se han esgrimido frente a la universalidad de los derechos humanos y los argumentos que permiten dar respuesta a las mismas.

En primer lugar, se objeta que los derechos no pueden considerarse como universales, desde el momento en que tales derechos se reconocen únicamente en un ámbito espacial restringido: sólo en el supuesto de que existiera un ordenamiento jurídico universal, podría hablarse propiamente de derechos universales.

Como respuesta se puede decir que la universalidad significa que todos los seres humanos son titulares de los derechos, independientemente de que la comunidad política de que forman parte se los reconozcan o no. Si no lo hacen, entonces el régimen político y jurídico debe ser calificado como injusto.

En segundo lugar, se apunta que los derechos suelen exigir alguna condición adicional para su ejercicio (como la nacionalidad o la mayoría de edad). Subyace aquí la distinción entre la *titularidad* de los derechos y las condiciones para el *ejercicio* de los mismos.

Pero esta objeción sólo sería incompatible con la universalidad de los derechos cuando se produjera la negación de la *titularidad de los mismos a alguna categoría determinada de individuos,* pero no aquellos supuestos en que el ejercicio de determinados derechos es sujeto a limitaciones por alguna razón justificada.

La tercera objeción consistiría en que afirmar la universalidad de los derechos supone negar la posibilidad de reconocer derechos diferentes a determinados grupos de sujetos (en referencia al reconocimiento de los derechos de los niños, las mujeres...).

Esta observación no contradice la universalidad de los derechos sino que constituye un nuevo argumento a su favor. Habida cuenta de la realidad de que determinados colectivos se encuentran en una situación social de particular desprotección e indefensión, se hace necesario enfatizar que a ellos también deben serle reconocidos los derechos humanos e instituir en su caso técnicas de protección específica. Ello guarda relación con el concepto de "discriminación positiva".

Una última objeción vendría dada por el *relativismo cultural*.[10] Esto es, la diversidad de las tradiciones culturales y morales que se observan en el mundo actual conduce a visiones distintas sobre el concepto y naturaleza de los derechos, e incluso sobre cuáles deben ser los derechos reconocidos y protegidos Y sobre cuál es la jerarquía (si existe) entre los derechos reconocidos y protegidos en los tratados, convenciones y convenios internacionales y la Constitución.

El argumento fundamental frente a este relativismo nos lo proporciona de nuevo la noción de dignidad humana, con lo que conlleva de respeto incondicional a todos los seres humanos, concepto que se impone incluso frente al Estado,[11] a la Sociedad, frente a la Cultura, frente a la Globalización y frente a la Sociedad de la Información.

2.- Derecho a la Intimidad, Derecho a la Protección de Datos e Investigación Policial

La información circula por Internet[12] independientemente del lugar donde se sitúen sus comunicadores y receptores, sin que existan barreras geográficas que puedan limitarla, ya que Internet tiene un carácter universal, omnipresente y deslocalizado, que supera las fronteras estatales y coloca profundos problemas vis-a-vis del ejercicio de la soberanía, en sentido estricto, obligando a una reformulación del principio de soberanía funcional del Estado.

Además, la Red ha aparecido y crecido de forma espontánea, sin intervención de los Estados. Las instituciones que fijan los estándares y protocolos que gobiernan su funcionamiento, tales como ICANN escapan de la lógica gubernamental. O sea, la Red no sólo fue creada por el *descontrol*, sino que se desarrolló con entusiasmo por universitarios convencidos de que en ella estaba la base para el desarrollo de la contestación y de una nueva contracultura, fuera de los convencionalismos y del orden jerarquizado de la política y de la sociedad.

Un entorno de *libertad*, que ha creado retos y problemas, que el derecho tiene que enfrentar y administrar.

---

10 BELTRÁN. 2002

11 MANN, Michael: *The Sources of Social Power*. The Rise of Classes and Nation-States, 1760-1914. Cambridge University Press, Cambridge, 1993,

12 Para un panorama general de las tendencias tecnológicas y de los ejercicios de prospectiva véase el portal electrónico de Kurzweil Artificial Intelligence network http://www.kurzweilai.net/index.html?flash=1 o el Portal electrónico de Futuribles Revue http://www.futuribles-revue.com/. Para cuestiones de políticas públicas y de contextos geopolíticos económicos estratégicos, véase el Portal del Center for Strategic and International Studies: http://www.csis.org, en particular los programas de investigación: Technology and Public Policy y Ciber and Internet Policy (http://csis.org/taxonomy/term/20/program)

Sin embargo, pese a que los tratados internacionales y las normas supranacionales han hecho frente a algunos aspectos regulatorios derivados de Internet, no se han resuelto todas las cuestiones. Una de éstas es la relativa a la privacidad y al Derecho a la Intimidad,[13] particularmente, la protección de la información de los individuos en la Red, ya que la mayor parte de los países carecen de regulaciones sobre la recopilación de información en la Red y el acceso a ella. Y carecen también de un adecuado corpus normativo que delimite la actuación del Estado vis-a-vis del Individuo, en contextos de seguridad internacional, seguridad nacional, seguridad pública, en que la vigilancia constante y presente, la acumulación de información sobre cada uno de nosotros, se asemeja, cada día más, a una novela o película de ciencia ficción, al estilo de "Enemigo Público" o de "Minority Report"

Y, aquellos, que han constitucionalizado y garantizado el ejercicio efectivo del Derecho a la Intimidad y a la Protección de Datos Personales se enfrentan al problema de la aplicación concreta de estos Derechos en el Ciberespacio,[14] que por definición es autónomo de la *Physis* y, por ende, externo a la naturaleza territorial del poder normativo y coercitivo del Estado-Nación.

---

13 La posición fundamental de GRISWOLD vs CONNECTICUT como precedente y referencia internacional es visible, tanto en la evolución del concepto de derecho a la privacidad en el Sistema Jurídico Mexicano, como en la formulación del mismo en la jurisprudencia española. A este respeto resulta muy interesante el Voto particular que formula el Magistrado don Manuel JIMÉNEZ DE PARGA Y CABRERA a la Sentencia dictada en los recursos de inconstitucionalidad acumulados números 201/1993, 219/93, 226/93 y 236/93, al que presta su adhesión el Magistrado don RAFAEL DE MENDIZÁBAL ALLENDE y que paso a citar: "La construcción jurisprudencial de la tutela de nuevos derechos fundamentales. La última clase de derechos (los creados por la jurisprudencia) tiene especial relieve. Los derechos no-escritos han de ser tutelados por la jurisprudencia, ya que las Constituciones proporcionan al intérprete un punto de apoyo, unas palabras (escasas a veces, lapidarias), sobre los que hay que efectuar, mediante una actividad creadora, la construcción del derecho fundamental. Debido al lejano momento histórico de la elaboración de la Constitución de Estados Unidos, los jueces se han visto allí obligados a incorporar al acervo consti-tucional diversos derechos que no figuran ni en los textos del siglo XVIII ni en las Enmiendas posteriores: desde el derecho a la presunción de inocencia al derecho de asociación, pasando por el derecho a casarse y el de educar libremente a los hijos. Y la jurisprudencia norteamericana nos ofrece curiosos ejemplos de tutela judicial que fue articulada apoyándose en otros derechos expresamente protegidos por la Constitución. Suele citarse una Sentencia de 1965, dictada en Griswold v. Connecticut, donde se consideró violado el derecho a la privacidad en el matrimo-nio, invocando al efecto las Enmiendas Primera (que se refiere a varios derechos, entre ellos el de libertad religiosa), la Enmienda Tercera (no alojar tropas sin el consentimiento del dueño de la casa), Enmienda Cuarta (inmunidad del hogar), Enmienda Quinta (garantías del imputado). Con estos derechos se argumentó que proporcionar información sobre el uso de contraceptivos, que es lo que hacía el Sr. Griswold, director de una Liga de planeamiento familiar, conculcaba el derecho a la privacidad en el matrimonio. La Enmienda Novena, al dejar abierta la lista de derechos fundamentales, facilitó esta elaboración jurisprudencial de un derecho atípico. Algo parecido se ha llevado a cabo por las interpretaciones constitucionales en Italia y en Alemania, cuyas Constituciones contienen unos preceptos que han facilitado la inclusión de nuevos derechos: art. 2 de la Constitución italiana; art. 2.1) de la Ley Fundamental de Alemania. 3. El derecho de libertad informática en el Ordenamiento español. La STC 254/1993, FJ 6, mencionó, por vez primera en nuestra jurisprudencia, la libertad informática, entendida como un derecho fundamental "en sí mismo". Lo subraya bien la Sentencia a la que estoy formulando este Voto concurrente. Es un punto de apoyo para la pertinente construcción del derecho fundamental. Otra base firme la proporciona el art. 18.4 CE. Pero la Sentencia convierte en base principal lo que en la Constitución es un simple mandato al legislador, para que éste limite el uso de la informática. A mi entender, la libertad informática, en cuanto derecho fundamental no recogido expresamente en el texto de 1978, debe tener como eje vertebrador el art. 10.1 CE, ya que es un derecho inherente a la dignidad de la persona. Tal vinculación al derecho a la dignidad de la persona proporciona a la libertad informática la debida consistencia constitucional. También son preceptos que facilitan la configuración de la libertad informática los contenidos en los arts. 18.1 (derecho al honor, a la Intimidad personal y familiar y a la propia imagen) y 20.1 (libertad de expresión y de información), entre otros, así como los Tratados y Acuerdos internacionales, en cuanto son guías de interpretación constitucional (art. 10.2 CE): fundamentalmente, el Convenio Europeo para la protección de los Derechos Humanos y las Libertades Fundamentales (1950), art. 8; el Convenio del Consejo de Europa para la Protección de las personas con respecto al Tratamiento Automatizado de Datos de Carácter Personal (1981), arts. 5, 6, 8 y 9; Directiva 95/46/CE del Parlamento Europeo y del Consejo, de 24 de octubre de 1995, relativa a la Protección de las Personas Físicas en lo que respecta al Tratamiento de Datos Personales y a la libre Circulación de estos datos, art. 13." (fin de citación)

14 A principios de los años 80's, el escritor William GIBSON, en la obra Neuromancer (New York: Ace Books, 1984), acuñó el término ciberespacio para describir una red de computadoras ficticias, que contenían enormes cantidades de información que podrían explotarse con

Podemos entonces afirmar que, entre los campos del Derecho reconfigurados por el uso general de las TIC's y por las estructuras específicas del Ciberespacio, se encuentra el Campo de los Derechos Fundamentales, y, en segunda análisis los problemas regulatorios asociados, ya que hay áreas específicas de Internet que sólo pueden ser reguladas en el ámbito global, multilateral, como es el caso de las telecomunicaciones, y por ende, el ejercicio concreto de los nuevos derechos personales: el Derecho a la Intimidad y a la Protección de Datos Personales en Internet.[15]

Una de las principales manifestaciones del derecho a la intimidad es su ejercicio con ocasión de una investigación policial. Cuando el titular del derecho es un sospechoso de haber cometido un delito, el régimen jurídico del mismo puede exigir:

1. La autorización judicial para restringir el derecho a la intimidad. De este modo, la policía debe solicitar del juez una autorización para entrar en un domicilio o para interceptar una comunicación. A su vez, la autorización del juez debe respetar ciertos principios de motivación, proporcionalidad, etc.

2. Cuando el delito es extremadamente grave, por ejemplo, en casos de sospechosos de pertenecer a grupos terroristas, puede existir una normativa de excepción (legislación antiterrorista) que matice los requisitos anteriores (por ejemplo, permitiendo a la policía intervenir pero exigiendo que, con posterioridad, lo comunique al juez) o incluso que, en la práctica, los haga desaparecer. Por ejemplo, el control de tráfico (no de contenidos) de las comunicaciones impuestos por la nueva directiva europea como consecuencia del 14M y de los atentados de Julio en Inglaterra, introduce restricciones que son comparables en grado y justificación a las restricciones a la libertad de circulación entre ciudadanos miembros de la Unión Europea.

Es en estas ocasiones cuando entra en juego una de las consecuencias más llamativas de la vulneración de este derecho, la denominada prueba ilícita o prueba obtenida en violación de derechos fundamentales.

---

el fin de adquirir riqueza y poder. Hoy en día, el término Ciberespacio se ha convertido así en una metáfora para la sociedad digital, hecha posible mediante computadoras y redes de computadoras. Cuando se hace referencia al mismo de forma abstracta, significa la suma total de información disponible electrónicamente, el intercambio de esa información y las comunidades que emergen como consecuencia del uso de esa información. Cuando se usa en referencia a cierta operación militar, significa la información a disposición de una audiencia específica.
15 L. LESSIG: "La arquitectura de la Privacidad". En: Cuadernos Ciberespacio y Sociedad Nº 2
febrero 1999. Traducción: Javier Villate. URL del documento original:
http://cyber.harvard.edu/works/lessig/architecture_priv.pdf

En virtud de este principio, una prueba obtenida vulnerando el derecho a la intimidad (por ejemplo, grabar una conversación o entrar en un domicilio sin la correspondiente autorización de la autoridad judicial) no puede utilizarse como prueba de cargo contra un sospechoso de haber cometido un delito.

Ello puede traer consigo que, incluso en situaciones en la que la prueba obtenida ilícitamente demuestre de un modo incontrovertible la culpabilidad del acusado, éste tenga que ser puesto en libertad, si no existe otra prueba de cargo en su contra o si la que hay no pudo haber sido obtenida sin el concurso de la primera (por ejemplo, cuando la interceptación ilícita de una comunicación permite a la policía localizar a un sospechoso que mantiene una conversación telefónica, interceptada ahora con la oportuna autorización del juez, que permite inculparlo).

En definitiva, una prueba obtenida vulnerando del derecho a la intimidad, la inviolabilidad de domicilio o el secreto de las comunicaciones, es una prueba que viola derechos fundamentales (como, por ejemplo, una confesión obtenida mediante tortura) y por lo tanto nula.

Otra etapa de la evolución del Derecho de la Intimidad ha venido suscitada por la problemática que genera el tratamiento de los datos personales, tanto aquellos que se refieren a aspectos tradicionalmente considerados pertenecientes a la esfera de "lo íntimo" (relacionados con la moral sexual, la ideología, la religión, etc.) como otros que pueden considerarse en principio "banales" (principalmente hábitos de consumo), o innovadores, como datos genéticos (en particular el uso de las pruebas de ADN) .

Es habitual la recogida y almacenamiento de estos datos mediante encuestas con finalidades sociológicas (trabajos científicos sobre las actitudes de la población), políticas (sondeos de opinión o electorales), económicas (orientadas al mercado), policiales (bases de datos de delitos, sospechosos, etc.) y otras.

Ahora bien, las posibilidades abiertas por el tratamiento informático de los datos ha difuminado la distinción entre lo que debe considerarse íntimo y lo que no, ya que cualquier dato, por banal que pueda presentarse, puede contribuir a configurar un determinado perfil actitudinal.

Esto ha hecho cambiar el concepto mismo de "intimidad", que tiende a ser sustituido por el más amplio de "privacidad". La "privacidad", entendida de este modo, cubriría datos que, aunque relativos a conductas no pertenecientes en principio a la esfera íntima,[16] son susceptibles de un tratamiento informático conjunto que permite trazar un perfil completo de las pautas de la vida privada del individuo.

Más que de una esfera íntima, la metáfora actual apunta a lo privado como un mosaico, cuyas piezas todas contribuyen, incluso la más pequeña, a dotar de significado al conjunto.

Por esta razón, las normas protectoras del derecho a la intimidad se han extendido también sobre los límites del tratamiento informático de los datos personales (bases de datos en manos de entidades públicas o privadas, medios de comunicación, redes sociales), hasta el punto de configurar un derecho fundamental específico, el derecho a la autodeterminación informativa[17] o derecho al control sobre los propios datos personales, al que se ha venido en denominar, por analogía con el viejo derecho de "Habeas Corpus", con el término "Habeas Data".[18]

Derechos que no "desaparecen" ni se "volatizan" en el cuadro de una investigación ni durante el tiempo en que descorre el proceso, pero que todos los días son violados por la red de intereses económicos y políticos tejida entre medios de comunicación y autoridades.

Las características de esta regulación suelen cubrir aspectos como:

16 En efecto, en la Edad Antigua, el Asentimiento de la personalidad constituía un valor moral, la conciencia que el hombre occidental tiene del propio ser en sí mismo, como un fin autónomo de Intimidad y de vida. Para los griegos la esencia del hombre era el ser político (el Zoon Politikon aristotélico). Para los Romanos, según VON IHERING, el hogar doméstico era importante y cobraba un valor moral. La idea de paz de la casa ha sido reconocida en la inviolabilidad del domicilio, en donde era además un lugar santo o sagrado. De ahí el aforismo latino: Domus tutissimun cuisque atque receptaculum est (Gayo): La casa es para cada cual segurísimo refugio y acogida. En la Edad Media. Frente a los males contra la tranquilidad de las personas, debía ser indemnizados, se reconoce en el s. XIV la responsabilidad por agresión y difamación. En la Edad Moderna, en el s. XVI se reglamenta la propiedad literaria. El hogar cobra mucho más importancia de la que tenía antes. Se plantea la dicotomía de lo público y lo privado. En el s. XVIII los ciudadanos intentan definir lo que era vida pública y lo que no tenía esa calificación. Mientras el hombre se hacía a sí mismo en público, realizaba su naturaleza en el dominio privado, sobre todo experiencias dentro del núcleo familiar. En las declaraciones de los derechos del hombre formuladas en el s. XVIII, no contienen mención alguna al Derecho a la Intimidad. En 1750, parisinos y londinenses consideraban a sus familias como dominios privados. En la Edad contemporánea la idea moderna sobre los Derechos Humanos proviene de la oposición entre naturaleza y cultura. Si los sentimientos de un hombre son lesionados, si hacen que se sienta abyecto o humillado, esto constituye una violación a sus derechos naturales. La Glorificación del hogar se alcanzó en Inglaterra (s. XIX). EDUARD SHILS, llamó a la era Victoriana la edad de oro de la Privacy (The golden age of Privacy). Establece una relación entre el culto victoriano a la Intimidad y la urbanización decimonónica de la vida. La concepción victoriana de la Intimidad fue un medio de defensa contra el código puritano de la época. Incluso, en ciertos aspectos, la Intimidad llegó a ser concebida no sólo como un derecho, sino también como un deber: el deber de ocultar ciertas partes del cuerpo. En esta época, surge en Norteamérica el famoso artículo en la Revista de Derecho de Harvard de WARREN y BRANDEIS (1890). A finales del siglo XIX ENGELS, se refiere a la familia privada como la expresión del carácter capitalista. La privacidad era el realismo de la expresión interactiva, era una cultura donde los extraños podían inferir el carácter de uno a partir de cómo lucía y cómo vestía. En 1877, GAREIS proclamó el derecho del individuo a organizar su vida como deseare, el derecho al nombre y el derecho al honor. KOHLER (1880) defensor de los derechos de la personalidad. Proclamó el derecho a una esfera de Intimidad, y en 1907 definió el derecho al secreto. FARIÑAS M., Luis. EL DERECHO A LA INTIMI-DAD. Ed. Trivium, S.A., Madrid, 1983, págs. 315 a 352.

17 MURILLO DE LA CUEVA, Pablo Lucas (1990). El derecho a la autodeterminación informativa. Madrid: Tecnos. Temas clave. Págs. 173-174.

18 El Tribunal Constitucional (España) ha reconocido el derecho a la autodeterminación informática (Habeas Data) que aparece, en STC 254/1993, bajo el término "libertad Informática". Este derecho fue reconocido por primera vez por el Tribunal Constitucional alemán en su

1. Las condiciones en las que puede procederse al tratamiento de los datos personales.

2. Tipos de datos cuya recogida y tratamiento se encuentra prohibido.

3. Tipos de datos sujetos a unos requisitos específicos, por ejemplo, el de consentimiento expreso o por escrito (datos considerados sensibles).

4. Confidencialidad y seguridad de los datos sometidos a tratamiento.

5. Los derechos de información, acceso y notificación de los titulares de los datos.

6. El establecimiento de Agencias Independientes de Protección de datos con potestades inspectoras y sancionadoras.

7. El establecimiento de acciones judiciales para reparar la violación de los derechos anteriores.

8. Así, jurídicamente la protección de los datos personales, como ya se dijo en un principio, se desprende de la tutela a la intimidad entendida como un derecho fundamental, por lo que los alcances de ésta, permean en la conformación de aquellos. Es decir la evolución sociológica y jurídica de la intimidad se relaciona con esos datos personales.

3.- Chips, RFID y Protección de Datos Personales

Uno de los cocteles más explosivos y potencialmente mortal para el efectivo ejercicio de nuestro Derecho a la Intimidad, a la Privacidad y a la Protección de Datos Personales, consiste en el uso de las nuevas tecnologías de la información[19] para la elaboración de bases de datos sobre nuestros comportamientos político-cívicos, nuestras preferencias ideológicas y nuestro potencial como consumidores, por operadores políticos y empresas privadas que operan de forma ilegal y con toda la impunidad.

Internet y, de forma más amplia, la propagación de las tecnologías de la

---

sentencia de 15 de diciembre de 1983 sobre la Ley del Censo. En esta sentencia el Tribunal Constitucional alemán consideró el derecho a la autodeterminación informativa sobre la base del derecho a la autodeterminación de la persona e identificó este nuevo derecho, que implica que cada individuo puede decidir básicamente por sí mismo cuándo y dentro de qué límites procede revelar situaciones referentes a la propia vida. Para el Tribunal Constitucional alemán, el libre desarrollo de la personalidad presupone, en las condiciones modernas. Vid, EKMEKDJIAN: 1996; y las normativas de la Unión Europea) de la elaboración de datos, la protección del individuo contra la recogida, el almacenamiento, la utilización y la transmisión ilimitados de los datos referentes a la persona.

19 Las posibilidades del uso y del desarrollo de las nuevas tecnologías están contempladas en la ley empírica, llamada Ley de Moore, formulada por el co-fundador de Intel, Gordon E. Moore el 19 de abril de 1965, en la revista Electronics

información y del conocimiento, TIC's, en nuestra vida cotidiana (GPS, RFID,[20] celulares) han modificado radicalmente el entorno en que vivimos y las formas como nos relacionamos, como nos comunicamos[21] y han creado nuevos riesgos para nuestra privacidad, considerada ésta en un sentido amplio.[22]

Sin embargo, contrariamente a la percepción del público en general, no nos encontramos en una situación del tipo "salvaje oeste".

Existen diversas disposiciones constitucionales, tanto en México como en otros países y legislaciones específicas, al campo de la protección de datos personales, tanto de ámbito nacional (ej.: la "Ley Federal de Protección de Datos Personales en Posesión de los Particulares") como de ámbito regional (ej.: las directivas europeas de protección de datos) que garantizan la protección de los individuos que hoy, pueden ser definidos como "ciudadanos de la red", de forma a asegurar los niveles adecuados de confianza en el gobierno electrónico, en la democracia electrónica, en el e-commerce, en el e-justice y otras actividades .

Un elemento importante y común a estos corporii iura, es el énfasis colocado en asegurar la existencia de instrumentos de defensa necesarios para el pleno ejercicio de los derechos ARCO (Derechos de Acceso, Rectificación, Cancelación y Oposición sobre nuestros datos personales recabados y almacenados en cualquier tipo de base de datos, tanto gubernamental, de los sujetos obligados, como por ejemplo partidos políticos o en manos de particulares) no sólo en Internet como en la vida cotidiana, fuera de la red y en todos los actos realizados tanto en la esfera del público, como en la esfera del privado.

Podemos entonces colocarnos dos cuestiones:

a) ¿a qué riesgos nos enfrentamos y qué derechos son afectados?

b) ¿qué normas y disposiciones nos protegen?

---

20 "In most cases, the potential invasion of Privacy through the use of RFID is likely to be proportionate to several interrelated parameters including: i) a tag's capacity to be read at a distance without the participation of the individual; ii) the possibility to reveal intrusive or sensitive information about individuals through inferences and profiling; iii) the degree of interoperability (who can read the tags, who can access the full information about the product); and iv) the tracking capabilities of RFID". OCDE, Junio 2008. RFID, Radio Frequency Identification, OCDE Policy Guidance. A Focus on Information Security and Privacy Applications, Impacts and Country Iniciatives. Véase también: OCDE Ministerial Meeting on the Future of the Internet Economy. Seúl, Korea.pag.53

http://www.oecd.org/dataoecd/19/42/40892347.pdf (consultados el 12 de octubre 2012)

21 Véase J. GRIJPINK; C. PRIENS (2001). «Digital Anonymity on the Internet, New Rules for Anonymous Electronic Transactions?». Computer Law & Security Report. Vol. 17, n. ° 6, pág. 379-389.

22 Véase en particular S. RODOTÀ. "Beyond the E.U. Directive: Directions for the Future". En: Y. POULLET; C. DE TERWANGNE; P. TURNER (ed.). "Privacy: New Risks and Opportunities". Cahier du CRID. Amberes: Kluwer. N° 13, pág. 211 f.

Las características de este nuevo entorno tecnológico caracterizado por la omnipresencia de la sociedad de la información y del conocimiento se pueden resumir en tres grandes tendencias:

1. La capacidad de la infraestructura de comunicación[23] está creciendo y con respecto al equipamiento terminal, se observan distintas evoluciones. Primero, el equipamiento terminal, que en los ochenta era unifuncional (el terminal de telefonía de voz para transmisión de señales de audio, la TV para la transmisión unidireccional de imágenes, etc.), ahora es multifuncional. Con el celular podemos enviar correos electrónicos, ver la TV, efectuar transacciones y leer el periódico, pero también podemos ser localizados, seguidos y victimizados.

2. Otra evolución sufrida por el equipamiento terminal es que ya no está anclada a un lugar fijo, sino que nos puede acompañar en nuestros traslados. Por otro lado, su capacidad se está incrementando de forma notable bajo la famosa Ley de Moore. Según esta teoría, cada dieciocho meses, la capacidad de un terminal puede ser doblada por el mismo precio. En otras palabras, en las últimas décadas la capacidad de procesamiento y memoria de las computadoras se han multiplicado por mil.

3. Otra tendencia destacada es hacia la miniaturización de los terminales gracias al uso de nanotecnologías que permiten el uso discreto de chips y de RFID en cualquier tipo de situaciones.

Los RFID (dispositivos de identificación por radiofrecuencia) son etiquetas o tags llamadas "polvo inteligente". Estos tags pueden estar incrustados en nuestras ropas, en los productos que compramos en supermercados e, incluso, en nuestros cerebros y pueden detectar, controlar y, en última instancia, influir en nuestro comportamiento.[24]

A través del uso de estos diversos terminales, los sistemas informáticos son omnipresentes, ya que han invadido nuestro entorno y todos los segmentos de nuestra vida cotidiana, tanto privada como profesional y, con cada día que pasa,

---

23 OCDE. Guide to Measuring the Information Society 2009. http://www.oecd.org/document/22/0,3343,en_2649_34449_34508886_1_1_1_1,00. html (consultado el 14 de octubre de 2012)

24 Sobre la "invisibilidad" para el usuario de las huellas y los riesgos para la Privacidad véase OCDE, 2008, Op. Cit. "An important characteristic of RFID is that the collection of data can happen without the knowledge of the individual.....Access to tag information in objects owned or carried by individuals can reveal private elements of their life, such as interest in specific topics (tagged books), or holding of cash (in the case of RFID in banknotes) or other valuable objects. For example, unlike a fully random unique number and in addition to the object's serial number, EPC data structure contains elements that identify the manufacturer of the product ("EPC manager number") as well as the product code ("object class"), similar to the barcode system. If accessed by a third party, the information in the tag could reveal details about the object itself and thus sensitive information"

abrirán caminos hacia nuevos campos.

A su vez, los sistemas de información instalados en red multiplican las huellas de los usos de los servicios TIC y asimismo multiplican la posibilidad de que determinados controladores de datos hagan un seguimiento de las actividades de los usuarios de Internet. Con efecto, los terminales de telecomunicación incorporan diversos identificadores técnicos que permiten "rastrear" el comportamiento del individuo en la red y fuera de la red, proceso de rastreo que la mayoría de participantes de la industria no consideran como una violación de la privacidad del individuo, si éste no puede ser identificado mediante un punto de contacto.

Ahora bien, en México existe una protección constitucional de nuestros datos personales (Art. 6 de la C.P.E.U.M.), diversos artículos sobre protección de datos en la LFTAIG y una Ley Federal de Protección de Datos Personales en Posesión de los Particulares (el Decreto por el cual se expide esta Ley fue publicado en el D.O.F. el 5 de julio de 2010, al mismo tiempo que se reformaron los artículos 3, fracciones II y VII, y 33, así como la denominación del Capítulo II, del Título Segundo, de la Ley Federal de Transparencia y Acceso a la Información Pública Gubernamental).[25]

Es altura de tomar conciencia del reconocimiento en México de la autodeterminación informativa (o sea del Habeas Data) y de ejercitar los medios de defensa que nos proporciona ante la invasión permanente de nuestra privacidad y del ataque constante a nuestros derechos en materia de protección de datos a que estamos sometidos en el día a día.

Tal como se refiere en el Art.1 de la referida Ley Federal, esta es: "....de orden público y de observancia general en toda la República y tiene por objeto la protección de los datos personales en posesión de los particulares, con la finalidad de regular su tratamiento legítimo, controlado e informado, a efecto de garantizar la privacidad y el derecho a la autodeterminación informativa de las personas."

En el Art.2, párrafo VI, se definen los datos considerados sensibles: "VI. Datos personales sensibles: Aquellos datos personales que afecten a la esfera más íntima de su titular, o cuya utilización indebida pueda dar origen a discriminación o conlleve un riesgo grave para éste. En particular, se consideran sensibles aquellos que puedan revelar aspectos como origen racial o étnico, estado de salud presente y

---

25 Sobre el encuadramiento normativo de la Protección de Datos en México remitimos al lector a GERALDES DA CUNHA LOPES, T. M., La Protección de Datos Personales en México, Facultad de Derecho y Ciencias Sociales/CIJUS, 2010. y para GERALDES DA CUNHA LO-PES, T. M., y MAGALLÓN HIGAREDA, S., Legislaciones y Autoridades Reguladoras de las Entidades Federativas en Materia de Derecho de Acceso a la Información y Protección de Datos en México, Facultad de Derecho y Ciencias Sociales/CIJUS, México 2010.

futuro, información genética, creencias religiosas, filosóficas y morales, afiliación sindical, opiniones políticas, preferencia sexual."

Se considera necesario precisar en el capítulo referido los conceptos de tratamiento y disociación, ya que una vez que los datos personales son objeto de tratamiento es cuando se da su acceso, cotejo o interconexión, así como su cancelación y es a partir de su tratamiento, que se puede llega a dar un uso indebido de los datos personales.

La disociación será el procedimiento a través del cual los datos personales no podrán asociarse al titular ni permitir, por su estructura, contenido o grado de desagregación, la identificación del mismo. En este sentido se prevé en la Ley que los datos sensibles únicamente se podrán difundir para fines estadísticos, previo proceso de disociación, en términos de las disposiciones legales aplicables.

Cabe señalar que en el ordenamiento se establece que los principios y derechos previstos, tendrán como límite, la protección de la seguridad nacional, el orden, la seguridad y la salud públicos, así como los derechos de terceros.

En el Capítulo segundo se establecen los Principios relativos a la Protección de Datos y se considera de obligatoria observancia para los particulares en el tratamiento de datos personales, los principios de licitud, consentimiento, información, calidad, confidencialidad, derecho al olvido y seguridad.

Respecto al principio de licitud, se prohíbe la obtención de datos personales por medios ilícitos, engañosos o fraudulentos y se considera lícito el tratamiento de datos personales cuando el titular de los datos haya otorgado su consentimiento y el objeto de la base de datos no sea contrario a la ley.

En este sentido se garantiza en el tratamiento de datos personales la expectativa razonable de privacidad, entendida como la confianza que deposita cualquier persona en un particular, respecto de que los datos personales proporcionados a éste último, no serán tratados para fines distintos a los del objeto de su recolección.

Referente al principio del consentimiento, considerado como el eje central en la Protección de Datos de carácter personal, se establece la obligación consistente en que todo tratamiento de datos personales requiere del consentimiento de su titular y concretamente en lo referente a datos sensibles se prevé que ninguna persona está obligada a proporcionar sus datos personales sensibles, únicamente cuando medie un consentimiento expreso, informado y entendible del titular de los mismos.

Para dar cumplimiento al principio de información, en la iniciativa se establece la obligación a cargo de los particulares que posean bases de datos personales, de proporcionar un aviso de privacidad, el cual en forma clara y entendible hará del conocimiento de los titulares de los datos personales, sus prácticas y políticas por lo que respecta al tratamiento de los datos personales. Además, queda definido el contenido del aviso de privacidad, así como el mecanismo a través del cual se pondrá a disposición de los titulares de los datos personales.

Por lo que respecta al principio de seguridad se prevé que la autoridad en la materia establecerá mediante disposiciones generales, las medidas y procedimientos que deberán observar los particulares para garantizar la protección de los datos personales. Además, se prevé la creación de un Registro administrado por el IFAI, en el cual estará inscrita toda base de datos.

Conclusiones

En un libro interesantísimo, "A Short History of Enclosure in Britain", Simon Fairlie describe cómo, progresivamente, los terrenos llamados "Commons", que durante varios siglos fueron utilizados por todos los habitantes de las comunas inglesas, fueron privatizados por las clases pudientes con la construcción de muros (enclosures) entre el siglo XIV y el siglo XVIII, lo que privó a la mayoría de los británicos de acceso a la tierra agrícola y a los ingresos (renta) de la misma.

Este proceso histórico, generador de la extrema pobreza del mundo rural en los primeros tiempos de la industrialización, fue totalmente travestido por la teoría de la "Tragedia de los Comunes", teoría elaborada por los ideólogos de la era neoliberal y adoptada como parte de una campaña de desprestigio contra las instituciones de propiedad común. En la versión mexicana del siglo XX, este discurso se tradujo en el ataque de Salinas al ejido y la correspondiente reforma constitucional.

Un punto común entre los dos movimientos de destrucción de la propiedad comunitaria y de las dos racionalizaciones "a posteriori" de la victoria de la privatización de los medios de producción y de su concentración en manos de élites históricamente determinadas: la protección del derecho de propiedad individual "erga omnes" y la eficiencia del sistema económico.

Hoy, a lo que estamos asistiendo es a un proceso histórico de "enclosure" del conocimiento y de los flujos de transmisión del conocimiento, que en la realidad disfraza la lucha sin cuartel por el control de una minoría de los nuevos medios de producción en la Sociedad de la Información y del Conocimiento, que busca su justificación en el doble argumento "económico-jurídico": la cuestión de los derechos de autor y la cuestión de las tarifas de conexión.

En la realidad, lo que está en juego es nuestra exclusión de la nueva economía electrónica, nuestra expulsión de la propiedad comunitaria de los "commons", de los "terrenos ejidales" del ciberespacio. O sea, nuestra eliminación del grupo detentor de los medios de producción de la Telépolis en que el nuevo elemento de reproducción de la riqueza es la "renta" del conocimiento.[26]

Un episodio muy concreto de esta nueva forma de explotación: la venta del Huffington Post, realizada por su "dueña" Arianna Huffington (o sea por la propietaria de los derechos de autor del nombre "Huffington Post") al grupo AOL por 231 millones de euros.

El "Huffington Post" nació en 2005 con la intención de contratar a algunos de los escritores más prestigiosos y finalmente se surtió de un ejército de blogueros no remunerados para aumentar la producción. El valor del Huffington Post reside, realmente, en los contenidos que son producidos por blogueros. Ahora bien, estos no recibieron un céntimo de la transacción, porque jurídicamente no son los detentores de los derechos intelectuales sobre el "nombre", la "marca".

No es de sorprender que algunos de estos blogueros hayan interpuesto una demanda contra Arianna. La demanda ha sido interpuesta por el sindicalista y escritor Jonathan Tasini[27] en la Corte Federal de Manhattan. Tasini escribió más de 250 post en la web del 'Huffington'. El demandante y sus abogados estiman que unas 9,000 personas colaboraron con la página sin cobrar absolutamente nada y piden una indemnización de 72 millones, lo que correspondería a un tercio del valor de la venta del sitio, según informó, en su momento *The Guardian*.

---

26 El proceso de mundialización del capitalismo y la actual revolución tecnológica basada en la información y el conocimiento son los elementos fundamentales que caracterizan a la nueva economía. La economía del conocimiento no es exclusivamente un sector económico, sino que supone un cambio en la estructura económica de las economías tradicionales. El cambio en los procesos productivos y organizativos, la aparición de nuevas mercancías, los aumentos de productividad y la nueva estructura de la demanda (cambios en las pautas de consumo e inversión y elevada difusión internacional de la tecnología) son algunos elementos de la nueva economía basada en el conocimiento. Ver: Juan TORRENT SELLENS, Jordi VILLASECA y Jorge SAINZ GONZÁLEZ, Curso Nueva Economía y E-business, 2006, Fundación Per a la Universitat Oberta de Catalunya, Barcelona

27 Ver el artículo de CNN Money Huffington Post blogger sues AOL for $105 million, in http://money.cnn.com/2011/04/12/technology/huffington_post_blogger_lawsuit/index.htm (consultado el 12/04/ 2011)

La posición del "Huffington Post" es típica del argumento ideológico-económico subyacente a la conquista del control de los medios de producción en la nueva economía electrónica. Arianna declaró que cualquier demanda colectiva sería "completamente infundada" y argumentó que los blogueros que utilizan la plataforma lo hacen "para que sus ideas y puntos de vista lleguen a tantas personas como sea posible".

Otro caso que podríamos analizar es el de la explotación de los contenidos producido por cada uno de nosotros y que enviamos (publicamos) por celular, Twitter o Facebook, mail o blog, y que cadenas de televisión como CNN y Televisa usan como fuente de información y generación de contenido, para aumentar su audiencia y por consecuencia sus ingresos de publicidad. Ingresos de publicidad que, evidentemente, no comparten con los blogueros, los twitteros o los facebookeros. Sin embargo, colocan restricciones al uso y transmisión de esos contenidos, bajo el argumento de la infracción de derechos de propiedad intelectual y derecho de autor, a los mismos blogueros, twiteros, facebookeros que fueron su fuente principal.

Pero no se trata aquí de analizar solamente la existencia de una fundamental divergencia de opinión sobre el modelo de distribución de la riqueza acumulada en el nuevo sistema de producción de la Sociedad de la Información y del Conocimiento y en la economía electrónica.

Otros principios fundamentales, además de la propiedad, están bajo ataque, ya que todos lo sabemos desde Marx (nosotros que somos "hijos de Marx y de la Coca Cola", la famosa frase del graffitti en la película "La Chinoise" de Jean-Luc Godard) que la infraestructura económica y las relaciones de producción definen la superestructura ideológica y la arquitectura del sistema jurídico. Estos principios fundamentales son: la libertad individual y la libertad de expresión.

Lo que nos lleva a colocar la cuestión de la naturaleza y límites del poder que puede ser ejercido por la Sociedad y por el Estado (o sea por aquellos que controlan los medios de producción) sobre el Individuo.[28]

---

28 Las economías más desarrolladas se han caracterizado por un elemento adicional: la progresiva implantación a la actividad económica de las Tecnologías de la Información y la Comunicación (TIC). Igual que en la primera y la segunda revolución industrial un formidable conjunto de interacciones tecnológicas, en este caso basadas en el proceso de digitalización, no sólo generaron la aparición de nuevas mercancías, sino que también impulsaron, a través del mecanismo innovador, importantes cambios en los esquemas productivos. Además, los cambios en la producción se extendieron a la demanda, con la aparición de nuevas formas de consumo, nuevos mecanismos de inversión y transformaciones de las relaciones exteriores. Algunos autores no han dudado en identificar esta situación con la aparición de una nueva economía, que tendría en el proceso de mundialización, en la revolución tecnológica digital y en los cambios en los patrones de consumo de los hogares sus tres pilares fundamentales. De hecho, estos tres elementos confluyen en uno: la masiva incorporación del conocimiento a la actividad económica. Vid CASTELLS,MANUEL: La Galaxia Internet, 2001, Areté, Barcelona

Y a observar que esta cuestión ha sido central en el pensamiento occidental de los últimos dos siglos. Por ejemplo, los posicionamientos de John Stuart Mill sobre la Libertad y sobre la Libertad de Expresión, son de una actualidad evidente, aún y cuando fueron enunciados en 1859 (el mismo año de la publicación del "Origen de las Especies" de Darwin).

En una de sus principales obras, "Sobre la libertad",[29] John Stuart Mill construyó precisamente una de las más poderosas explicaciones de la naturaleza y límites del poder que puede ser ejercido legítimamente por la sociedad sobre el individuo.

Uno de los argumentos insignia de Mill, es el principio del daño o principio del perjuicio ("harm principle"). Mantiene que cada individuo tiene el derecho a actuar de acuerdo a su propia voluntad, en tanto que tales acciones no perjudiquen o dañen a otros.

Si la realización de la acción sólo abarca la propia persona, esto es, si solo afecta directamente al individuo ejecutor; la sociedad no tiene derecho alguno a intervenir, incluso si cree que el ejecutor se está perjudicando a sí mismo. Sostiene, sin embargo, que los individuos están exentos del derecho a llevar a cabo acciones que puedan causar daños perdurables y graves sobre su persona o propiedades, según postula el "harm principle".

Aunque que este principio ("harm principle") parezca claro, hay un sin número de complicaciones. Por ejemplo, Mill defiende explícitamente que lo que entendemos por "daño" puede englobar actos de omisión, así como actos de comisión. Ejemplo: fracasar a la hora de salvar un niño en apuros contaría como un acto perjudicial, tanto como no pagar impuestos o ausentarse en una vista judicial a la que se ha sido exhortado como testigo. Todas estas omisiones negativas pueden ser recogidas por una regulación según Mill. Por contra, no cuenta como un hecho perjudicial el dañar a alguien si -sin fuerza o fraude- el individuo afectado consiente asumir el riesgo.

Es importante tener en mente que los argumentos que usa en "Sobre la libertad", están basados en el principio de utilidad y nunca apelan a derechos naturales. La cuestión de cuáles son las acciones que consideramos como atañentes exclusivamente al individuo ejecutor y cuales, ora por comisión, constituyen daños sujetos a regulación, sigue viva en las interpretaciones del autor.

---

29 STUART MILL, John. Sobre la libertad, Alianza Editorial No. 273 Madrid, 1970

Es importante enfatizar que Mill no consideraba que la ofensa fuera constitutiva de daño, ninguna acción podría ser restringida simplemente por haber violado las convenciones morales de una sociedad determinada.

La idea de una ofensa que perjudica y, por tanto, objeto de restricción fue posteriormente desarrollada por Joel Feinberg en su principio de ofensa ("offense principle"), que es esencialmente una extensión del "harm principle" de Mill.

En *Sobre la libertad*, Stuart Mill lleva a cabo una apasionada defensa de la libertad de expresión. Mill defiende el discurso libre como una condición necesaria para el progreso social e intelectual. No podemos determinar con claridad, dice, que una opinión silenciada no contenga algún elemento de verdad. Además sostienen que el permitir divulgar opiniones falsas puede ser productivo por dos razones: en primer lugar, los individuos tenderán a abandonar creencias erróneas si están involucrados en un fecundo intercambio de ideas, y en segundo, forzando a otros individuos a examinar de nuevo y reafirmar sus creencias en el proceso de debate, estas creencias se abstienen de desvirtuarse, volviéndose meros dogmas. No es suficiente para Mill la defensa de una creencia que casualmente sea cierta, el creyente debe comprender por qué la idea que sostiene es la verdadera.

Mill creía que "la lucha entre libertad y autoridad es el rasgo más destacable de las etapas de la historia".

Para Stuart Mill, la libertad en la antigüedad era "un concurso... entre sujetos, o ciertas clases de sujetos, y el gobierno". Como consecuencia, definió libertad social como la protección del individuo frente a la tiranía del gobernante político o del poder. Distingue en su obra un cierto número de distintas tiranías, entre las cuales están la tiranía social y también la tiranía de la mayoría.

La libertad social, según Mill, consiste en poner límites al poder del gobernante, de tal forma que este no sea capaz de utilizar su poder en beneficio de sus propios intereses o de tomar decisiones que puedan conllevar perjuicio o daño para la sociedad. En otras palabras, la población debe ostentar el poder de tomar parte en las decisiones del gobierno.

La libertad social es, entonces: "la naturaleza y límite del poder que puede ser legítimamente ejercitado por la sociedad sobre el individuo".

Ésta se puede lograr de dos maneras: la primera es la que recurre a la vía del reconocimiento de determinadas inmunidades, llamadas libertades políticas o derechos; la segunda recurre al establecimiento de un sistema de comprobaciones constitucionales. Sin embargo, argumenta Mill, limitar el poder del gobierno no resulta suficiente.

Cada persona es por sí misma suficientemente racional para poder tomar decisiones acerca de su propio bien y elegir asimismo la religión que plazca. El gobierno solo debe intervenir en tanto se trate de la protección de la sociedad, explica Mill. En este sentido, en "The Contest in America" afirmó: "No hay otro fin que la raza humana tenga garantizados, individual o colectivamente, al interferir en la libertad de acción cualquiera que sea su número, que no sea la protección personal. El único propósito por el cual el propio poder puede ejercerse adecuadamente sobre cualquier miembro de una comunidad civilizada contra su voluntad es la prevención del daño ajeno. El propio bien, sea físico o moral, no es garantía suficiente".

Acerca de la libertad de expresión, planteando un caso hipotético para ilustrar su postura, Mill escribe en *Sobre la libertad*, lo siguiente: "A fin de ilustrar más completamente el error de negarse a oír a determinadas opiniones porque nosotros, en nuestro propio juicio, las hayamos condenado, será conveniente que fijemos la discusión en un caso concreto; y elijo, preferentemente, aquellos casos que son menos favorables para mí, en los cuales el argumento contra la libertad de opinión, tanto respecto a la verdad como a la utilidad, está considerado como el más fuerte. Supongamos que las opiniones impugnadas son la creencia en Dios y en la vida futura, o algunas de las doctrinas corrientes de la moralidad [...] Pero debe permitírseme observar que no es el sentirse seguro de una doctrina (sea ella cual sea) lo que yo llamo una presunción de infalibilidad. Esta consiste en tratar de decidir la cuestión para los demás, sin permitirles oír lo que pueda alegarse por la parte contraria. Y yo denuncio y repruebo esta pretensión igualmente cuando se refiere a mis más solemnes convicciones. Por positiva que pueda ser la persuasión de una persona no sólo de la falsedad, sino de las consecuencias perniciosas de una opinión -y no sólo de estas consecuencias perniciosas, sino para adoptar expresiones que terminantemente condeno de su inmoralidad e impiedad-, si a consecuencia de este juicio privado, aunque esté apoyado por el juicio público de su país o de sus contemporáneos, prohíbe que esa opinión sea oída en su defensa, afirma quien tal haga, su propia infalibilidad. Y esta presunción, lejos de ser menos reprensible o peligrosa, por tratarse de una opinión que se llama inmoral e impía, es más fatal en este caso que en cualquier otro". (Fin de citación)

Lo que Stuart Mill nos explica es lo absurdo de tomar de antemano las opiniones propias por buenas (infalibilidad), incluso basándonos en juicios socioculturales (inmoralidad e impiedad de opinión) para obrar mediante la censura, recalcando la especial gravedad del caso dado que está en juego lo que atañe a los demás, a los otros.

Es este posicionamiento de Stuart Mill que quiero recuperar al colocarme, también, radicalmente a favor de la libertad de expresión y ferozmente crítica a toda actitud censora, dentro o fuera de Internet. Aún y cuando esta actitud se viste con la legitimación del poder del estado y se respalda en el imperio de la ley.

La cuestión que nos debemos colocarnos, hoy, es: ¿podemos continuar hablando de y sobre la Libertad sin hablar en paralelo del Derecho a la Información y de su relación con la Propiedad? ¿y podemos hablar de "Libertad" sin hablar de desarrollo?[30]

---

30 SEN, Amartya: Development as freedom. New York: Alfred A. Knopf. 1999

REFERENCIAS BIBLIOGRÁFICAS

ALEXY, Robert. Los Derechos Fundamentales en el Estado Constitucional", en Neoconstitucionalismo(s), pp. 31-48, Trotta /UNAM, 2003

ÁLVAREZ-CIENFUEGOS FIDALGO, Juan. Un apunte sobre los Derechos Humanos y sus generaciones, in DA CUNHA LOPES et allii,: Aproximaciones Interdisciplinarias a la Reflexión Jurídica. Ed. Universitaria, UMSNH, 2007

BAYÓN, Juan Carlos. Derechos, democracia y Constitución. En: GARCÍA CUADRADO, ANTONIO M., Derecho Constitucional: la Constitución y las fuentes del derecho constitucional, Madrid, 1996.

BELTRÁN PEDREIRA, Elena. Diversidad y deberes cívicos: liberalismo, ciudadanía y multiculturalismo, en Estado, justicia, derechos, pp. 301-406, Alianza, Madrid, 2002

ECHEVERRIA, Javier. Telepolis. Editorial Technos , 1994

FARIÑAS M., Luis. El Derecho a la Intimidad. Ed. Trivium, S.A., Madrid, 1983

FUKUYAMA, Francis. State-Building: Governance and World Order in the 21st Century. Ithaca, NY: Cornell University Press, 2004

GARCÍA CUADRADO, ANTONIO M. Derecho Constitucional: la Constitución y las fuentes del derecho constitucional. Madrid, 1996.

GERALDES DA CUNHA LOPES, T. M. La Protección de Datos Personales en México. Facultad de Derecho y Ciencias Sociales/CIJUS, 2010.

GERALDES DA CUNHA LOPES, T. M., y MAGALLÓN HIGAREDA, S. Legislaciones y Autoridades Reguladoras de las Entidades Federativas en Materia de Derecho de Acceso a la Información y Protección de Datos en México. Facultad de Derecho y Ciencias Sociales/CIJUS, México 2010.

GERALDES DA CUNHA LOPES, Teresa M. Las recientes reformas en materia de protección de datos personales en México, in Anuario Jurídico y Económico Escurialense, XLIV , 317-334, Madrid, 2011

GRIJPINK, J. y C. PRIENS. Digital Anonymity on the Internet, New Rules for Anonymous Electronic Transactions? Computer Law & Security Report. Vol. 17, n.º 6, pág. 379-389.2001

HIERRO: 2002

KRASNER, S. Sovereignty. Organized Hypocrisy. Princeton University Press, Princeton, 1999

LESSIG, L. La arquitectura de la Privacidad. Cuadernos Ciberespacio y Sociedad N° 2 febrero 1999. Traducción: Javier Villate. URL del documento original:

http://cyber.harvard.edu/works/lessig/architecture_priv.pdf

MANN, Michael. The Sources of Social Power. The Rise of Classes and Nation-States 1760-1914. Cambridge University Press, Cambridge, 1993.

MURILLO DE LA CUEVA, Lucas. El derecho a la autodeterminación informativa. Madrid, Tecnos, 1990

OCDE: RFID, Radio Frequency Identification, OCDE Policy Guidance. A Focus on Information Security and Privacy Applications, Impacts and Country Iniciatives, 2008.

OCDE: Guide to Measuring the Information Society 2009. http://www.oecd.org/document/22/0,3343,en_2649_34449_34508886_1_1_1_1,00.html (consultado el 14 de octubre de 2012)

RODOTÀ, S. Beyond the E.U. Directive: Directions for the Future. En: Y. POULLET; C. DE TERWANGNE; P. TURNER (ed.). "Privacy: New Risks and Opportunities". Cahier du CRID. Amberes: Kluwer. N. ° 13, pág. 211 f.

SPINOZA, Baruch. Luciano Espinosa. Obra completa. Biblioteca de Grandes Pensadores, Editorial Gredos, Madrid (trad. 2001)

STUART MILL, John. Sobre la libertad. Alianza Editorial No. 273 Madrid, 1970

TORRENT SELLENS, Juan; VILLASECA, Jordi, SAINZ GONZÁLEZ, Jorge. Curso Nueva Economía y E-business. 2006, Fundación Per a la Universitat Oberta de Catalunya, Barcelona

WikiLeaks, nuevas tecnologías y derecho a la información sobre violaciones de derechos humanos

Laura Erandi Cázares Rosales
Paola Yazmín De La Rosa Toledo
Antonio Álvaro Robles Soto

WikiLeaks, nuevas tecnologías y derecho a la información sobre violaciones de derechos humanos

Laura Erandi Cázares Rosales,
Paola Yazmín De La Rosa Toledo,
Antonio Álvaro Robles Soto.

Resumen

En el presente artículo se aborda la manera en que los integrantes de *WikiLeaks* han aprovechado el uso de las nuevas tecnologías para adquirir y difundir información de diversos Estados, valiéndose de diferentes métodos para la obtención de datos, trastocando materia de seguridad nacional.

WikiLeaks ha marcado un punto de partida en el manejo de la *ciber* información de los gobiernos, con la pretensión de promover una cultura de transparencia total y global, haciéndose uso de la libertad de expresión, pero sobre todo la vinculación del derecho a la información y los derechos humanos.

Abstract

On this article will discuss how *WikiLeaks* members, have taken the use of new technologies for acquiring and disseminating information for various States, using different methods of data collection, disrupting national security.

WikiLeaks has set a starting point in the management of cyber information governments, with the main aim of promoting a culture of complete and global transparency, using their freedom of expression, but above all the entailment about right to information and human rigths.

Sumario

Introducción. 1. *WikiLeaks*, como fenómeno informativo. 2. El derecho a la verdad y el acceso a la información, frente a la información reservada y seguridad nacional. 3. Licitud de la información obtenida. Conclusiones. Referencias bibliográficas.

Introducción

Las acciones que realizan los integrantes de *WikiLeaks* para conseguir su cometido de informar sobre temas nodales en este mundo globalizado, ha ocasionado que gobiernos de diversos países se pronuncien a favor o en contra de esa libertad de prensa que han gozado en los últimos años los nuevos ciber comunicadores.

Los medios de comunicación internacionales se han dividido, en cuanto aprobar los mecanismos de que se han valido los integrantes de *WikiLeaks*, encabezados por Julian Assange, para hacerse de información y divulgarla en su página web o en tribunas selectas, como periódicos de Europa y Latinoamérica, al respecto también han manifestado su opinión intelectuales, académicos y periodistas

Gobiernos, como Estados Unidos, han dicho que es espionaje, que son terroristas, que se está atentando en contra de la información clasificada de seguridad nacional.

Hay quienes señalan los riesgos de la transparencia total de la información y hay quienes se pronuncian a favor de esa transparencia total.

Existe la prensa internacional e intelectuales que respalda la intención y objetivo de Assange y *WikiLeaks*, de informar a través de su sitio en la web, de algunos de los principales periódicos del mundo y de internet, argumentando que es libertad de expresión, libertad de prensa y se valen del secreto profesional para no difundir la fuente de quien consigue la información clasificada de gobiernos.

Hay debate sobre el periodismo de filtración, sobre el periodismo de investigación, sobre la transparencia de la información y la censura, a través de internet.

Por tales razones, *WikiLeaks* ha puesto en jaque a los organismos internacionales, al no existir normatividad internacional específica de informar en este mundo globalizado que vivimos, donde no hay fronteras en las nuevas tecnologías, como internet.

Seguramente en breve habrá algún pronunciamiento de los organismos internacionales, en particular sobre el modo de conseguir y hacerse de la información, a través de hackers o de filtraciones, y posteriormente difundirla en la red de la "aldea global" o por medio de la prensa internacional representativa de diversos países.

Ya la Organización de las Naciones Unidas para la Educación, la Ciencia y la Cultura (UNESCO) ha solicitado a los países que envíen sus propuestas para una posible regulación o limitación de algunos de los derechos fundamentales del hombre, como lo son la libertad de prensa y el derecho a la información.

En este orden de ideas, el tema de los derechos humanos juega un papel importante si se vincula con el derecho a la información en sus facultades de investigar, recibir y difundir información, pues a través de esta era digital de la información, las violaciones a derechos humanos podrían encontrar una intersección con este derecho para que ayude a su defensa y prevención.

1. *WikiLeaks*, como fenómeno informativo

Julian Assange el 26 de septiembre de 2012, ante Derechos Humanos de la Organización de las Naciones Unidas (ONU), dijo: "soy libre de decir lo que pienso y es que el artículo 19 de la Declaración Universal de los Derechos Humanos permite que *WikiLeaks* es capaz de recibir y difundir informaciones... por cualquier medio y de cualquier medio, sin consideración de fronteras"...

El desarrollo de las nuevas tecnologías ha propiciado otros sistemas de informar, rompiendo fronteras, donde la comunicación se da de manera inmediata, directa e ilimitada, proporcionando al mundo una diversidad de contenidos, abarcando información de instituciones públicas, privadas y de particulares.

El proceso de globalización exige que los países cuenten con un sistema democrático, en donde debe prevalecer la libertad de expresión de sus ciudadanos, así como el acceso a la información, dando lugar a la transparencia. Mediante la consolidación de estos derechos se configura un arma política para denunciar los abusos del poder del Estado.[1]

En el año 2006, el programador y periodista australiano Julian Assange[2] y un grupo de personas con ideas similares, "iniciaron un movimiento global

---

1 Wikirebels: *"El documental de WikiLeaks"*, consultado en septiembre de 2012. http://www.youtube.com/watch?v=DikiLizFjAU
2 http://mexico.cnn.com/mundo/2010/12/03/la-vida-secreta-de-julian-assange-el-fundador-de-wikileaks

para publicar información clasificada y reservada en forma masiva",[3] creando *WikiLeaks*, una organización que opera a través de un sitio de internet, con la finalidad de ofrecer un aporte a la verdad y a la transparencia en el mundo y con la idea de reconocer que la libertad de informar es fundamental en cualquier democracia digna de ese nombre.[4] El propio fundador ha declarado: "Cualquier reforma a escala mayor debe estar basada en información, porque.... ¿qué más puede propagarse aparte de un virus?.... y la información puede diseminarse y lograr reformas a escalas mayores".

Alguna vez, Assange eligió un epígrafe de Oscar Wilde que dice: "El hombre es menos él mismo cuando habla en su propia persona. Denle una máscara y les dirá la verdad".[5]

El perfil de sus integrantes se compone por *hackers*[6] (especialistas en informática) y matemáticos de diferentes partes del mundo que se comunican a través de una lista restringida de correo electrónico, además de ellos, obtienen información de interés público[7] de personas voluntarias como aportación a la organización sin fines de lucro, comprometiéndose ellos a conservar el anonimato de la fuente como parte del secreto profesional[8] y además eliminar cualquier trazo de identidad de los remitentes.

El sitio web fue poco visitado, por lo que *WikiLeaks* vio la necesidad de distribuir la información filtrada a voluntarios anónimos especialistas en diversos temas para comprobar su autenticidad e interpretarla para su publicación en algunos de los periódicos más importantes del mundo, con la finalidad de cubrir idiomas y ámbitos territoriales amplios, siendo los primeros; The Guardian (Inglaterra), El País (España), The New York Times (EUA), Le Monde (Francia), Der Spiegel

---

3 Ibídem, p.20.

4 Periódico La Jornada: Intelectuales se expresan en defensa de Julian Assange. Señalan aporte de WikiLeaks a la transparencia, no. 10017, año 29, jueves 28 de junio de 2012, México, p. 18.

5 David Leigh and Luke Harding, The Guardian, "Inside Julian Assange´s war on secrecy; WikiLeaks, The Guardian, 2011, United Estates of America.

6 Hackers: usuarios de ordenadores especializado en penetrar en las bases de datos de sistemas informáticos estatales, con el fin de obtener información secreta. Fonseca, C, "Ciberseguridad", en Villanueva, Ernesto (comp.), Diccionario de derecho de la información, 3ª. Ed., Tomo I, México, Jus, 2010, p. 192.

7 Los asuntos de interés público, esto es, los relativos al funcionamiento de la sociedad y el Estado, deben ser discutidos y analizados de una manera más amplia y abierta por todos los integrantes de la sociedad, al ser la única forma en la que puede darse una verdadera deliberación de los asuntos que, de una u otra forma, interesen a todos y todas, o al menos a diversos sectores de la sociedad. Castilla Juárez, Karlos, "Libertad de expresión y derecho de acceso a la información en el Sistema Interamericano de Derechos Humanos", Comisión Nacional de los Derechos Humanos, 2011, México.

8 Secreto profesional: es el derecho del periodista a negarse a revelar la identidad del autor, a su empresa, a terceros y a las autoridades públicas o judiciales, Villanueva, Ernesto (comp.), "El secreto profesional del periodista", en Villanueva, Ernesto(comp.), Diccionario de derecho de la información, 3ª. Ed., Tomo I, México, Jus, 2010, p. 641.

(Alemania), y después amplió su difusión a diarios latinoamericanos; El Comercio (Perú), Página 12 (Argentina), El Espectador (Colombia) y La Jornada (México).[9]

Este fenómeno informativo ha sido comentado desde diferentes ámbitos, Mariano Cebrian Herreros, catedrático de la Universidad Complutense de Madrid, considera que "el periodismo de *WikiLeaks* no es de investigación sino de publicación de las filtraciones que llegan de fuera gracias a la colaboración de otras organizaciones y personas", aunque éste considera que la labor de *WikiLeaks* de difundir filtraciones no es algo nuevo, pero ha irrumpido como una gran innovación del periodismo en internet.[10] Aun mencionado lo anterior, se considera que "los periodistas son un grupo de hombres y mujeres quienes adoptaron como vocación y medio de vida profesional la importante tarea de ayudar a buscar, recibir y difundir información".[11]

Otros especialistas han considerado que el periodismo de *WikiLeaks* puede encuadrarse como periodismo de filtración, definido como "conjunto de elementos informativos –con o sin soporte físico-, que es revelado a los profesionales de la información bajo reserva de la fuente por personas u organizaciones interesadas en su difusión, por motivos personales o en atención al interés público".[12]

Desde otra perspectiva, la labor de *WikiLeaks* puede ser abordada desde el derecho a la información, en su vertiente de la libertad de expresión, que "es un derecho humano inalienable, inherente a todas las personas, que tiene como finalidad permitir a éstas expresar libremente sus pensamientos, opiniones, ideas e información, por el medio que consideren oportuno o esté a su alcance, sin discriminación, así como para conocer, recibir y buscar los pensamientos, opiniones, ideas e información de otras personas"[13] o inclusive del acceso a la información como "un derecho humano inalienable, inherente a todas las personas, que tiene como finalidad permitir a éstas buscar y recibir informaciones de toda índole, ya sea oralmente, por escrito o por cualquier otro procedimiento de su elección".[14]

---

9 RAMÍREZ, Pilar. "Tecnología vs. Censura". Revista mexicana de comunicación, México, Febrero de 2011. www.revistamexicanadecomunicacion.com.mx

10 CEBRIAN, M. "El periodismo de Wikileaks". Revista mexicana de comunicación, México, Septiembre de 2012. www.revistamexicanadecomunicacion.com.mx

11 RODRÍGUEZ, Miguel, "Protección de fuentes y materiales periodísticos", en Rodríguez Villafañe, Miguel y Villanueva, Ernesto (coord.), "Compromiso con la libertad de expresión", México, Fundación para la libertad de expresión, 2010, p. 239

12 FREDA, M. de S. "Wikileaks, periodismo y transparencia: los filtros de las filtraciones", Derecom, 2012, p. 3.

13 CASTILLA JUÁREZ, K. A. "Libertad de expresión y derecho de acceso a la información en el sistema interamericano de Derechos Humanos", en Colección Sistema Interamericano de Derechos Humanos, México, Comisión Nacional de los Derechos Humanos, p. 56.

14 Ídem

Con base en este entendimiento, es importante estudiar la licitud de la obtención de la información, tema que será analizado en el tercer capítulo.

La información que difundió *WikiLeaks* causó revuelo a nivel mundial, algunos de los cables ponían al descubierto violaciones de derechos humanos y de lesa humanidad. El 5 de abril de 2010 captó la atención de los medios, al revelar un video clasificado, filtrado por el soldado norteamericano Bradley Manning, titulado "Asesinato colateral", sobre un operativo militar estadounidense en el que se observa que desde un helicóptero soldados disparaban contra civiles en Irak matando a 11 personas, entre ellas un fotógrafo de la agencia de noticias Reuters y su ayudante. Al respecto del tema, la organización de Julian Assange publicó un segundo bloque de casi 400 mil reportes militares de Estados Unidos sobre la guerra en Irak, que abarcan los periodos de 2004 a finales de 2009, en los cuales se daba cuenta que la Secretaría de Defensa estadounidense conocía de los métodos de tortura, así como del número total de víctimas, cuya mayoría eran civiles.

En noviembre de 2010, *WikiLeaks* filtra los primeros cables diplomáticos de Estados Unidos, de los poco más de 250 mil que tenía en su poder (2 mil 625 enviados desde México). Ésta fue la mayor filtración de documentos confidenciales de la historia, conocida como Cablegate, publicados en los medios de comunicación ya mencionados.

El siguiente mes, el portal *WikiLeaks* colgó de internet "The Spyfiles" 287 archivos sobre empresas de espionaje, que según el informático australiano en algunos casos venden tecnología a gobiernos opresores.

Otra publicación relevante en materia de derechos humanos, fue en abril de 2011, en donde se dieron a conocer 759 documentos clasificados del Pentágono, relacionados con la prisión de Guantánamo en Cuba.

2. El derecho a la verdad y el acceso a la información, frente a la información reservada y la seguridad nacional

Debido a que el tema de WikiLeks ha rebasado barreras territoriales, su análisis jurídico debe contemplar los instrumentos internacionales, es por ello que el derecho a la verdad nos sirve como punto de referencia trascendental para observar las benevolencias del conocimiento de información de interés público.

El derecho a la verdad surge en la Convención Americana y ha sido señalada tanto por la Corte Interamericana de Derechos Humanos, como por la Comisión Interamericana. Asimismo, en la Organización de la Naciones Unidas (ONU) existe la Comisión de la Verdad, definiéndose el derecho a la verdad como un derecho independiente, además existe como derecho de las víctimas y de la sociedad en general.

"En los casos de violaciones graves de los derechos humanos o de violaciones graves del derecho internacional humanitario, el derecho a la verdad incluye, como mínimo, el derecho a conocer toda la verdad acerca de los hechos acaecidos, sus circunstancias específicas y los participantes en los mismos".[15]

Cuando el derecho a la verdad resulta aplicable, el contenido de la información que ha de ser revelada es bastante amplio e incluye "todo" lo relacionado con la violación.

La Corte Interamericana ha elaborado el principio de "máxima divulgación", el cual establece la presunción de que toda información (mantenida por las autoridades públicas) es accesible, sujeta a un sistema restringido de excepciones.[16]

Las restricciones no pueden incluir la clasificación de la seguridad nacional, porque el artículo 13 de la Convención Americana de Derechos Humanos establece que toda persona tiene derecho a solicitar acceso a la información, por lo que la Corte Interamericana ha precisado que no es necesario acreditar un interés directo ni una afectación personal para obtener la información en poder del Estado, excepto en los casos en se aplique una legítima restricción permitida por la Convención.[17] Así mismo, quien acceda a información bajo control del Estado tiene, a su vez, derecho a divulgar la información en forma tal que circule en la sociedad para que ésta pueda conocerla, acceder a ella y valorarla, el derecho de acceso a la información comparte así las dimensiones individual y social del derecho a la libertad de expresión, las cuales deben ser garantizadas simultáneamente por el Estado.[18]

En la regulación Americana, las limitaciones a las que puede estar sujeto el derecho de acceso a la información deben dar cumplimiento estricto a los requisitos derivados del artículo 13.2 de la Convención Americana, esto es, condiciones

---

15 Op. cit, nota 12, p. 34
16 Caso Claude Reyes vs Chile. Fondo, Reparaciones y Costas. Sentencia de 19 de septiembre de 2006. Serie C N° 151, párrafo 92.
17 Ibidem, p. 77.
18 Idem.

de carácter excepcional, consagración legal, objetivos legítimos, necesidad y proporcionalidad. El principio 4 de la Declaración de Principios dispone que, "el acceso a la información... sólo admite limitaciones excepcionales que deben estar establecidas previamente por la ley para el caso que exista un peligro real e inminente que amenace la seguridad nacional en sociedades democráticas".[19]

En tales casos, el Estado debe demostrar que, al establecer restricciones al acceso a la información bajo su control, ha cumplido con los requisitos establecidos en la Convención Americana.[20]

En criterio de la Corte Interamericana, el establecimiento de restricciones al derecho de acceso a la información bajo control del Estado, a través de la práctica de las autoridades y sin cumplimiento de los requisitos establecidos por la Convención Americana: crea un campo fértil para la actuación discrecional y arbitraria del Estado en la clasificación de informaciones como secretas, reservadas o confidenciales; genera inseguridad jurídica respecto del ejercicio de dicho derecho; y genera inseguridad jurídica sobre el alcance de las facultades estatales para restringirlo.[21]

Las leyes que establecen limitaciones al derecho de acceso a la información bajo control del Estado, deben responder expresamente a un objetivo permitido por la Convención Americana en el artículo 13.2, esto es: asegurar el respeto a los derechos o la reputación de los demás, proteger la seguridad nacional, el orden público, la salud o la moral públicas.[22] El alcance de estos conceptos debe ser definido en forma clara y precisa, y acorde con el significado de los mismos en una sociedad democrática.

La Corte Interamericana ha establecido que cualquier restricción en el acceso a la información en poder del Estado, para ser compatible con la Convención Americana, debe superar una prueba de proporcionalidad en tres pasos: debe estar relacionada con uno de los objetivos legítimos que la justifican; debe demostrarse que la divulgación de la información efectivamente amenaza con causar un perjuicio sustancial a ese objetivo legítimo; y debe demostrarse que el perjuicio al objetivo es mayor que el interés público en contar con la información.

Por otra parte, los relatores para la libertad de expresión de la Organización

---

19 "El Derecho a Libertad de Expresión en el Sistema Interamericano de Derechos Humanos", Organización de los Estados Americanos, Ed. Fundación para la Libertad de Expresión A. C, 2012, p. 84.
20 Idem.
21 Caso Claude Reyes, op. cit., nota 16, p.98.
22 Ibidem, p. 90.

de las Naciones Unidas, la Organización de los Estados Americanos (OEA) y la Organización para la Sociedad y Cooperación en Europa, en su declaración conjunta de 2004, efectuaron una formulación sintética de los requisitos que deben cumplir las limitaciones al derecho de acceso a la información, y profundizaron en algunos temas atinentes a la información "reservada" o "secreta" y las leyes que establecen tal carácter, así como los funcionarios obligados legalmente a guardar su carácter confidencial.

Estableciendo, en términos generales: que "el derecho de acceso a la información deberá estar sujeto a un sistema restringido de excepciones cuidadosamente adaptado para proteger los intereses públicos y privados preponderantes, incluida la privacidad", que "las excepciones se aplicarán solamente cuando exista el riesgo de daño sustancial a los intereses protegidos y cuando ese daño sea mayor que el interés público en general de tener acceso a la información", y que "la autoridad pública que procure denegar el acceso debe demostrar que la información está amparada por el sistema de excepciones"; que "aquéllos que soliciten información deberán tener la posibilidad de apelar cualquier denegación de divulgación de información ante un órgano independiente con plenos poderes para investigar y solucionar dichos reclamos"; y que "las autoridades nacionales deberán tomar medidas activas a fin de abordar la cultura del secretismo que todavía prevalece en muchos países dentro del sector público", lo cual "deberá incluir el establecimiento de sanciones para aquellos que deliberadamente obstruyen el acceso a la información", y que "también se deberán adoptar medidas para promover una amplia sensibilización pública sobre la ley de acceso a la información".[23]

En palabras de Thomas Blanton,[24] la transparencia y la seguridad son dos valores, instituciones y políticas públicas esenciales para la preservación y el desarrollo de un Estado liberal y democrático.

Seguridad nacional se refiere a la protección del Estado frente a amenazas internas y externas. La primera preocupación del Estado, relativa a la seguridad, es la propia supervivencia.[25]

Desde un punto de vista individualista, se preferirá la protección a la intimidad, a guardar cierta información para alejarla de terceros, pero cuando se

23 "El derecho de acceso a la información en el marco jurídico interamericano", Relatoría especial para la libertad de expresión, Comisión Interamericana de Derechos Humanos, Suiza, 2010, passim.
24 BLANTON, T. "National Security and Open Government in the United Estates: beyond the balacing test", Campbell Public Affairs Institute, The Maxwell School of Syracuse University, 2003, pp. 31-72.
25 GUERRERO, Eduardo. "Transparencia y seguridad nacional". Cuadernos de transparencia". IFAI, 2010, p.

trata de información que incumbe a toda una sociedad, habrá que ponderar si es mejor su publicidad o reserva. Muchos de los Estados tienen información que clasifican o reservan, aquí habrá que hacer una breve explicación sobre la diferencia de ésta, pues la información clasificada es un tipo de información que por su contenido, especialmente ligado con actividades de Estado, puede ser reservada para que por un tiempo, según el que determine la ley, se encuentre bajo secrecía, alguna de esta información puede ser clasificada por razones de seguridad nacional, un ejemplo puede ser las estrategias militares o aquellos datos que pongan en riesgo a la sociedad.

Es así como muchos Estados guardan información, fundamentándose en la Seguridad Nacional o Secreto de Estado.

3. Licitud de la información obtenida

A fin de ir concibiendo la manera en que actuó *WikiLeaks* sobre la licitud de la información obtenida, es necesario hacer un breve preámbulo de temas internacionales al respecto.

En la Declaración de Principios sobre el Derecho de Acceso a la Información, del Comité Jurídico Interamericano, abordan en mayor detalle los temas relativos a la información confidencial o reservada y a la legislación que regula el secreto. En donde se señaló: que "se deberán tomar medidas inmediatas a fin de examinar y, en la medida necesaria, derogar o modificar la legislación que restrinja el acceso a la información a fin de que concuerde con las normas internacionales en esta área, incluyendo lo reflejado en esta Declaración Conjunta"; (ii) que "las autoridades públicas y funcionarios tienen la responsabilidad exclusiva de proteger la confidencialidad de la información secreta legítimamente bajo su control", que "otros individuos, incluidos los periodistas y representantes de la sociedad civil, no deberán estar nunca sujetos a sanciones por la publicación o ulterior divulgación de esta información, independientemente de si ha sido filtrada o no, a no ser que cometan fraude u otro delito para obtener la información", y que "las disposiciones del derecho penal que no limitan las sanciones por la divulgación de secretos de Estado para aquellos que están oficialmente autorizados a manejar esos secretos deberán ser derogadas o modificadas"; (iii) que "cierta información puede ser legítimamente secreta por motivos de seguridad nacional o protección de otros intereses preponderantes".

"Sin embargo, las leyes que regulan el secreto deberán definir con exactitud el concepto de seguridad nacional y especificar claramente los criterios que deberán utilizarse para determinar si cierta información puede o no declararse secreta, a fin de prevenir que se abuse de la clasificación 'secreta' para evitar la divulgación de información que es de interés público", por lo cual "las leyes que regulan el secreto deberán especificar con claridad qué funcionarios están autorizados para clasificar documentos como secretos y también deberán establecer límites generales con respecto al período de tiempo durante el cual los documentos pueden mantenerse secretos", e igualmente "dichas leyes deberán estar sujetas al debate público". Y (iv) finalmente, que "los denunciantes de irregularidades (whistleblowers), son aquellos individuos que dan a conocer información confidencial o secreta a pesar de que tienen la obligación oficial, o de otra índole, de mantener la confidencialidad o el secreto" —respecto de quienes se declaró que "los denunciantes que divulgan información sobre violaciones de leyes, casos graves de mala administración de los órganos públicos, una amenaza grave para la salud, la seguridad o el medio ambiente, o una violación de los derechos humanos o del derecho humanitario deberán estar protegidos frente a sanciones legales, administrativas o laborales siempre que hayan actuado de *buena fe*".[26]

De acuerdo a lo anterior estamos en presencia de la ponderación del derecho a la información, sobre todo en temas de violación de derechos humanos, recordando entonces que una de las facultades del derecho a la información es la de difundir, queda enmarcado así que *WikiLeaks* ha de ser reconocido por divulgar temas en torno a las violaciones de derechos humanos.

La obligación de investigar y de informar, impuesta a los Estados por el artículo 1.1 de la Convención Americana, no se satisface con el mero hecho de facilitar a los familiares el acceso a documentación que se encuentra bajo control oficial. El Estado está obligado a desarrollar una tarea de investigación y corroboración de los hechos, estén o no consignados en documentos oficiales, con el fin de esclarecer la verdad de lo ocurrido e informar a los familiares y a la opinión pública en general. Se trata de una obligación afirmativa y activa enderezada a obtener y procesar información que permita un amplio conocimiento de los hechos que no están hoy debidamente documentados.

Es por ello que, en varias oportunidades, la Corte Interamericana de Derechos Humanos (CIDH) ha establecido que dentro de las obligaciones dispuestas por la Convención Americana, los Estados deben crear comisiones investigadoras dedicadas a la búsqueda y clasificación de información referida a graves violaciones de derechos humanos. La CIDH ha especificado incluso que

---

26 "El Derecho a Libertad de Expresión en el Sistema Interamericano de Derechos Humanos", op. cit nota 19., p. 87.

la integración de estas comisiones debe determinarse según la legislación interna de cada país; que deben contar con los recursos necesarios; y deben colaborar activamente con la justicia.

Conclusiones

Concluimos que *WikiLeaks* ha marcado un precedente en el manejo de la información en las Nuevas Tecnologías, pues ha puesto en evidencia a los Estados sobre el manejo de información clasificada y sobre seguridad nacional, exponiendo la falta de garantía del acceso a la información en tema de violaciones de derechos humanos, sobre todo en aquellos Estados que se consideran democráticos.

Se considera de suma importancia que los Estados garanticen el derecho a la información, pero sobre todo el acceso a ella, haciendo respetar el principio de buena fe y de máxima divulgación, como lo establecen los órganos internacionales. Poniendo especial atención en información referente a violaciones de derechos humanos, hemos de resaltar la labor de *WikiLeaks* al publicar las que se cometieron en la guerra de Estados Unidos contra Irak.

Porque de acuerdo a la regulación internacional existente sobre el derecho de acceso a la información, ésta debe cumplir con el principio de máxima publicidad o divulgación. Sin embargo, el gobierno estadounidense la considera reservada a pesar de contener violaciones graves a los derechos humanos, y es que como se menciona en el capítulo sobre el derecho a la verdad, la Corte Interamericana establece que al tratarse de este tipo de trasgresiones no hay justificación alguna para su reserva.

Además, la carga probatoria recae en el sujeto obligado que es el Estado (aunque en el marco jurídico estadounidense se excluye) cuando está considerada como información clasificada, pues se debe poner de manifiesto los motivos de la clasificación de dicha información.

En este sentido Estados Unidos, país que proclama ser democrático, reserva información sobre violaciones de derechos humanos sin que ningún organismo internacional pueda intervenir debido a la secrecía con que esta información se conserva. Sin embargo, el militar llamado Bradley Manning vio a *WikiLeaks* como un medio para dar a conocer las atrocidades que cometía el país en mención durante la guerra contra Irak, este militar le proporciona información a *WikiLeaks* y entonces esta organización publica el video en donde son asesinados dos periodistas de la agencia Reuters a sangre fría, tal y como un videojuego traído a la realidad.

Con esta publicación se pone en evidencia a Estados Unidos, enfrentándose a la crítica mundial. Además, ciudadanos defensores de los derechos humanos propusieron a Bradley Manning como candidato al Premio Nobel de la Paz 2012.

Es así que *WikiLeaks* se presenta como una organización que da una enseñanza a los medios de comunicación mundiales, sobre la utilización de las nuevas tecnologías y el impacto de la información, pero sobre todo de aquella que sirva a la humanidad para una sociedad que solo informada defenderá la dignidad y los derechos humanos del hombre.

Este artículo trata de mostrar una cara de *WikiLeaks*, como el periodismo del siglo XXI, si es que alguna denominación se le quiere dar, en donde el derecho a la información se garantice y se ejercite, para que desemboque en una opinión pública libre e informada. Pero sobre todo, en el compromiso social que deben tener los profesionales de la información, pues solo evidenciando a los Estados sobre las violaciones de derechos humanos, estos podrán ser combatidos y así también prevenidos.

Pues aunque las nuevas tecnologías de la información han permitido a la sociedad estar más informada, hace falta un camino largo por recorrer, en donde la información no sea protegida en la oscuridad y sobre todo, aquella que vulnere los derechos humanos sea conocida y tal vez así la humanidad encuentre en estas nuevas tecnologías las herramientas necesarias para actuar al respecto.

*"En tiempos de mentira universal,
decir la verdad es un acto revolucionario"*
George Orwell

Referencias bibliográficas

BLANTON, T. *National Security and Open Government in the United Estates: beyond the balacing test*, Campbell Public Affairs Institute, The Maxwell School of Syracuse University, 2003.

Caso Claude Reyes vs Chile. Fondo, Reparaciones y Costas. Sentencia de 19 de septiembre de 2006. Serie C N° 151.

CASTILLA JUÁREZ, K. A. *Libertad de expresión y derecho de acceso a la información en el sistema interamericano de Derechos Humanos*, en Colección Sistema Interamericano de Derechos Humanos, México, Comisión Nacional de los Derechos Humanos.

CEBRIAN, M. *El periodismo de WikiLeaks*. Revista mexicana de comunicación, México, Septiembre de 2012. www.revistamexicanadecomunicacion.com.mx

David Leigh and Luke Harding, The Guardian, *Inside Julian Assange's war on secrecy*; *WikiLeaks*, The Guardian, 2011, United Estates of America.

FREDA, M. de S. *WikiLeaks, periodismo y transparencia: los filtros de las filtraciones*, Derecom, 2012, p. 3.

GUERRERO, Eduardo. *Transparencia y seguridad nacional*. Cuadernos de transparencia. IFAI, 2010.

El derecho de acceso a la información en el marco jurídico interamericano, Relatoría especial para la libertad de expresión, Comisión Interamericana de Derechos Humanos, Suiza, 2010, passim.

El Derecho a Libertad de Expresión en el Sistema Interamericano de Derechos Humanos, Organización de los Estados Americanos, Ed. Fundación para la Libertad de Expresión A. C, 2012, p. 84.

FONSECA, Claudia. *Ciberseguridad*, en Villanueva, Ernesto (comp.), Diccionario de derecho de la información, 3ª. Ed., Tomo I, México, Jus, 2010.

Periódico La Jornada: *Intelectuales se expresan en defensa de Julian Assange. Señalan aporte de WikiLeaks a la transparencia*, no. 10017, año 29, jueves 28 de junio de 2012, México.

RODRÍGUEZ, Miguel. *Protección de fuentes y materiales periodísticos*, en Rodríguez Villafañe, Miguel y Villanueva, Ernesto (coord.), "Compromiso con la libertad de expresión", México, Fundación para la libertad de expresión, 2010, p. 239

VILLANUEVA, Ernesto (comp.). *El secreto profesional del periodista*, en Villanueva, Ernesto (comp.), Diccionario de derecho de la información, 3ª. Ed., Tomo I, México, Jus, 2010.

Wikirebels: *El documental de WikiLeaks*, consultado en septiembre de 2012. http://www.youtube.com/watch?v=DikiLizFjAU

http://mexico.cnn.com/mundo/2010/12/03/la-vida-secreta-de-julian-assange-el-fundador-de-*WikiLeaks*

Capítulo III

Redes Sociales y el anonimato

Katia Lemus Barajas
Nicolás Nieto Nava

Redes Sociales y el anonimato

Katia Lemus Barajas
Nicolás Nieto Nava

Resumen

El uso de las redes sociales implica una serie de beneficios, así como riesgos e inconvenientes. Es frecuente que los usuarios utilicen identidades ficticias, que hacen las veces de un anonimato.

El presente artículo aporta reflexiones sobre la figura del anonimato en el uso de las redes sociales: desde su utilización para realizar ataques o acoso, hasta como una herramienta de protección a la libertad de expresión y, como propuesta, una similitud o extensión del derecho de la persona a la intimidad.

Abordaremos la propuesta de los propios medios como Google y Facebook para eliminar el anonimato y el importante caso de China, que ha implementado medidas en contra del uso del anonimato en la web.

Abstract

The Use of social networking involves a number of benefits as risks and drawbacks. Often users use fictitious identities which they do times of anonymity.

This Article provides reflections about figure of anonymity in the use of social networks: from their use for attacks or harassment, as tool to protect freedom of expression and, as proposed, a similarity or extension to the laws of the individual to privacy.

We address the proposal of the own means like Google and Facebook to remove anonymity and the important China case, that it has implemented adverse actions for the use of anonymity on the web.

Sumario

Introducción. 1.Conceptualización de un frente de colisión de derechos fundamentales: Internet, Red Social, Anonimato y Anonimato en Redes Sociales, Derechos de la Personalidad, Aspectos Negativos del Anonimato en Internet en Redes Sociales, Colisión de Derechos Humanos. 2. El anonimato, su regulación en las redes sociales. Memorándum de Montevideo y otros instrumentos de regulación. 3. Inconvenientes de la Supresión del Anonimato. 4. Lineamientos para una Futura Regulación del Anonimato en el Uso de las Redes Sociales. Conclusiones. Referencias bibliográficas.

Introducción

El uso de las redes sociales ha modificado un sinnúmero de aspectos de nuestra vida cotidiana: la transmisión y obtención de información, el apoyo didáctico, la expresión de ideas e incluso artística y, entre otros aspectos, el cómo interactuamos no sólo con otras personas, sino también con la "red" misma.

Las redes sociales ofrecen diversos beneficios, pero también riesgos, los que son mejor advertidos por las generaciones a las que nos ha tocado "transitar" a ésta nueva era; no tanto para los llamados "nativos digitales" que utilizan estos medios cotidianamente, como algo natural y, por ello, sin hacer conciencia de los peligros que acechan en la red.

Para utilizar una red social debemos crear un perfil, el cual se llena a base de datos que consideramos personales, como nombre, domicilio, nacionalidad, estado civil, edad, profesión, preferencias y la lista aumenta, quedando al arbitrio de cada persona la cantidad y calidad de información que suba a la red social, con la finalidad de alimentar su perfil y facilitar así la interacción con otros cibernautas.

Sin embargo, es frecuente que muchas personas, al crear un perfil, ya sea que aporten datos ficticios o hagan variaciones a los reales, con la única finalidad de no ser identificados en la comunidad cibernética, en ocasiones utilizan programas o herramientas para que su perfil sea completamente anónimo. Para efectos de la presente labor, bajo el concepto de anonimato, se comprenderá también el de no identificación.

Esta forma de convivir y utilizar una red social tiene dos aspectos: uno positivo y otro negativo.

Desde el punto de vista negativo, con un perfil anónimo pueden realizarse múltiples acciones como *hackear*, suplantar identidades, acosar a las personas, agredirlas, realizar actos ilícitos en aspectos como trata de personas o pornografía, ejercicio excesivo de la libertad de expresión, entre otras. Dichas conductas lesionan derechos de otros usuarios o personas: la vida, la libertad, la seguridad, la libertad sexual, libertad de expresión, intimidad, privacidad, la propia imagen, el honor, entre otros.

Como aspecto positivo, es posible afirmar que un perfil anónimo es garantía de un abanico amplio de derechos humanos como: la libertad de expresión, la protección de datos personales, la privacidad y la intimidad; de igual forma sirve para el flujo de información y hasta puede equipararse a la protección de fuentes periodísticas. Se trata de un anonimato, informado, bien intencionado e inofensivo para otras personas, el cual debe ser protegido.

Sin embargo, en fechas recientes se advierte un rechazo de empresas de internet, gobiernos y usuarios, al uso anónimo del internet y de redes sociales, lo que ocasiona una colisión de derechos humanos que, como en casos análogos, debe efectuarse un análisis si bien casuístico, pero con base en una serie de principios generales, que permitan delinear fronteras más claras y precisas entre el uso anónimo lícito y el uso ilícito o indebido.

En esta labor nos pronunciamos en el sentido de que el acceso a internet es un derecho humano y por ende, sus límites o excepciones deben estar previstas en la ley y ser proporcionales; al tiempo de reconocer que todo derecho humano no puede ni debe existir a costa de otros, antes bien, debemos encontrar un punto de equilibrio, donde los derechos en colisión puedan tener una armónica convivencia.

1. Conceptos

Internet

Sin pretender se exhaustivos al respecto, la autora Clara Luz Álvarez concibe a internet como un medio para difundir información, para el debate público y la comunicación personal, para el comercio y la prestación de servicios, sin importar la ubicación de la persona.[1]

Toda vez que no se trata de proporcionar o analizar una definición técnica del internet, basta precisar su trascendencia en cuanto medio de comunicación que ha revolucionado la vida del mundo entero. Una vez que se ha masificado su uso y acceso de forma paulatina, significa -una herramienta indispensable en los aspectos más variados: negocios, expresiones artísticas, interacción social, información, etcétera.

Rescatando el concepto del que se parte, es posible advertir que internet nace y se concibe como un espacio de un flujo de información incesante. Esa dinámica sólo es posible por la amplia libertad con que se cuenta al utilizarlo y acceder a él.

---

1 ÁLVAREZ, Clara Luz. Actores del Internet, en Villanueva, Ernesto (comp.), Diccionario de derecho de la información, 3ª. Ed., Tomo II, México, Jus, 2010, p. 109.

Red social

La red social es definida por la autora Claudia Fonseca como una forma de interacción social que permite un intercambio dinámico entre personas, grupos e instituciones en contextos de complejidad, un espacio abierto y en constante construcción; también la define como servicios prestados a través de internet que permite a los usuarios construir un perfil público, en el que plasmar datos personales e información de uno mismo, disponiendo de herramientas que permiten interactuar con el resto de personas afines o no al perfil publicado.[2]

Por su parte, Farith Simón Campaña establece que las redes sociales (y la web 2.0) es una inestimable oportunidad para que niños, niñas y adolescentes, den a conocer sus creencias, socialicen, se asocien con otros con intereses y al mismo tiempo representan un espacio en el que podrían encontrar situaciones que ponen en riesgo su integridad física, social, psicológica y sexual.[3]

De los anteriores conceptos obtenemos que las redes sociales representan toda una plataforma, nuevos horizontes para la sociedad occidental actual, con la finalidad ya no sólo de consultar, obtener o difundir información, las redes sociales son auténticas herramientas de trabajo, de estudio, de cohesión social, de comunicación, de esparcimiento, de convivencia. No puede entenderse la sociedad occidental actual sin el uso de éstos espacios.

Desde luego es de llamar la atención que de una década a la fecha su uso se ha expandido en cuanto al número de adeptos y a la vez se ha expandido su función, como ya lo hemos anotado, pues sirven desde un portal personal para exponer cuestiones de nuestra vida privada e incluso íntima, hasta para convocar a manifestaciones sociales o políticas.

Sin embargo, las redes sociales, como bien apunta el segundo concepto utilizado, son un espacio rico en peligros potenciales para diferentes aspectos de nuestra personalidad: nuestro desempeño laboral, ámbito educativo, aspectos personales, privados o íntimos, información almacenada, la propia imagen, nuestro honor y hasta aspectos delictivos del calibre de la trata de personas, el acoso sexual, extorsión, pornografía, etcétera.

---

2 FONSECA, Claudia. Idem, p. 520.

3 SIMÓN CAMPAÑA, Farith. El Enfoque de Derechos en el Memorándum de Montevideo, en Protección de Datos Personales en la Redes Sociales Digitales: En particular de Niños y Adolescentes. Memorándum de Montevideo, México, IFAI, Instituto de Investigación para La Justicia, 2011, p. 27.

Ahora bien, la población actual respecto de las redes sociales puede dividirse en dos grupos: los que hemos transitado a la actual era digital y los "nativos digitales", que son los jóvenes nacidos en este boom tecnológico y para quienes el uso de las computadoras, internet y las redes sociales es algo "natural", indispensable y parte de su individualidad.

De lo anterior se desprende que la generación que hemos transitado a la actual era tecnológica, somos más conscientes de los peligros enumerados: consideramos a las redes sociales como una herramienta, si bien un poco distante, maravillosa. Pero sobre todo, la consideramos como un potencial peligro en aspectos ya citados.

Contrario a lo anterior, los "nativos digitales" no son conscientes de tales peligros, prácticamente no reflexionan ni valoran lo importante que es proteger sus datos personales, su propia imagen, el honor, su privacidad o intimidad al momento de navegar en redes sociales.

La autora Lina Ornelas refiere que los niños, las niñas y adolescentes conciben el espacio virtual como un espacio privado, con la posibilidad de actuar y expresarse libremente sin estar plenamente conscientes sobre el control de su información y las implicaciones existentes.[4]

Relacionado con lo anterior, Rosario Duaso Calés expresa que ser muy "sociable" en la red conlleva la revelación de todos los aspectos de la personalidad de los usuarios y a veces, de terceros que ni siquiera han consentido que sus datos se encuentren disponibles en ese contexto.[5]

Queda patente con las referencias y es de sobra conocido, que el ciber-espacio implica en suma, una seria de ventajas pero también de potenciales y reales peligros ante su uso desinformado e imprudente.

Anonimato y Anonimato en las Redes Sociales

La palabra anonimato significa "sin nombre" o lo que carece de nombre. Ahora bien, en las redes sociales implica que una persona pueda crear un perfil cuyos datos personales no sean revelados al resto de las personas o bien, que se utilicen

---

4 ORNELAS, Lina. Op cit. Nota 3. P. 74.
5 DUASO CALÉS, Rosario. Op. Cit. Nota 3. P. 195.

datos ficticios o modificando los reales, para crear un perfil no identificable. Es decir, una persona puede variar premeditadamente su nombre, edad, nacionalidad, no publicar fotografías, utilizar la de una persona diversa, variar su profesión, adjudicarse una o quitarse la que se tiene…las posibilidades son múltiples.

Lo que se pretende es que las demás personas, incluyendo a las empresas o proveedores de servicios, no identifiquen a la persona que se encuentra realmente detrás del perfil anónimo. En este punto consideramos que la variación de datos o un perfil ficticio, equivale al anonimato, si bien puede tener aristas como en el caso en que para crear un perfil se tomen datos ficticios o de otra persona, en cuyo caso nos encontraríamos en una especie de conjugación entre anonimato y robo de identidad.

El uso anónimo (recuérdese que comprende el uso no identificado) de internet y de las redes sociales se ha convertido en un problema complejo.

Carlos G. Gregorio lo concibe como causa de los principales problemas en la red, si bien refiere que el anonimato irreversible es una ilusión, en alusión a que las empresas de internet cuentan con medios para ubicar a un persona e identificarla (la I.P., su lenguaje, huellas digitales, etcétera).[6]

En este punto es preciso aclarar que el término de anonimato empleado en esta labor comprende una serie de supuestos, cuya finalidad, como lo refiere la autora Gabriela Mendoza Correa, es mantener como no identificado el usuario del internet de una red social. Ella misma refiere dos formas de uso anónimo o no identificado y cuatro formas de comunicación electrónica que permiten ésta no identificación.[7]

Considerando al anonimato en redes sociales en su aspecto positivo, se refiere una serie de supuestos en que dicha figura protege una serie de prerrogativas.

Como una expresión de la intimidad

La no identificación de un usuario en internet, permite el ejercicio de una serie de derechos, relacionados todos con la libertad de expresión y los derechos de la personalidad. De inicio, se considera que el anonimato permite a los usuarios proteger aspectos de su intimidad y privacidad, pues no se pierda de vista que en

---

6 GREGORIO G., Carlos. Op. Cit. Nota 3. P 66.
7 MENDOZA CORREA, Gabriela. Op. Cit. Nota 3. P. 171 y ss.

éstos ámbitos tan especiales la persona lleva a cabo una serie de actividades y tiene diversos pensamientos, ideas, opiniones, etcétera, que no necesariamente comparte con los demás. Al contrario, el derecho consiste precisamente en mantener lejos del conocimiento de los demás todos éstos aspectos.

Es posible que una persona se emplee en una empresa cuyas políticas no sean de su agrado, pero la necesidad económica lo lleva a tolerar ésta situación. Así que cualquier crítica, opinión o pensamiento contra dicha empresa sólo puede expresarlo para sí mismo o para unos cuantos, pero bien pudiera expresarlos protegiendo su identidad, sin que de forma necesaria esas expresiones conlleven a revelar secretos o perjudicar a la empresa, tan sólo se trata de que exteriorice su opinión al respecto, libre de represalias.

Asimismo, es posible que una persona pertenezca a una red social o determinado grupo al que no ingresaría con su nombre propio, pues ello le ocasionaría burlas, rechazo e incluso agresiones.

Un empleado sindicalizado o militante de un partido político, tendría que cuidar sus expresiones o críticas por mínimas que fueran si las vierte en la red mediante su identidad real.

También en cuestiones artísticas, alguien puede crear un blog y dar rienda suelta a manifestaciones como escribir cuentos, poemas, historias, etcétera, pero sin que sea su deseo que los demás conozcan su identidad. No se pierda de vista que muchos escritores y artistas, incluso los reconocidos, utilizan seudónimos.

En suma, los ejemplos pueden ser muchos más, y en la vida real los casos son mayores a los expuestos, en que la no identificación del usuario en internet, le permite a las personas expresar muchos aspectos que forman parte de su vida íntima y privada, y que es el propio anonimato, la protección que el individuo busca para mantener esa expresiones desconectadas de su identidad real, que no se le relacione con las mismas, con lo que obtiene casi las mismas garantías que se tienen al no comunicar a nadie en el mundo físico o real, dichos aspectos.

Por lo anterior, se considera que el anonimato o no identificación del usuario en internet y redes sociales constituye un auténtico derecho, que debe ser respetado, garantizado, pero sobre todo ejercido por sus titulares con pleno respeto a los demás y responsabilidad.

Su equiparación con la protección de fuentes periodísticas

Ahora, el anonimato puede equipararse a la reserva de fuentes periodísticas, lo cual se argumenta con base en las siguientes consideraciones doctrinales:

Existe opinión unánime en el sentido de que la reserva de fuentes es un derecho implícito en el derecho de acceso a la información. Como lo expone con precisión el Dr. Ernesto Villanueva.[8]

Que su objeto es la información misma, en el sentido de que al proteger las fuentes de información periodísticas, promovemos que diversas personas en posesión de información relevante y de interés público, las proporcionen para su difusión.

Este derecho protege no sólo a la fuente, sino que comprende el evitar medidas como cateos, secuestro de notas, intervención de líneas o aparatos que permitan conocer la información proporcionada y la identidad de la fuente, lo que incluye no sólo su nombre, sino también su voz, figura e incluso circunstancias que pudieran llevar a identificar a la fuente del periodista.

Esta prerrogativa tuvo en sus inicios una protección fuerte en el ámbito penal, es evidente que de a poco y ya de forma irreversible, se aprecia en los países democráticos una tendencia a despenalizar cuestiones al respecto y el conflicto comienza a centrarse en el ámbito civil, es decir, que el secreto de las fuentes tenga consecuencias de índole civil o administrativo, pero ya no penal.

Enrique Bonete Perales, en su libro "Ética de la Comunicación Audiovisual", expone algunos de los males del periodismo en España y sostiene que uno de ellos, el tercero, es el de las fuentes informativas: refiere que una fuente identificada es cautelosa, prudente…pero vende menos; en cambio, una fuente anónima hace revelaciones más profundas y atractivas.[9] (1999, pp. 67 y ss.)

Con lo anterior obtenemos un lineamiento que es prácticamente general, en el sentido de que éstas se tratan de los únicos casos en que un periodista puede mantener en secreto su fuente de información. Aunque por ejemplo, el autor Adrián Ventura, en su obra "El Secreto Periodístico", consultado en fuente cibernética (I.I.J.U.N.A.M.), afirma que el secreto periodístico debe ser absoluto, no debe contar con ninguna excepción. Conclusión a la que arriba luego de realizar una extensa labor de investigación, análisis, comparación y sistematización de

---

8 VILLANUEVA, Ernesto. El Secreto Profesional del Periodista. España. Fragua. 1998. p. 17.
9 BONETE PERALES, Enrique. Ética de la Comunicación Audiovisual. España. Tecnos. 1999. P. 67 y ss.

diferentes legislaciones, sistemas y casos jurisprudenciales sobre el tema.

En suma y sin pretender agotar este concepto, por no tratarse de la finalidad de ésta labor, es posible afirmar que la reserva de fuentes periodísticas permite que las personas que poseen información relevante o confidencial, puedan darla a conocer protegiendo su identidad, lo que a su vez contribuye a su conocimiento por la sociedad, incluyendo a los interesados de forma directa, a que se forme opinión pública, se entre en debate, incluso se eviten perjuicios, etcétera. Es obvio que sin quien puede emitir la información, advierte riesgo de que su identidad será revelada, se abstendría de quebrar dicho secreto, con lo que privaría a la sociedad del conocimiento de la información relevante que posee. De ahí que la protección de fuentes periodísticas sea una de las piedras angulares del ejercicio periodístico y de la libertad de expresión.

En ese tenor y con la proliferación de las versiones electrónicas de periódicos y revistas (Newsweek recién dio por terminada su edición impresa y en adelante sólo tendrá versión digital), así como de blogs, no es de extrañar que muchas informaciones puedan ser proporcionadas de forma anónima por internet.

Basta la consulta de una noticia en un medio de internet para luego leer las opiniones que los cibernautas exponen, ya sea sobre la noticia directa o sobre algún tema afín o cualquier otro, para darse cuenta de que las personas tienen en dichos foros un espacio y herramienta valiosa para expresarse de forma libre.

Pero también es cierto que en numerosos casos, varias personas realizan denuncias sobre los hechos y personas relacionadas con la noticia: corrupción, versiones diversas del hecho, datos adicionales, etcétera. Incluso como ejemplo extremo pero relacionado con la violencia derivada del narcotráfico en México, han proliferado diversos blogs "especializados" en el sentido de que sólo abordan dicha temática, suben fotografías y videos de ejecuciones, advertencias, amenazas entre grupo, pero también son fuente de información de enfrentamientos, secuestros y hechos que en general no son expuestos por el resto de los medios de comunicación y mucho menos por el gobierno.

Al mismo tiempo, los blogueros emiten opiniones y datos adicionales en sus comentarios que ayudan a develar varios hechos ocultos o tergiversados en el resto de medios y por el gobierno.

Las opiniones o informaciones así vertidas, es obvio, se emiten de forma anónima o por lo menos, utilizando seudónimos que impiden de primera mano, conocer a la persona real que las emite. Incluso en los blogs sobre el narcotráfico, se pide el envío de información al garantizar el anonimato de la fuente, pues resulta claro el riesgo que se corre al dar a conocer hechos y datos relacionados con los diversos cárteles. El propio semanario Proceso ha presentado reportajes sin firma del reportero, para proteger su identidad y con ello su vida.

Por tanto, las personas que de forma anónima proporcionan dichas informaciones y emiten opiniones en los casos expuestos, tienen derecho a mantener oculta su identidad, y dicho velo puede considerarse como una auténtica protección de fuentes. No se requiere mucha imaginación para darse cuenta de la cantidad de información que dejaría de fluir en internet, si el anonimato se prohibiera.

Como protección de datos personales

La protección de datos personales es un derecho que en México ya tiene el nivel de derecho humano.

Se consultó el contenido de la Ley Federal del Protección de Datos Personales en Posesión de Particulares, y consulta del contenido de páginas de internet de la Agencia Española de Protección de Datos y la Red Iberoamericana de Protección de Datos Personales, así como el artículo de Diego García, sobre la emisión de la Ley mexicana citada.[10]

De lo consultado se obtiene que dicha prerrogativa consiste en la facultad que tenemos las personas de decidir sobre las condiciones en que facilitaremos a diversas personas, datos que se refieren a nuestra persona y que nos vuelven identificables. Estos datos se refieren a las cuestiones más variadas: desde el número de placa de nuestro automóvil, a nuestra edad, preferencia sexual o número de seguridad social.

La obtención y tratamiento de datos personales es un gran negocio para las empresas, pues con el manejo adecuado es posible ofrecer servicios, productos, tomar decisiones de gobierno, estrategias de campaña política o mercadeo, etcétera.

Sin embargo, el riesgo para las personas también es grande, si se toma

---

10 GARCÍA RICCI, Diego. La Protección del Derecho a la Privacidad a través del Modelo previsto en la Nueva Ley Federal de Protección de Datos Personales en Protección de Particulares, en la Revista del Centro Nacional del Derechos Humanos, número 17. México. CNDH. 2011. P. 139 y ss.

en cuenta que todos los días proporcionamos más o menos datos en las diversas actividades que desarrollamos. Y nos se trata de evitarlo, es imposible que interactuemos con los demás, que solicitemos o contratemos un servicio, trámite o producto sin dar a conocer elementos mínimos. De lo que se trata es que dicha acción sea consciente no sólo por lo que ve a saber que estamos facilitando información de nuestra persona a los demás, sino también saber con la mayor precisión a quiénes hacemos dicha cesión y con qué finalidad.

Es sabido que en el incesante comercio internacional que se ha globalizado, es una preocupación el contar con marcos legales que brinden certeza a la transferencia de datos. Por lo tanto, si bien se trata de un derecho humano, en realidad su relevancia es de tipo comercial. De ahí que se opine, debe encontrarse un equilibrio entre los intereses comerciales y la protección de las personas en su información personal.

Las redes sociales e internet deben establecer políticas que lleven a solicitar la menor cantidad de datos personales a los usuarios. Ello depende, claro está, del tipo de actividad que se realice. No es lo mismo darse de alta en una red social, que realizar una compra o declarar impuestos.

Por lo que ve al tema del presente trabajo, las redes sociales y los blogs, entre otros espacios, deben establecer reglas claras y pasos sencillos para que el usuario esté consciente de que está proporcionando información personal, y sobre todo, que pueda decidir con libertad los datos que desea proporcionar.

En este sentido, se considera que debe existir libertad para que el individuo decida si proporciona sus datos verídicos o los oculta mediante el anonimato o la variación de los reales. Ello con la finalidad de no volverse una persona identificable en la red, lo cual puede generarle consecuencia desagradables, represalias, etcétera. Pero se aclara que dicha libertad se defiende en los casos de un uso normal y adecuado de la red, no cuando se utiliza para cometer ciber-ataques o delitos.

Es posible afirmar que mantenerse en el anonimato en una red social, no es sino la expresión del ejercicio del derecho a proteger nuestros datos personales, cuya cesión de inicio, debe ser voluntaria. Por ello, no puede obligarse a persona alguna que haga un uso lícito o adecuado de la red, pues la libertad que ahí se disfruta, es una de sus piedras angulares, es un aspecto que la ha convertido en una herramienta valiosa de nuestro quehacer cotidiano. Por tanto, no es posible exigir que una persona tenga que declarar no sólo respecto a su nombre, sino a los demás aspectos de su persona, que lo pueden identificar, etiquetar y convertirla en vulnerable, no sólo en el ciberespacio, sino también "en el mundo real".

Los Derechos de la Personalidad

Es de explorado derecho que lo que ahora conocemos como derechos de la personalidad han tenido un avance igual de significativo en la sociedad occidental actual. A partir de la modernidad, pero más en las recientes décadas, el concepto de individuo se ha exacerbado, se valora quizá como nunca antes la individualidad de la persona y derechos como la libertad, la seguridad jurídica, la libre expresión, el acceso a la información y una cascada de prerrogativas como el derecho al honor, a la propia imagen, a la vida privada familiar, personal y la intimidad, sin dejar pasar la protección de los datos personales.

En México, a partir de las reformas constitucionales a los preceptos 6, 16 y 73, la protección de datos personales alcanza rango de derecho fundamental, aunado a la reforma de junio de 2011 en materia de Derechos Humanos, tenemos que ya es obligación de todas las autoridades del Estado mexicano, la protección de los derechos fundamentales no sólo previstos en la Constitución, sino todos aquellos establecidos en Tratados Internacionales que hayan sido adoptados por México.

Con lo anterior, tenemos que en nuestro país se potencializa la protección de los derechos fundamentales que en nuestro derecho tienen escaso o nulo desarrollo, pero que si lo tienen en otras latitudes, las que sirven de referentes sobre todo cuando existe jurisprudencia de tribunales internacionales.

Lo anterior viene a colación si se toma en cuenta que tanto el acceso a internet, como toda la gama de derechos que se abordan en esta labor, son derechos humanos y más propiamente, denominados derechos de la personalidad: la libertad de expresión, el honor, la vida privada, la intimidad, la propia imagen, la protección de datos personales.

Prerrogativas que se ven potencializadas mediante el uso de internet y redes sociales, pero de igual forma vulneradas por un uso ilícito o indebido de las mismas. De ahí que sea necesario proporcionar una breve referencia teórica.

La libertad de expresión es la piedra angular de lo que hoy conocemos como Derecho de la Información. Para Stuart Mill, citado por Irma Julieta Rojas Castel, en el segundo tomo del Diccionario del Derecho de la Información (2010, p. 184), "En el gobierno, una perfecta libertad de expresión en todas sus modalidades –hablar, escribir, imprimir-, tanto en la ley como en la práctica, es el primer requisito; pues ésa es la condición principal para que haya inteligencia popular y progreso mental. Todo lo demás es secundario".[11]

La cita revela con precisión la importancia de la libertad de expresión en cualquier gobierno que pretenda o aspire a la democracia. Éste derecho es una condición sine qua non del progreso, no sólo de una sociedad, sino del Estado mismo. La prerrogativa permite que a su vez se ejerciten otras, permite que todas las personas o al menos las interesadas, puedan participar de la conformación de una opinión pública, del conocimiento de cuestiones de interés público, que posibilite su toma de decisiones en los asuntos que puedan afectarle.

Escobar, citado por Andrés Reyes y José Luis Morales, expone que la libertad de expresión es el derecho a realizar acciones que muestren la intención de una persona de exteriorizar un mensaje o contenido que ayude al debate democrático. Su objetivo esencial es hace posible una discusión pública democrática, útil para la vida de la comunidad y que contribuya al libre desarrollo de la personalidad.[12] (2012, p. 18)

No cabe duda que en las redes sociales se maximiza éste concepto de libertad de expresión: para cualquier persona es fácil exponer sus ideas o pensamiento no sólo en su círculo inmediato, sino prácticamente en el mundo entero. Las redes sociales son el espacio ideal para que las personas expresen sus ideas, convicciones, dudas, etcétera. Ello las vuelve atractivas, pero igualmente peligrosas: si bien puede efectuarse una crítica o comentario sobre una persona o situación con el deseo de que la mayor cantidad de personas se entere, dentro de éstas personas puede estar la directamente aludida. De ahí que la expresión de ideas en las redes sociales implique riesgos, como por ejemplo al expresar preferencias políticas, sexuales, religiosas u opiniones sobre temas indeterminados ahora.

En este punto, el uso de perfiles anónimos significa una protección a este rubro de la expresión humana, como se detalla posteriormente.

Por lo que ve al derecho al honor, en la obra "El Honor", editado por Marie Gautherm, el autor Julian Pitt-Rivers expone que el honor es una "enfermedad", que se trata de un concepto ambiguo, cambiante, pero que tiene notas características

---

11 ROJAS CASTEL, Irma Julieta. Op. Cit. Nota 1. P. 184.
12 REYES RODRÍGUEZ, Andrés y MORALES BRAND, José Luis. La Regulación del Derecho a la Libertad de Expresión desde una Perspectiva Comparada. Su Protección en América Latina, en Cuadernos de Divulgación de la Justicia Electoral, número 13. México. TEPJF, 2012, p. 18.

siendo una de estas que el honor se deriva de conceptos como el poder, ya sea político, económico o militar. Se define como una regla de conducta o medida del rango social.[13]

Debemos reconocer que tratándose del honor, nos encontramos con un término relativo, ambiguo, equivalente a la moral o buenas costumbres, pues bien indica el autor Julian Pitt, que los criterios según los cuales es otorgado el honor dependen de la identidad de cada comunidad y del punto de vista colectivo que le es propio.

En los tratamientos jurisprudenciales, el derecho al honor casi siempre cede ante el derecho de acceso a la información, a la opinión o a la crítica, pero ahora, será interesante apreciar qué lugar ocupa el honor de una persona frente a los ataques o expresiones de un perfil anónimo en una red social.

Por lo que ve a la privacidad, el autor Ernesto Garzón Valdés expone que se trata del espacio donde pueden imperar exclusivamente los deseos y preferencias individuales, condición necesaria del ejercicio de la libertad individual (libertad de los modernos, diría Benjamin Constant, el derecho a ser dejado sólo, se diría en el famoso ensayo de Warren y Brandeis). Lo entendemos como un espacio reservado para nuestra persona, que deseamos mantener fuera del alcance y el conocimiento de los demás.[14]

Para los efectos de nuestra labor, la privacidad tiene un doble aspecto: en cuanto derecho o espacio tutelado y protegido por el anonimato de un perfil en red social; pero también como derecho vulnerado cuando por ejemplo, un perfil anónimo agrede precisamente aspectos privados de una persona.

La intimidad, la concibe el propio Garzón Valdés, como el ámbito de los pensamientos de cada cual, dentro de éste ámbito caen aquellas acciones que no requieren la participación de otras personas, ni lo que pasa en dicho espacio afecta a otras personas.[15]

Se entiende pues como la esfera más reducida de la personalidad: nuestros pensamientos, concepciones del mundo, creencias, miedos, deseos, etcétera, que en muchas ocasiones no compartimos con nadie y cuando lo hacemos, es dentro

---

13 PITT-RIVERS, Julián. El Honor. España, Cátedra, 1992. Pp. 19 y ss.
14 GARZÓN VALDÉZ, Ernesto. Lo íntimo, lo Privado y lo Público. En Cuadernillos de Transparencia, número 06. México. IFAI. 2008. Pp. 15 y ss.
15 Ídem. pp. y ss.

de una relación de reciprocidad íntima. Ello es así, pues como establecía Goethe: "Todos tenemos en nuestra naturaleza algo que, si públicamente se manifestase, por fuerza habría de provocar desagrado".

De ahí que la intimidad es también un derecho tanto protegido, como lesionado por el anonimato en una red social.

No obstante, en esta labor desarrollaremos el primer aspecto: el anonimato como una extensión o expresión del derecho a la intimidad.

Finalmente, los datos personales y su protección, si bien se trata de un tema con amplio desarrollo en Europa, en atención a las relaciones comerciales, en México su tratamiento es reciente: apenas el año pasado se promulgó la ley al respecto, previa reforma que elevó como Derecho Fundamental la protección citada.

Se trata de un tema vasto, cuyo finalidad no es la de éste ensayo, por eso baste referir concepciones de la Ley Federal mexicana (que recibe las europeas), que establecen como dato personal todo aquello que proporciona información sobre una persona identificada o identificable: nombre, estado civil, edad, CURP, el número de placas del vehículo que se posee, nombre de los hijos, domicilio, trabajo, lugar de trabajo…

Pero al relacionar la protección de datos personales con el tema de las redes sociales, obtenemos que dicha protección se traslada al ciberespacio, pues como se determinó en la Sentencia del Tribunal Constitucional Alemán en el año de 1983, cuando reconoce que el individuo tiene el derecho para determinar cuándo y qué datos de su persona quiere revelar o permitir que sean tratados y hace patente la necesidad de proteger los datos personales de un uso informatizado.

En este punto llegamos a una parte crucial del presente trabajo: la protección de datos en el ciberespacio implica nuestro derecho a establecer qué datos de nuestra persona queremos revelar, dar a conocer o permitir que sean tratados por empresas o personas.

Dentro de esta intimidad informática encontraríamos que el gestionar un perfil anónimo en una red social implica precisamente una protección de datos personales, dentro de la cual se encuentra también la protección de nuestra esfera íntima. En el entendido de que nos referimos a un uso adecuado, informado y bien intencionado del anonimato, figura que nos permite mantener a salvo aspectos de nuestra persona y esfera familiar lejos o fuera del conocimiento de otras personas, al tiempo de proteger nuestra libertad de expresión y la manifestación misma de nuestra intimidad.

Aspectos Negativos del Anonimato en Internet, de Forma Particular, en Redes Sociales

Todo tiene diversos ángulos de estudio, vertientes de opinión. No existen absolutos. Por ello es que el anonimato en internet y redes sociales también tiene aspectos negativos.

No ser identificado facilita a que la persona realice acciones vedadas si tuviese que hacerlas a la vista o conocimiento de los demás. Estas acciones pueden ser positivas o negativas. Es decir, tener un fin lícito, adecuado; o no tenerlo. La protección del anonimato puede permitir que se diga lo que nos está censurado, criticar lo que en otras condiciones es intocable, proporcionar información sin temor a represalias.

Pero de forma lamentable, el anonimato es también utilizado por infinidad de personas para cometer ilícitos, para acosar, molestar, dañar a otras personas.

Alguien puede crear una personalidad falsa u ocultar la real en una red social para realizar acciones que pueden ser desde la de acosar a menores o mayores de edad, agredir o molestar a otros cibernautas y hasta para incitarlos o engancharlos en la comisión de delitos, incluso cometerlos en su agravio.

Nada se descubre al argumentar que la comisión de delitos por vía o valiéndose de internet como herramienta, se ejecuta entre otros aspectos, desde el anonimato. Y tampoco se dice nada nuevo al reconocer que ésta es una de las principales preocupaciones de usuarios, gobiernos y hasta los dueños de las redes sociales. No extrañe que países como China hayan prohibido el anonimato o que incluso el dueño de google también haya pedido la supresión del anonimato en la red. Es cierto que cada actor que se pronuncia anti-anonimato lo hace protegiendo sus derechos: seguridad, libertad personal o sexual, estabilidad del gobierno, la propiedad de información, etcétera.

Debe reconocerse que no es posible superar los argumentos que piden la supresión del anonimato, pero es cierto que la petición para identificar a plenitud al usuario ilícito sólo vale para ése caso. No puede establecerse a priori que todos los cibernautas harán un mal uso de la no identificación de su persona en internet.

Antes bien, la libertad debe otorgarse, pero la responsabilidad y supresión del anonimato debe ser lo más inmediata posibles a un mal comportamiento en la red.

Colisión de derechos fundamentales

Debido a la necesaria convivencia humana y nuestra condición de igualdad, así como la dinámica social, es frecuente que los derechos humanos colisionen. Ello implica que en determinada situación una persona justifica su actuar, porque está ejerciendo un derecho y en éste ejercicio puede lesionar, invadir o molestar derechos de otras personas, inclusive, dos o más individuos pueden actuar al mismo tiempo en determinada situación, argumentando cada una hacerlo con base en sus derechos humanos. Por ejemplo, una mujer decide abortar sobre la vida del feto. Una manifestación impide el tránsito de vehículos o servicios.

Si bien a primera vista pueden identificarse derechos humanos más relevantes que otros, ningún derecho es absoluto, ninguno puede prevalecer a costa de opacar, negar o lesionar a los demás. Antes bien, su ejercicio debe armonizarse mediante lo que se denomina una ponderación de derechos. Al respecto vale la pena consultar el acertado y concreto análisis de dicha figura, que realiza la Ministra de la Suprema Corte de Justicia de la Nación (SCJN), Olga Sánchez Cordero, en su voto concurrente en el relevante caso sobre la despenalización del aborto en el Distrito Federal.[16]

Lo anterior viene a colación porque si bien es cierto que la libertad de expresión y la intimidad o privacidad de las personas son derechos que se protegen y ejercitan mediante el anonimato en internet. También es cierto que las demás personas tienen derecho a su libertad de expresión, seguridad personal, libertad sexual, su propiedad, su intimidad o privacidad.

Así, es inconcluso que el anonimato en internet puede lesionar otros derechos, pero tampoco puede negarse el ejercicio del anonimato en atención a los derechos genuinos que puede proteger.

De esta forma, primero a nivel personal con la debida información y cultura en el uso de internet y redes sociales, luego quizá como una autoregulación y como última instancia en litigios, debe moldearse la convivencia del anonimato con los derechos de los cibernautas, sobre todo de los menores de edad, porque la no identificación de un usuario de internet no debe tolerarse como herramienta para

---

16 SÁNCHEZ CORDERO, Olga. Constitucionalidad de la Despenalización del Aborto en el Distrito Federal. Decisiones Relevantes de la Suprema Corte de Justicia de la Nación. Número 46. México. SCJN. 2009. P. 229 y ss.

el acoso, la ofensa, la delincuencia en internet. Sobre las propuestas de regulación se abundará con posterioridad.

2. El Anonimato, su Regulación en Internet y Redes Sociales

2.1 Memorándum de Montevideo

Toda vez que el acceso a internet ha sido considerado por la Organización de la Naciones Unidas (ONU) como un Derecho Humano y acorde a la Convención Americana de los Derechos Humanos, vinculatoria para el Estado mexicano al tenor de las reformas de junio del 2011 (incluso antes, sólo que la reforma ya no deja ningún lugar a dudas, derivado de la trascendente resolución en el caso Radilla Pacheco), todo límite al ejercicio de un derecho humano debe estar previsto en la ley, obedecer al espíritu protector de dicho instrumento y ser proporcional, es que se desprende el argumento de que una posible eliminación o prohibición del uso anónimo de internet y las redes sociales vulneraría la prerrogativa en comento. Por tanto, dicha limitación no debe ser arbitraria o desprenderse de un simple pacto o política unilateral.

En el primer caso se ubica la recién Conferencia Internacional de Telecomunicaciones, en la que una amplia mayoría de países se pronunció por eliminar el anonimato (se opuso un bloque poderoso encabezado por Estados Unidos, Canadá e Inglaterra).

En el segundo supuesto encontramos peticiones de las propias empresas de internet como *facebook* y *google*.

Con todo, una posible regulación del anonimato debe establecerse en la ley y debido a la naturaleza de la red, es difícil o casi imposible que exista una adecuada regulación legal en los diversos países.

Sin embargo, un punto de partida para lograr un mínimo de certeza jurídica, lo constituyen acuerdos, convenios o declaraciones que se firman por diversos países en el marco del intercambio comercial y tecnológico.

En dicho tenor, con fecha julio de 2009, nace el denominado *Memorándum de Montevideo*, producto de un estudio sobre cuestiones de privacidad y confidencialidad en facebook. El sector que genera la mayor preocupación en el *Memorándum*, es el de las niñas, niños y jóvenes, conocidos como "*nativos digitales"* pues para todos ellos internet y las redes sociales son algo común, un instrumento o herramienta con la que nacieron y utilizan como parte de su vida diaria, lo que implica una excesiva confianza de los usuarios en la red, sin concientizarse de los graves riesgos que acechan en las misma.

Su artículo 3.1. regula los aspectos de anonimato y uso de seudónimos:

La participación anónima o el uso de pseudónimos es posible en las redes sociales digitales. El proceso educativo debe reflexionar sobre los aspectos positivos del uso de pseudónimos como medio de protección y un uso responsable que —entre otras cosas— implica no utilizarlos para engañar o confundir a otros sobre su identidad real.

Las niñas, niños y adolescentes deben ser advertidos sobre la posibilidad de que cuando creen estar comunicándose o compartiendo información con una persona determinada, en realidad puede tratarse de otra persona. Al mismo tiempo es necesario advertir que la participación anónima o con un pseudónimo hace posible la suplantación de identidad.

Como se aprecia, dicho instrumento reconoce los aspectos positivos y negativos del anonimato y uso de seudónimos en las redes sociales. Lo más significativo, es que pone énfasis en la necesidad de crear una cultura al respecto, educar y orientar a los menores de edad sobre los potenciales peligros de la no identificación en las redes sociales, como la mejor forma de protegerlos. Es decir, deja todo en el plano de la educación y autoregulación.

2.2 Recomendación 3/97 de la Unión Europea

La autora Gabriela Mendoza, en su colaboración ya citada sobre el tema concreto del anonimato en las redes sociales, enumera una serie de regulaciones que procuran regular esta figura. Se presentan los instrumentos que tienden a proteger la no identificación del usuario de internet y redes sociales, pero también otros casos en que la pretensión es eliminar de plano el anonimato.[17]

Pero en estos supuestos, se advierte una tendencia a cuestionar sobre la viabilidad de proteger como un derecho, la no identificación del usuario en las redes sociales. Se hace la aclaración de que éste instrumento NO es vinculante.

En el mismo sentido se tiene a la recomendación número R (99) 5 del

---

17 MENDOZA CORREA, Gabriela. Op. Cit. Nota 7. P. 173 y ss.

Comité del Consejo de Europa, que puntualiza que "el acceso anónimo para el uso de servicios y medios anónimos para realizar pagos son la mejor protección a la privacidad".

En la 30 Conferencia Internacional de Protección de Datos y Privacidad, de octubre del 2008, la Agencia Española de Protección de Datos Personales emitió la Resolución sobre la protección de la privacidad en los servicios de redes sociales, se refiere al uso del seudónimo en los siguientes términos: "los proveedores deberán permitir la creación y utilización de perfiles seudónimos de forma opcional, y fomentar el uso de dicha opción.

Así tenemos el Reporte sobre la aplicación de los principios de protección de datos en la Red Mundial de Telecomunicaciones, en el que se reseñan como nuevos principios aplicables a la protección de datos personales el de la encriptación y el anonimato reversible de 13 de diciembre de 2004.

No obstante lo anterior, el documento más relevante de los citados, lo constituye la recomendación 3/97, de fecha 3 de diciembre de 1997, sobre el anonimato en internet, que establece que: "la posibilidad de mantener el anonimato es fundamental para que la intimidad de la persona goce en la misma protección en línea que fuera de línea".

Establece además que: "los medios anónimos de acceso a Internet y los medios anónimos de pago, constituyen dos elementos esenciales con vistas al verdadero anonimato en línea".

Este documento, se considera, debe ser un punto de referencia para una posible regulación del anonimato en nuestro país. Ello porque concibe dicha figura al tenor del acceso a internet como derecho humano. También porque la considera como una protección a la intimidad y vida privada de la persona, pero no lo hace de forma desproporcionada o parcial, ya que se concientiza de los potenciales peligros que implica en el caso de un uso ilícito o indebido.

Ahora, con todo y el avance que se aprecia, también es cierto que en dichos instrumentos existe la tendencia a proteger el anonimato en cuanto una expresión de la protección de datos personales. Si bien dicha idea es correcta, también lo es que la no identificación en el uso del internet implica la salvaguarda de otros derechos, como la intimidad, la privacidad y la libertad de expresión, entre otros, como ya lo hemos asentado.

Se considera que las posibles y futuras regulaciones al respecto, deben concebir a la no identificación en el uso de internet, como una garantía de los derechos citados.

3. Inconvenientes de la Supresión del Anonimato

Si las empresas de internet y los gobiernos pugnan por la supresión del anonimato, estarían provocando la desnaturalización de un espacio sin el que no puede entenderse la vida actual.

Internet se ha concebido libre. Esa libertad es un derecho por demás preciado. Ahora, si como todo apunta a que sucederá, de reconocerse el acceso a internet como un derecho humano, debería tomarse en cuenta que tales prerrogativas son progresivas: toda conquista no puede ser retrotraída. Un derecho ganado no puede ser despojado.

El Decálogo de Derechos de las Niñas, Niños y Adolescentes en las Tecnologías de la Información y Comunicación (TIC), emitido por la UNICEF, establece en el precepto 6 que "El derecho a la intimidad de sus comunicaciones electrónicas. Derecho a preservar su identidad e imagen de usos ilícitos. Por tanto, es posible argumentar que junto a internet, el uso no identificable de la red, es un derecho.[18]

Cuando *Google* lanzó su red social *Google+*, estableció que no se permitirían perfiles falsos o seudónimos. Pero cuando el anuncio más bien generó rechazo y dejaba a esta empresa en desventaja con *Facebook*, tuvieron que rectificar.

Si bien existen gobiernos que piden ésta supresión, es cierto que lo hacen para proteger sus especiales intereses. En realidad poco les importa o mucho les preocupa, el potencial que significa la red en las personas adecuadas. Ejemplo de lo anterior es China, cuyas motivaciones son políticas.

Lejos de convertir a internet en un lugar seguro, lo convertiría en el ámbito más inseguro para todos los usuarios. Todo gobierno anhela, en mayor o menor medida, tener control sobre su población, sus gobernados. Saber quiénes son, a qué se dedican, cuáles son sus actividades predilectas y adversas, sus ideales, sus creencias, ideología…

---

18 Véase www.unicef.org/spanish/.

Como ejemplo, en la reciente Conferencia Internacional de Comunicaciones, celebrada en Dubai (diciembre 2012), se dio a conocer que "de los 72 países estudiados por la OpenNet Initiative, cuya misión consiste en identificar y documentar los intentos de control y censura en Internet, unos 42 filtran y censuran contenido, sin olvidar a reincidentes como Corea del Norte y Cuba".[19]

En julio del 2012, el gobierno de Ecuador emitió un reglamento que regula el uso y acceso a la red, en cuyo artículo 29 establece, entre otros aspectos, que los prestadores de servicios de telecomunicaciones y de valor agregado deberán remitir, "a solicitud de la Superintendencia de Telecomunicaciones, información relativa a direcciones IP asignadas a sus abonados, clientes-usuarios, en (los) plazos, términos y condiciones establecidas por dicha entidad".

El propio Estado de Nueva York deslizó una propuesta para prohibir los comentarios anónimos en la red, que fue rechazado de inmediato.

Las empresas por su parte, obtendrían información valiosa para ofrecernos publicidad y productos específicos, lo que es sabido, reditúa ganancias exponenciales.

La vida física por obvias razones, hace imposible este control. Si bien se realizan censos y otros mecanismos de obtención de datos, de alguna forma los datos se encuentran dispersos en las dependencias que poseen estos datos (o al menos eso creemos). Pero si el uso anónimo de la red se suprime, facilitaría a cualquier gobierno y poder fáctico tener un sinfín de información sobre cantidades o sectores enormes de la población y con ello, tener conocimiento y control sobre sus actividades. Ninguna opinión o actividad estaría libre de asedio por los poderosos motores de internet y los intereses a que obedecen. Esto crearía una aversión o rechazo al uso de internet y, en todo caso, un uso que por escrupuloso, lo convertiría en autocensura.

Se considera que ni dicha supresión inhibiría a los ciber-delincuentes. Ello porque éstos malévolos sectores no constituyen un usuario común. Tienen por lo menos avanzados conocimientos de computación. Basta darle un vistazo a los buscadores para encontrar ofertas de instrucciones para encriptar o crear blogs anónimos. Es decir, éstos sectores tienen intereses e ingresos económicos enormes, lo que les posibilita un juego de "el gato y el ratón" con las autoridades.

---

19 Véase www.itu.int/es/

En cambio, el usuario común, el "ciudadano de a pie" y no se diga los menores de edad, serían los más vulnerables a una identificación plena, porque toda su actividad estaría expuesta no sólo para el gobierno o empresa, sino para los propios delincuentes.

Por lo tanto, una prohibición del anonimato en internet o redes sociales lesionaría más derechos de los que pretende proteger, y crearía más inseguridad a los cibernautas.

4. Lineamientos para una Futura Regulación del Anonimato

En ocasiones el vocablo regular pareciera un eufemismo de "prohibir". Sin embargo, se considera que éste caso es la acción correcta. No debe pensarse en prohibir el uso anónimo de la red. Antes bien, debe regularse.

No obstante, genera preocupación que en la ya citada Conferencia de Dubai, una mayoría de países (entre ellos, México), votó a favor de realizar controles a los contenidos y actividad en internet (89 de 144). Entre los países opositores y que no firmaron dicha acuerdo, que por cierto es vinculante, se encuentran los Estados Unidos, Reino Unido, Suiza, Dinamarca, Canadá, Holanda y Costa Rica, quién argumentó que dicha Conferencia no era el espacio para emitir o acordar una regulación sobre internet, sino que ésa tarea es propia del próximo Foro Mundial sobre la materia. Si bien estos países representan minoría, no dejan de formar un bloque fuerte. De cualquier forma, el acuerdo citado no deja de verse como un peligro y el inicio del tan ansiado (para algunos) fin del anonimato en la red.

Lo que se propone es la implementación de toda una política pública en materia del uso de las redes sociales en México.

No con el afán de prohibir o eliminar el anonimato, sino de dilucidar de la mejor forma las fronteras entre su uso lícito e ilícito.

De ésta forma, el problema radica en la ausencia de una regulación o reglamentación del uso de internet y redes sociales, para lo cual deben comprenderse a todos los sujetos que intervienen en dicha dinámica, a saber:

a) El usuario que utiliza el anonimato de forma lícita.
b) El usuario que utiliza el anonimato de forma ilícita o indebida.

c) El usuario y demás personas que resienten el uso ilícito o indebido del anonimato.

d) Las empresas de internet.

e) El gobierno.

Se hace mención que debe ponerse énfasis en la vulnerabilidad de los menores de edad.

El objeto de la política pública sería el uso de redes sociales mediante el anonimato, en sus dos vertientes, el uso lícito y el ilícito o indebido.

La política a implementar descansaría en el supuesto de la necesidad de crear una regulación que al tiempo de permitir el uso lícito del anonimato, persiga, identifique y sancione al usuario ilícito, protegiendo así al resto de usuario y de las personas.

Para ello, la primera acción es reconocer las diversas categorías de actividades que no pueden efectuarse de forma anónima, las que tienen razones de legalidad y otras de ilicitud. Es decir, ciertas acciones debemos efectuarlas con plena identificación porque su naturaleza así lo exige, al tratarse de conductas legales efectuadas ante empresas, el gobierno y otros particulares. En cambio, existen otras actividades que por lesionar derechos de terceros, no pueden cubrirse con el velo de la no identificación, porque se trata de actos ilícitos.

De ahí que sí internet nos ha permitido realizar acciones de las más variadas, como acceder a medios de información, declarar impuestos, tramitar juicios, presentar quejas, contratar servicios, etcétera, que requieren de una identificación real y que al respecto no existe oposición alguna, pues la naturaleza de aquéllos actos así lo exige.

Al mismo tiempo, existen otras actividades que no pueden esgrimir la protección del anonimato: el acoso, el bullyng, la trata de personas, ataques cibernéticos, hackeos, amenazas, etcétera.

Pero entre uno y otro supuesto se tiene a una serie de supuestos, que por su naturaleza exigen que se hagan de forma anónima o por lo menos, evitando la identificación de la persona (utilizar seudónimos). Pertenecer a una red social, a un blog, realizar comentarios, críticas, transmitir informaciones, realizar denuncias, quejas, expresiones artísticas, socializar con sectores que en vida real nos sería poco menos que imposible, etcétera.

La Recomendación 3/97 determina: "debe ser posible el anonimato a la hora de enviar correo electrónico, navegar pasivamente por emplazamientos World Wide Web y adquirir la mayor parte de bienes y servicios a través de internet. Incluso refiere que aún cuando se pidan ciertos controles a quienes envían colaboraciones en línea, la identificación de la persona resulta desproporcionada.

Ahora, dicho instrumento reconoce que "la posibilidad del anonimato no siempre resulta oportuna" y deben equilibrarse los derechos a la intimidad y libertad de expresión, con intereses de orden social.

En realidad el motivo de preocupación, atención y regulación debe ser la conducta ilícita o por lo menos inadecuada (en una red social alguien puede proferir un insulto u ofensa sin que se trate de un delito). La mejor policía o agente de seguridad ha de ser el propio cibernauta. Lo que se propone es que el esfuerzo del gobierno y empresas de internet no debe consistir en poner sobre la mesa la prohibición del anonimato, sino por una parte el de procurar y promover una cultura en el uso adecuado de internet, con énfasis en los peligros constantes que tiene.

Una segunda fase debe ser el que, una vez detectado un comportamiento inadecuado o ilícito, ofrecer herramientas de identificación (la i.p) de dicho usuario, lo cual permita fincarle la responsabilidad que sea proporcional y necesaria: desde su expulsión o denuncia en la red social, el veto o hasta una acción legal ya civil o penal.

La preocupación y el esfuerzo debe encaminarse a formar un cibernauta "educado" en el uso de internet. Que sea el propio usuario el mejor vigilante de sí mismo y de los menores de edad que están bajo su responsabilidad (hijos, alumnos) y el más rápido denunciante.

Por todo lo anterior, la instrumentación de la política propuesta debiera ser de la siguiente forma:

Nivel normativo

a) Crear una legislación que, sin entorpecer el flujo de información y significar un modelo de censura para la internet, pueda prever y proteger el uso responsable del anonimato en la redes sociales y sancione el uso indebido o ilícito.

b) Fomentar que las empresas de internet y redes sociales, desarrollen los reglamentos necesarios para apoyar la legislación creada.

c) Difundir el contenido legal y reglamentario con manuales o materiales de fácil acceso y consulta, los que deben distinguir con claridad, los casos en que el anonimato será protegido y en los que será sancionado.

d) Cualquier norma emitida, debe considerar el acceso a internet como un derecho humano.

Nivel técnico

a) Crear un tipo de una CURP en la red, donde se obligue a los usuarios a registrarse para poder entrar a las redes sociales, con la condición irrestricta de que será mantenida en secreto mientras el usuario haga un uso responsable de la red. Dicho registro debe contener los datos de identificación y ubicación física de la persona, que se consideren necesarios. En el mismo sentido, proporcionar al usuario ejercer sus derechos ARCO respecto de los datos facilitados.

b) Las empresas de internet deben contar con la tecnología y medios suficientes para contrarrestar medidas o programas que pretendan mantener anónimo a un usuario que ha cometido delitos o ataques a otros usuarios o las instituciones. En este rubro, deben contar con los medios suficientes para identificar y ubicar físicamente al usuario en dichos casos.

c) Las empresas de internet deben prever el bloqueo o desaparición de cuentas o perfiles por medio de los cuales se realicen delitos o ataques.

d) El gobierno debe contar con un área especializada en su policía cibernética, para monitorear, seguir e identificar a cuentas y perfiles por medios de los cuales se realicen ataques y delitos.

e) Los usuarios deben contar con medios o herramientas rápidas y efectivas para denunciar perfiles o usuarios que realizan delitos o ataques en la red. Estas denuncias deben contar con la protección a su identidad en cuanto denunciantes.

Nivel Cultural

a) Educar y fomentar a la reflexión de los niños y jóvenes, en sus casas y escuelas sobre los aspectos positivos del uso de pseudónimos como medio de protección y un uso responsable que —entre otras cosas— implica no utilizarlos para engañar o confundir a otros sobre su identidad real. Poner énfasis en la necesidad de crear una cultura de respeto educar y orientar a los menores sobre los peligros de la no identificación en las redes sociales, como la mejor forma de protegerlos, dejando todo en el plano de la educación y autorregulación.

b) Advertir a las y los niños y adolescentes sobre la posibilidad de que cuando creen estar comunicándose o compartiendo información con una persona determinada, en realidad puede tratarse de otra persona. Al mismo tiempo es necesario advertir que la participación anónima o con un pseudónimo hace posible la suplantación de identidad.

c) No perder de vista que al gestionar un perfil anónimo en una red social implica una protección de datos personales, dentro de la cual se encuentra también la protección de nuestra esfera íntima. En el entendido de que nos referimos a un uso adecuado, informado y bien intencionado del anonimato, figura que nos permite mantener a salvo aspectos de nuestra persona y familiar lejos o fuera del conocimiento de otras personas, al tiempo de proteger nuestra libertad de expresión y la manifestación misma de nuestra intimidad.

d) Establecer reglas claras y pasos sencillos para que el usuario esté consciente de que está proporcionando información personal y, sobre todo, que pueda decidir con libertad los datos que desea proporcionar.

Conclusiones

Internet y las redes sociales son una herramienta indispensable para la vida actual. Las redes sociales no significan sólo un ámbito de socialización, sino también de flujo de información, de expresión de ideas. Por ello, debe existir en las mismas una protección de prerrogativas como la intimidad, la vida privada y la protección de datos personales, no sólo del usuario de la red social, sino del resto de cibernautas.

El uso de un perfil anónimo en una red social debe significar una oportunidad para potencializar derechos como la libertad de expresión, la vida privada e íntima, la protección del honor, la propia imagen y los datos personales, así como constituir un vehículo para el flujo de información.

Sin embargo, el uso anónimo también puede escudar acciones ilícitas e indebidas, como el acoso, secuestro, extorsiones, trata de blancas, hackeos, robo de identidad, *bullying*, ejercicio excesivo de la libertad de expresión, entre otros.

Toda vez que el acceso a internet es un derecho humano, sus límites o excepciones deben estar previstas en la ley y ser proporcionales.

Por tal razón, el anonimato no puede desaparecer o prohibirse al constituir una modalidad lícita del uso de internet. En todo caso debe reglamentarse, al tenor de instrumentos internacionales europeos, una serie de lineamientos que permitan el uso lícito, así como la identificación y sanción del uso ilícito o indebido del anonimato en redes sociales.

Estas medidas deben adoptarse en nuestro país a nivel de política pública, de forma articulada, que vincule a medidas no sólo legislativas, sino de tipo técnico y cultural, para proteger a los usuarios y no usuarios de las redes sociales, de un uso ilícito o indebido de las mismas. Con especial atención a los nativos digitales, en cuanto población más vulnerable a éste tipo de ataques.

Referencias bibliográficas

AUGUSTO DE LUCA, Javier. *El Secreto de la Fuentes Periodísticas en el Proceso Penal*. Argentina: Ad-Hoc. 1999.

ASOCIACIÓN DE PERIODISTAS DE INFORMACIÓN ECONÓMICA. *Ética en la Información*. España: APIE. 1996.

AZERRAD, Marcos. E. *El Secreto Profesional y el Deber de Confidencialidad*. Argentina: Cuyo. 2003.

BALLINAS VALDÉS, Cristopher. *Participación Política y las Nuevas Tecnologías de la Información y la Comunicación en Tribunal Electoral del Poder Judicial de la Federación* (Ed.) Temas Selectos de Derecho Electoral (25). México. 2011.

GREGORIO, Carlos – ORNELAS, Lina. Compiladores. *Protección de datos personales en las Redes. Sociales Digitales: en particular de niños y adolescentes*. Memorándum de Montevideo. México: Instituto Federal de Acceso a la Información Pública Gubernamental. 2011.

CASTILLA JUÁREZ, Karlos A. *Libertad de Expresión y Derecho de Acceso a la Información en el Sistema Interamericano de Derechos Humanos*. México. CNDH. 2011.

CENTRO REGIONAL DE EXTREMADURA. Informática y Derecho, Revista Interamericana de Derecho Informático, Ponencias sobre Jornadas de Derecho e Internet. España. 2002.

GAMBOA, Claudia. *Derecho a la Intimidad y el Honor vs. El Derecho a la Información*. México: Cámara de Diputados, Centro de Documentación Información y Análisis. 2007.

GARCÍA RICCI, Diego. *La Protección del Derecho a la Privacidad a través del Modelo Previsto en la nueva Ley Federal de Protección de Datos en Posesión de Particulares*, en Revista del Centro Nacional de Derechos Humanos. México. CNDH. 2011.

GAUTHERM, M. *El Honor*. España: Ediciones Cátedra. 1992.

GÓMEZ VIEITES, Álvaro y OTERO BARROS, Carlos. *Redes Sociales En la Empresa*. La Revolución e Impacto a Nivel Empresarial y Profesional. España: RA-MA. 2011.

LAZCANO, Iñigo. *El Secreto Profesional en el Periodismo*. España: Lete. 2007.

MOLES PLAZA, Ramón J. *Derecho y Control en Internet*. La Regulabilidad del Internet. España: Ariel Derecho. 2004.

ORGANIZACIÓN DE NACIONES UNIDAS (Ed.) *Libertad de Prensa*, Conversatorio entre Periodistas. México. 2010.

NACIONES UNIDAS PARA LOS DERECHOS HUMANOS (OACNUDH), *Derecho a la Libertad de Expresión y Ejercicio Periodístico*. México. 2010.

OFICINA EN MÉXICO DEL ALTO COMISIONADO DE LAS NACIONES UNIDAS PARA LOS DERECHOS HUMANOS (OACNUDH). *El Estado y la Libertad de Expresión*. México. 2010.

REYES, Andrés y Morales Brand Jose Luis Eloy. *La Regulación del Derecho a la Libertad de Expresión desde una Perspectiva Comparada*. Su Protección en América Latina en Cuadernos de Divulgación de la Justicia Electoral, número 13. México: TEPJF. 2012.

SUPREMA CORTE de Justicia de la Nación (Ed.). *Vida Privada*, Decisiones Relevantes de la Suprema Corte de Justicia de la Nación (31). México. 2008.

SUPREMA CORTE de Justicia de la Nación. *Constitucionalidad de la Despenalización del Aborto en el Distrito Federal*, Decisiones Relevantes de la Suprema Corte de Justicia de la Nación (46). México. 2009.

VARIOS. Diccionario de Derecho de la Información, dos tomos. México: Jus. 2010.

VILLANUEVA, Ernesto. *El Secreto Profesional del Periodista*. España: Fragua. 1998.

Referencia Legislativa

Constitución Política de los Estados Unidos Mexicanos.

Convención Americana de derechos Humanos.
Memorándum de Montevideo.
Recomendación 3/97 de la Comunidad Europea.
Ley Federal de Acceso a la Información Pública Gubernamental.
Ley Federal de Protección de Datos Personales en Posesión de Particulares.

Referencia cibernética

Página web de la Suprema Corte de Justicia de la Nación.

Página web de la Corte Interamericana de Derechos Humanos.

Página web del Instituto de Acceso a la Información de Francia

Página web de la Agencia Española de Protección de Datos Personales.

Página web de la Red Iberoamericana de Protección de Datos Personales.

Página web del Instituto de Federal de Acceso a la Información y Protección de Datos Personales.

Página web del diario ABC.

Página web del grupo artículo 29.

Página web de la ONU.

Página web de la UNICEF.

Capítulo IV

Tratamiento y reserva de la información de los particulares en el sistema financiero mexicano

Elsa Angélica Zepeda Olalde
Edgar Rodríguez González

Tratamiento y reserva de la información de los particulares en el sistema financiero mexicano

Elsa Angélica Zepeda Olalde
Edgar Rodríguez González

Resumen

En el presente artículo se abordará el tratamiento de la información personal que utilizan las entidades financieras, el análisis del esquema normativo, su regulación y los derechos que tenemos los usuarios frente a instituciones financieras, para la salvaguarda y transferencia de nuestra información personal y las consecuencias que tienen los sujetos obligados sobre la reserva informativa. Es de considerar el análisis de algunos casos novedosos en la protección de datos personales y sus criterios jurídicos aplicables.

Abstract

In this part we will talk about the treatment of the personal information that used banks; the normative structure as the regulation and the rights that the users have in front off the banks to the comfort and respald of our personal information and the consequences that have the persons the duty about the private information. The analysis should be considerate of some new cases in the personal information protection law opinions apply.

Sumario

Introducción. 1. Delimitación del concepto datos personales. 2. Marco normativo de los datos personales en posesión de los particulares 2.1 Derechos informativos de los usuarios en las entidades financieras. 2.2 Manejo de Información. 2.3 Transferencia de Información. 2.4 Reserva de la información financiera (secreto bancario, secreto fiscal y Buró de Crédito). 3. Órganos Reguladores. 4. Transferencia internacional de datos. 5. Sanciones. Conclusiones. Anexo de Jurisprudencia. Referencias bibliográficas.

Introducción

Todos aquellos individuos que interactuamos con instituciones financieras generamos constantemente flujos de datos, algunos de ellos sensibles. Sin embargo, desconocemos cuales son los derechos que protegen nuestros datos y las obligaciones que tienen aquellos que manejan nuestra información, sobre todo la de carácter económico, ello debido al posible impacto negativo que puede representar la transferencia de información frente a terceros, sin la correspondiente autorización, sobre todo por las consecuencias en el ámbito de esfera patrimonial del individuo. Por tal razón, es fundamental profundizar en dicho tema, por lo que la presente investigación genera un amplio panorama del tratamiento de nuestra información en el sistema financiero mexicano.

1. Delimitación del concepto de datos personales

Los datos personales son definidos como la información concerniente a una persona física identificada o identificable,[1] y los cuales son inherentes a los derechos de la personalidad, como son el nombre, domicilio, estado civil, patrimonio y nacionalidad. Entre la información antes mencionada, en lo particular existe aquella que es considerada como sensible, que por su propia naturaleza se debe considerar un trato especial, por encontrarse en la esfera jurídica de lo privado.

Se consideran sensibles aquellos que puedan revelar aspectos como origen racial o étnico, estado de salud presente y futuro, información genética, creencias religiosas, filosóficas y morales, afiliación sindical, opiniones políticas, preferencia sexual e información de carácter económico, especialmente en lo concerniente al patrimonio de las personas.

2. Marco normativo de los datos personales, en posesión de entes financieros

Es de reciente creación la normatividad en materia de protección de datos personales en posesión de los particulares en México, en razón de la adición al artículo 16 de la Constitución Política de los Estados Unidos Mexicanos en su párrafo segundo, mismo que a la letra señala lo siguiente:

---

1 Ley de Protección de Datos Personales en Posesión de los Particulares, Art. 2 Frac. V, publicada en el Diario Oficial de la Federación el 6 de Julio de 2010.

"Artículo 16. ...

Toda persona tiene derecho a la protección de sus datos personales, al acceso, rectificación y cancelación de los mismos, así como a manifestar su oposición, en los términos que fije la ley, la cual establecerá los supuestos de excepción a los principios que rijan el tratamiento de datos, por razones de seguridad nacional, disposiciones de orden público, seguridad y salud públicas o para proteger los derechos de terceros."[2]

Por la mencionada reforma el estado mexicano se vio en la imperiosa necesidad de emitir la entrada en vigor de la Ley Federal de Protección de Datos Personales en Posesión de los Particulares (LFPDPPP), y de su reglamento, adicionalmente existen disposiciones normativas especiales que contemplan la protección de datos personales en el sistema financiero, como la Ley de Protección y Defensa al Usuario de Servicios Financieros, la Ley de Instituciones de Crédito, Ley Federal de Transparencia y Acceso a la Información Pública Gubernamental, Código Fiscal de la Federación, Ley para Regular las Sociedades de Información Crediticia, Ley del Banco de México, Ley del Mercado de Valores, Reglas Generales a las que deberán sujetarse las operaciones y actividades de las sociedades de información crediticia y sus usuarios.[3]

2.1 Derechos informativos de los usuarios en las entidades financieras

El carácter de la información financiera se considera como una excepción personal del acceso al derecho a la información por parte de terceros, bajo el argumento de que la revelación de datos pueda causar daño sustancial a derechos fundamentales del titular de la información.[4]

Los datos que el usuario de la institución bancaria le otorga, tiene el derecho de saber el uso que se le darán a sus datos. Para garantizar lo anterior, en términos del Artículo 15 de la LFPDPPP obligan a los responsables del manejo de los datos qué uso le darán a la información que se recaban de los titulares a través del aviso de privacidad, así como la finalidad de su obtención.

Conforme a lo dispuesto en el artículo 117 de la Ley de Instituciones de Crédito, están obligadas a mantener la confidencialidad de la información y

2 Adición Publicada en el Diario Oficial de la Federación del día 05 de Julio de 2010

3 Texto Compilado de la Circular 27/2008 publicada en el Diario Oficial de la Federación el 1° de julio de 2008 incluyendo sus modificaciones dadas a conocer mediante la Circular 34/2008, Circular 44/2008, Circular 60/2008, Circular 39/2010 y la Circular 0/2012 publicadas en el referido Diario el 4 de agosto de 2008, el 25 de Septiembre de 2008, el 3 de Diciembre de 2008, 10 de Diciembre de 2010 y el 5 de julio de 2012, respectivamente, cabe señalar que dichas disposiciones son emitidas por el Banco de México.

4 II Conferencia Nacional de Acceso a la Información Pública, Las excepciones al derecho de acceso a la información dictada por Juan Carlos Morón Urbina, en Octubre de 2009 en Lima Perú.

documentación relativa a las operaciones y servicios de los clientes y usuarios que manejan las entidades financieras.[5] En lo que se refiere el acceso a información, los únicos facultados son el depositante, deudor, titular, beneficiario, fideicomitente, fideicomisario, comitente, mandante o su representante legal.

2.2 Manejo de Información

El uso de datos personales se establece mediante un responsable de la información, quien debe observar los principios de licitud, consentimiento, información, calidad, finalidad, lealtad, proporcionalidad y responsabilidad. Para lograr lo anterior deberá contar con el consentimiento del titular de los datos personales y existirán sus debidas excepciones.

Es de especial pronunciamiento el tratamiento de información de usuarios y clientes en instituciones financieras, porque como ha quedado expuesto, los datos patrimoniales son considerados como sensibles. Por tanto, se debe obtener el consentimiento expreso y por escrito del titular para su tratamiento, a través de su firma autógrafa o firma electrónica.[6]

Otra formalidad que se debe considerar por parte del responsable del manejo de la información, es la obligación que tiene de informar a los titulares de los datos, que se recaba de ellos a través del aviso de privacidad.

Con respecto a los avisos de privacidad, el artículo 17 de la LFPDPPP no aclara de una manera específica como enterar a los usuarios de dicho aviso, lo deja de manera abierta, con la probabilidad que no llegue al destinatario. El problema de las instituciones bancarias es que no entregan de manera obligatoria los avisos de privacidad, sino se encuentran en formatos impresos tipo folletos, a través del uso de la tecnología en las pantallas televisivas de circuito cerrado, en donde entre otra información aparecen los promocionales de los servicios que ofrecen en la institución.

---

5 De acuerdo a lo dispuesto en el artículo 2 Fracción V, de la ley para regular las sociedades de información crediticia se define a una Entidad Financiera, como aquélla autorizada para operar en territorio nacional y que las leyes reconozcan como tal, incluyendo a aquellas a que se refiere el artículo 7o. de la Ley para Regular las Agrupaciones Financieras; la banca de desarrollo; los organismos públicos cuya actividad principal sea el otorgamiento de créditos; así como los fideicomisos de fomento económico constituidos por el Gobierno Federal; las uniones de crédito; las sociedades de ahorro y préstamo, y las entidades de ahorro y crédito popular, con excepción de las Sofomes E.N.R.. Continuarán considerándose Entidades Financieras las personas mencionadas, no obstante que se encuentren en proceso de disolución, liquidación o extinción, según corresponda.
6 Disposición establecida en el artículo 9 de la Ley de Protección de Datos Personales en Posesión de los Particulares.

2.3 Transferencia de información

Dentro del tratamiento de la información que realizan las entidades financieras, encontramos la transferencia de datos, la cual es definida como "la comunicación de datos realizada a persona distinta del responsable o encargado del tratamiento de los datos personales",[7] misma que puede ser dentro o fuera del territorio nacional.

En todo momento de la transferencia de la información, debe contar con la autorización del titular de los datos, con las excepciones señaladas en el artículo 37 de la LFPDPPP, mismas que a continuación se detallan: cuando la transferencia esté prevista en una Ley o Tratado en los que México sea parte; cuando la transferencia sea necesaria para la prevención o el diagnóstico médico, la prestación de asistencia sanitaria, tratamiento médico o la gestión de servicios sanitarios; cuando la transferencia sea efectuada a sociedades controladoras, subsidiarias o afiliadas bajo el control común del responsable, o a una sociedad matriz o a cualquier sociedad del mismo grupo del responsable que opere bajo los mismos procesos y políticas internas; cuando la transferencia sea necesaria por virtud de un contrato celebrado o por celebrar en interés del titular, por el responsable y un tercero; cuando la transferencia sea necesaria o legalmente exigida para la salvaguarda de un interés público, o para la procuración o administración de justicia; cuando la transferencia sea precisa para el reconocimiento, ejercicio o defensa de un derecho en un proceso judicial y cuando la transferencia sea precisa para el mantenimiento o cumplimiento de una relación jurídica entre el responsable y el titular.

Por su parte, el Artículo 28 de la Ley para regular las Sociedades de Información Crediticia aclara en su último párrafo:

...Las Sociedades, sus empleados y funcionarios tendrán prohibido proporcionar información relativa a datos personales de los Clientes para comercialización de productos o servicios que pretendan ofrecer los Usuarios o cualquier tercero, salvo para la realización de consultas relativas al historial crediticio. Quien proporcione información en contravención a lo establecido en este párrafo, incurrirá en el delito de revelación de secretos a que se refiere el artículo 210 del Código Penal Federal.[8]

---

7 Definición legal establecida en el artículo 3 Fracción XIX de la Ley de Protección de datos personales en posesión de los particulares.

8 Ley Para Regular Las Sociedades De Información Crediticia, artículo 28, último párrafo, adicionado DOF 01-02-2008 publicada en el Diario Oficial de la Federación el 15 de enero de 2002.

Así que la transferencia de la información, en particular de los datos personales de los usuarios de servicios financieros está protegidos ante la ley para aquellas transferencias ilícitas de su información, como lo puede ser igual el caso de las agencias informadoras de crédito.

2.4 Reserva de la información financiera (secreto bancario, secreto fiscal y Buró de Crédito)

Secreto Bancario

Podemos definir al secreto bancario como "un deber jurídico que tienen las instituciones de crédito, sus órganos, funcionarios, empleados y personas que tienen relación directa con ellas, de observar discreción sobre cualquier tipo de operaciones que celebra con los usuarios".[9]

Es de considerar que dicha figura tiene como objeto la protección del derecho a la intimidad, además de resguardar los valores del individuo o su riqueza material, también implica una protección frente al Estado como lo manifiestan Jorge Carpizo y Alonso Gómez-Robledo, al señalar que "el respeto a la vida privada impone al Estado una doble obligación de no injerencia y no divulgación".[10]

Dentro de la legislación mexicana el secreto bancario se encuentra positivado en el artículo 117 de la Ley de Instituciones de Crédito; el cual hace referencia a que la información y documentación relativa a las operaciones y servicios a que se refiere el artículo 46[11] de la Ley en referencia, tendrá el carácter de confidencial.

Las instituciones de crédito, en protección a los derechos de privacidad de sus clientes y usuarios, adicionalmente las instituciones crediticias podrán dar noticias o información de los depósitos, operaciones o servicios, ya que únicamente podrán proporcionar dicha información al depositante, deudor, titular, beneficiario, fideicomitente, fideicomisario, comitente o mandante, o a los representantes legales que estén facultados para intervenir.

La violación del secreto bancario se sancionará penalmente con independencia del pago de daños y perjuicios.

---

9 DE LA FUENTE RODRÍGUEZ, Jesús. Tratado de Derecho Bancario y Bursátil, t. II, 3ª ed., Ed. Porrúa, México, 2000, p. 1280.

10 CARPIZO, Jorge y Gómez-Robledo Verduzco, Alonso, "Los tratados internacionales, el derecho a la información y el respeto a la vida privada", Boletín Mexicano de Derecho Comparado, Nueva Serie, Año XXXIII, Núm. 97, Enero-Abril, 2000, p. 30.

11 El citado artículo hace referencia a la diversidad de operaciones que pueden realizar las instituciones de crédito como la recepción de depósitos bancarios en dinero, la aceptación de préstamos y créditos, expedir tarjetas de crédito entre otras actividades.

Debido a que el secreto bancario protege información relativa a operaciones financieras, datos confidenciales otorgados a la institución y datos personales, debe considerarse que son demasiados los datos que protegen y deben ser respetados por quien obtuvo la información y quienes tienen acceso y tratamiento a ella dentro de la institución.

Secreto fiscal

El secreto tributario o fiscal es definido como una norma de derecho interno que asegura la información relativa a un contribuyente y sus intereses, para que permanezcan en confidencialidad, y que se protejan contra su divulgación no autorizada;[12] esta figura resguarda un atributo de la personalidad; por tratarse de un dato personal. Es de considerar que el Estado debe tener un tratamiento de datos reservados de los contribuyentes, ya que comprenden toda la información sobre intimidad económica que en materia fiscal podría referirse a aspectos como las deducciones, las bases gravables, suministrada por el particular o captada por la autoridad tributaria.[13]

Sin embargo, existe un régimen de excepciones como la defensa de intereses fiscales federales, procesos penales, pensiones alimenticias o por resoluciones de la Secretaría de Hacienda y Crédito Público, así como el suministro de datos de créditos fiscales a sociedades de información crediticia, así también no se considera reserva absoluta cuando de acuerdo a la Ley Especial sobre Impuesto a la Producción y Servicios, la autoridad requiera intercambiar información con la Comisión Federal para la Protección contra Riesgos Sanitarios, de la Secretaría de Salud.

Así también, cuando la Secretaría del Trabajo y Previsión Social requiera de información sobre el reparto de utilidades contenidas en el Sistema de Administración Tributaria, en materia de Seguridad Social, en materia de fiscalización de recursos derivados de campañas electorales.

Buró de Crédito

El Buró de Crédito es una Sociedad de Información Crediticia de carácter particular, que realiza operaciones consistentes en la recopilación, manejo y entrega de información relativa al historial crediticio de personas y empresas

---

12 La Organización para la Cooperación y el Desarrollo Económicos establece en el Manual de Implementación de Provisiones sobre Intercambio de Información para Propósitos Fiscales, aprobado por el Comité de Asuntos Fiscales de la OCDE, el veintitrés de enero de dos mil seis, la definición del secreto fiscal.

13 Contenido de la versión taquigráfica de la sesión pública ordinaria del pleno de la Suprema Corte de Justicia de la Nación, celebrada el lunes 9 de julio de 2012, Secretaría General de Acuerdos de la Suprema Corte de Justicia de la Nación, p. 15. Consultada el día 10 de octubre del año 2012 en la siguiente dirección electrónica: http://www.scjn.gob.mx/pleno/ver_taquigraficas/09072012posn.pdf.

que éstas manejan con Entidades Financieras y Empresas Comerciales.[14] Es de considerar que toda la información que manejan los funcionarios y empleados de las sociedades crediticias, les serán aplicables todas las disposiciones del secreto financiero, incluso cuando dichos funcionarios dejen de prestar los servicios en las sociedades.

Así también, los usuarios de los servicios proporcionados por las sociedades y cualquier otra persona distinta del cliente, que tenga acceso a sus reportes de crédito o reportes de crédito especiales, deberán guardar confidencialidad sobre la información contenida en los referidos reportes y no utilizarla en forma diferente a la autorizada.[15]

3. Órganos Reguladores

Los entes reguladores de las entidades financieras son la Comisión Nacional Bancaria y de Valores, Secretaría de Hacienda y Crédito Público, Comisión Nacional de Seguros y Fianzas, Banco de México, Comisión Nacional para la Protección de los Usuarios de Servicios Financieros, así como el Instituto Federal de Transparencia y Acceso a la Información Pública, y Protección de Datos Personales.

4. Transferencia Internacional de Datos

La transferencia de datos consiste en el transporte de datos personales fuera de los Estados, realizado por un responsable del tratamiento de los mismos, siendo una persona física o moral, los cuales serán recibidos en un tercer país, para someterlos un nuevo tratamiento de datos.[16]

Es importante destacar los instrumentos jurídicos de carácter internacional que regulan lo aquí expuesto, como son las directrices de la Organización de Naciones Unidas (ONU), de la resolución 45/95 de la Asamblea General con data del 14 de diciembre de 1990,[17] en el que se establece el flujo transfronterizo de

---

14 Apartado referente al Marco legal de Buró de Crédito; consultada el día 11 de Octubre de 2012, en la siguiente dirección electrónica http://www.burodecredito.com.mx/marcolegal.html.

15 Conforme a lo dispuesto en el artículo 38 de la ley para regular las sociedades de información crediticia publicada en el Diario Oficial de la Federación, el 15 de enero de 2002 y reformada el 25 de mayo de 2010.

16 Ponencia realizada para el Seminario de Protección de Datos, Montevideo, Uruguay del 1 al 4 de Junio de 2010. Versión de Jessica Matus Arenas, en su calidad de Abogada de la Unidad Normativa y Regulación del Consejo para la Transparencia, Coautora del Texto La Cesión de los Datos Personales, Editorial Lexis Nexis 2006 disponible en línea en la siguiente dirección electrónica http://www.redipd.org/reuniones/seminario_2010/common/ponencias/Ponencia_J_Matus.pdf

17 Organización de Naciones Unidas, Directrices para la Regulación de los archivos de datos personales informatizados, consultada el día 20 de Enero de 2013 en la siguiente dirección electrónica https://www.agpd.es/portalwebAGPD/canaldocumentacion/legislacion /organismos_internacionales/naciones_unidas/common/pdfs/D.3BIS-cp--Directrices-de-Protecci-oo-n-de-Datos-de-la-ONU.pdf

datos, en el que establece como garantía mínima que las legislaciones nacionales formen una autoridad que sea la responsable de la transferencia de datos, de acuerdo a su sistema jurídico interno.

Existen también las directrices de la Organización para la Cooperación y el Desarrollo Económico, las cuales disponen la protección a la intimidad y la circulación transfronteriza de datos personales; enfatizando el hecho del inminente peligro de las legislaciones nacionales para obstaculizar el libre flujo de datos, pudiendo generar un grave perjuicio a actividades financieras, dichas directrices establecen que los Estados miembros establezcan medidas razonables y oportunas, para establecer un flujo de datos transfronterizo sin interrupción alguna y de manera segura.[18]

No menos importante es la Directiva 95/46/CE emitida por el Parlamento Europeo y del Consejo, de 24 de octubre de 1995 establece la protección del tratamiento de datos personales, garantizando la libre circulación entre los estados miembros; es de considerar que cuando se trata de transferencia de datos fuera del ámbito comunitario, solo se podrá realizar cuando exista un nivel de protección en el país de destino.[19]

Ahora bien, respecto a la legislación mexicana en materia de transferencias internacionales de datos, el Reglamento de la Ley Federal de Protección de Datos Personales en Posesión de los Particulares dispone en sus artículos 74 y 75; que dichas transferencias serán posibles cuando el receptor de los datos personales asuma las mismas obligaciones que corresponden al responsable que transfirió los datos personales, el responsable que transfiera los datos personales podrá valerse de cláusulas contractuales u otros instrumentos jurídicos en los que se prevean al menos las mismas obligaciones a las que se encuentra sujeto el responsable que transfiere los datos personales, así como las condiciones en las que el titular consintió el tratamiento de sus datos personales.[20]

5. Sanciones

Según la Ley para Regular las Sociedades de Información Crediticia, las sanciones que podrá imponer la Procuraduría Federal del Consumidor (Profeco) y la

18 Directrices de Protección a la Intimidad y de Circulación Transfronteriza de datos personales con data de 23 de Septiembre de1980 emitidas por la Organización para la Cooperación y el Desarrollo Económico OCDE consultada en línea en la siguiente dirección electrónica http://www.oecd.org/ctp/transferpricing/48275782.pdf

19 Directiva 95/46/CE del Parlamento Europeo y del Consejo, de 24 de octubre de 1995, relativa a la protección de las personas físicas en lo que respecta al tratamiento de datos personales y a la libre circulación de estos datos, consultada en línea en la siguiente dirección: http://europa.eu/legislation_summaries/information_society/data_protection/l14012_es.htm

20 Reglamento de la Ley Federal de Protección de Datos Personales en Posesión de los Particulares, publicada en el Diario Oficial de la Federación el 21 de Diciembre de 2011.

Condusef, en materia de uso de información, se señala lo siguiente:

> *"Artículo 68.- La Profeco sancionará a las Empresas Comerciales y la Condusef a las Sofomes, E.N.R. con multa de 100 a 1,000 veces el salario mínimo general diario vigente en el Distrito Federal, respectivamente, cuando:*
> *I. [...]*
> *XVIII. Se utilice información proporcionada por la Sociedad, con la finalidad de ser utilizada para efectos laborales, sin que exista mandamiento judicial o legal que así lo amerite".*

Conclusiones

Los datos personales, como información que ayuda a identificar a una persona debe tratarse con sumo cuidado por las consecuencias que pueden acarrear un descuidado o intencionado manejo negativo o tratamiento de ellos.

Es común en la actualidad se vulneren los datos personales y sean utilizados para el tráfico, venta, distribución ilícita, intercambios con finalidades tan variadas como pueden ser la obtención de una cartera de clientes mayor, publicidad de bienes y servicios o incluso estafas.

Los usuarios de las instituciones bancarias son sujetos a los derechos de protección de sus datos personales, a que el tratamiento que se le den sea adecuado y con la finalidad para lo que autoriza el titular de los datos.

La revelación de la información financiera y mercantil puede traer consecuencias negativos importantes y daños sustanciales a los derechos fundamentales del titular de los datos personales, de ahí la necesidad de que el usuario no se conforme con la confianza que deposita en los representantes de las instituciones bancarias, como pueden ser los ejecutivos de cuentas, sino que haga uso de sus derechos y exija la aclaración de finalidad del tratamiento de sus datos personales, a través del aviso de privacidad, como lo garantiza el artículo 15 de la LFPDPPP.

Sin embargo, los avisos de privacidad no son entregados de manera personal por parte de la institución bancaria a los usuarios, no son personales, es un aviso que aplica al groso de los usuarios de las instituciones financieras. No se entregan de manera obligatoria, pero según el artículo 17 de la LFPDPPP pueden encontrarse de manera física o virtual en cualquier lugar de la institución, sea en folleto, pantalla, audio o en su página web.

Las instituciones, al fungir como empresas particulares tienen la doble obligación ante la ley de salvaguardar los datos personales, mercantiles y financieros de los usuarios, ante la LPDPPP y la Ley de Instituciones de Crédito.

Anexo de Jurisprudencia y Tesis Aisladas

Novena Época
Registro: 168944
Instancia: Tribunales Colegiados de Circuito
Tesis Aislada
Fuente: Semanario Judicial de la Federación y su Gaceta
 XXVIII, Septiembre de 2008
Materia(s): Civil
Tesis: I.3o.C.695 C
Página: 1253

DERECHO A LA INTIMIDAD. SU OBJETO Y RELACIÓN CON EL DERECHO DE LA AUTODETERMINACIÓN DE LA INFORMACIÓN.

Los textos constitucionales y los tratados internacionales de derechos humanos recogen el derecho a la intimidad como una manifestación concreta de la separación entre el ámbito privado y el público. Así, el derecho a la intimidad se asocia con la existencia de un ámbito privado que se encuentra reservado frente a la acción y conocimiento de los demás y tiene por objeto garantizar al individuo un ámbito reservado de su vida frente a la acción y conocimiento de terceros, ya sea simples particulares o bien los Poderes del Estado; tal derecho atribuye a su titular el poder de resguardar ese ámbito reservado por el individuo para sí y su familia; asimismo garantiza el derecho a poseer la intimidad a efecto de disponer del control sobre la publicidad de la información, tanto de la persona como de su familia; lo que se traduce en el derecho de la autodeterminación de la información que supone la posibilidad de elegir qué información de la esfera privada de la persona puede ser conocida o cuál debe permanecer en secreto, así como designar quién y bajo qué condiciones puede utilizar esa información. En este contexto, el derecho a la intimidad impone a los poderes públicos, como a los particulares, diversas obligaciones, a saber: no difundir información de carácter personal entre los que se encuentran los datos personales, confidenciales, el **secreto bancario** e industrial y en general en no entrometerse en la vida privada de las personas; asimismo, el

Estado a través de sus órganos debe adoptar todas las medidas tendentes a hacer efectiva la protección de este derecho.

TERCER TRIBUNAL COLEGIADO EN MATERIA CIVIL DEL PRIMER CIRCUITO.
Amparo en revisión 73/2008. 6 de mayo de 2008. Mayoría de votos. Disidente: Neófito López Ramos. Ponente: Víctor Francisco Mota Cienfuegos. Secretario: Erick Fernando Cano Figueroa.
Novena Época
Registro: 169607
Instancia: Segunda Sala
Tesis Aislada
Fuente: Semanario Judicial de la Federación y su Gaceta
XXVII, Mayo de 2008
Materia(s): Constitucional, Civil
Tesis: 2a. LXIV/2008
Página: 234

SECRETO FINANCIERO O BANCARIO. ES PARTE DEL DERECHO A LA VIDA PRIVADA DEL CLIENTE O DEUDOR Y, POR TANTO, ESTÁ PROTEGIDO POR LA GARANTÍA DE SEGURIDAD JURÍDICA EN SU VERTIENTE DE DERECHO A LA PRIVACIDAD O INTIMIDAD.

De los artículos 2o., 5o. y 20 de la Ley para Regular las Sociedades de Información Crediticia, en relación con el 117 de la Ley de Instituciones de Crédito, se advierte que el secreto financiero o bancario guarda relación con la vida privada de los gobernados, en su condición de clientes o deudores de las entidades bancarias, por lo que si bien no está consagrado como tal explícitamente en la Constitución Política de los Estados Unidos Mexicanos, al estar referido a la historia crediticia de aquéllos, puede considerarse como una extensión del derecho fundamental a la vida privada de la persona, familia, domicilio, papeles o posesiones de los gobernados, protegido por el artículo 16, primer párrafo, constitucional.

Amparo en revisión 134/2008. Marco Antonio Pérez Escalera. 30 de abril de 2008. Cinco votos. Ponente: Genaro David Góngora Pimentel. Secretario: Rolando Javier García Martínez.

Referencias bibliográficas

CARPIZO, Jorge y Gómez-Robledo Verduzco, Alonso. *Los tratados internacionales, el derecho a la información y el respeto a la vida privada*, Boletín Mexicano de Derecho Comparado, Nueva Serie, Año XXXIII, Núm. 97, Enero-Abril, 2000, p. 30.

DE LA FUENTE RODRÍGUEZ, Jesús. *Tratado de Derecho Bancario y Bursátil*, t. II, 3ª ed., Ed. Porrúa, México, 2000, p. 1280.

GÓMEZ GALLARDO, Perla, Gandlgruber, Bruno, Vargas Téllez César Octavio. *Transparencia y acceso a la información en el sistema financiero mexicano* Economía Informa núm. 373 marzo – abril, 2012: http://www.economia.unam.mx/publicaciones/econinforma/373/05perla.pdf

LUNA PLA, Issa y Ríos Granados, Gabriela. *Transparencia, acceso a la información tributaria y el secreto fiscal. Desafíos en México*, Instituto de Investigaciones jurídicas UNAM, México, 2010.

MUÑOZ DE ALBA MEDRANO, Marcia. *Sociedades de información crediticia: revelación del secreto bancario*, Anuario jurídico, Nueva Serie 1995, pp. 135-155, en http://biblio.juridicas.unam.mx/libros/5/2112/12.pdf

RUIZ MARTÍNEZ, Esteban. *Los informes comerciales y el derecho a la información*, Editorial Ábaco de Rodolfo Depalma, Buenos Aires, 1997.

Otras fuentes

Apartado referente al Marco legal de Buró de Crédito; consultada el día 11 de Octubre de 2012, en la siguiente dirección electrónica: http://www.burodecredito.com.mx/marcolegal.html.

Contenido de la versión taquigráfica de la sesión pública ordinaria del pleno de la suprema corte de justicia de la nación, celebrada el lunes 9 de julio de 2012, secretaría general de acuerdos de la Suprema Corte de Justicia de la Nación, p. 15. Consultada el día 10 de octubre del año 2012 en la siguiente dirección electrónica: http://www.scjn.gob.mx/pleno/ver_taquigraficas/09072012posn.pdf.

Directiva 95/46/CE del Parlamento Europeo y del Consejo, de 24 de octubre de 1995, relativa a la protección de las personas físicas en lo que respecta al tratamiento de datos personales y a la libre circulación de estos datos, consultada en línea en la siguiente dirección: http://europa.eu/legislation_summaries/information_society/data_protection/l14012_es.htm

II Conferencia Nacional de Acceso a la Información Pública, Las excepciones al derecho de acceso a la información dictada por Juan Carlos Morón Urbina, en Octubre de 2009 en Lima Perú.

Organización de Naciones Unidas, Directrices para la Regulación de los archivos de datos personales informatizados, consultada en: https://www.agpd.es/portalwebAGPD/canaldocumentacion/legislacion/organismos_internacionales/naciones_unidas/common/pdfs/D.3BIS-cp--Directrices-de- protecci-oo-n-de-Datos-de-la-ONU.pdf

Organización para la Cooperación y el Desarrollo Económico OCDE consultada en línea en la siguiente dirección electrónica: http://www.oecd.org/ctp/transfer-pricing/48275782.pdf

Ponencia realizada para el Seminario de Protección de Datos, Montevideo, Uruguay del 1 al 4 de Junio de 2010. Versión de Jessica Matus Arenas, en su calidad de Abogada de la Unidad Normativa y Regulación del Consejo para la Transparencia, Coautora del Texto La Cesión de los Datos Personales, Editorial Lexis Nexis 2006 disponible el línea en la siguiente dirección electrónica: http://www.redipd.org/reuniones/seminario_2010/common/ponencias/Ponencia_J_Matus.pdf

Texto Compilado de la Circular 27/2008 publicada en el Diario Oficial de la Federación el 1° de julio de 2008 incluyendo sus modificaciones dadas a conocer mediante la Circular 34/2008, Circular 44/2008, Circular 60/2008, Circular 39/2010 y la Circular 0/2012 publicadas en el referido Diario el 4 de agosto de 2008, el 25 de Septiembre de 2008, el 3 de Diciembre de 2008, 10 de Diciembre de 2010 y el 5 de julio de 2012, respectivamente, cabe señalar que dichas disposiciones son emitidas por el Banco de México.

Legislación

Ley Federal de Protección de Datos Personales en Posesión de los Particulares. Reglamento de la Ley Federal de Protección de Datos Personales en Posesión de los Particulares.

Capítulo V

Huellas informáticas y RFID

Adán Huipe Pérez
Héctor Miguel Fuentes Cortés
Joaquín Colín Soto

Huellas informáticas y RFID

Adán Huipe Pérez
Héctor Miguel Fuentes Cortés
Joaquín Colín Soto

Resumen

En este enorme mundo global, lleno de novedades tecnológicas, podemos pensar que nuestro paso por él, resulta inadvertido, que nadie nota nuestra presencia. Pero esa idea se encuentra muy lejos de ser verdad, sobre todo si nos internamos en esa gigantesca red de redes llamada internet.

En cada ingreso a internet, dejamos un registro electrónico que se llama huella informática. Por otra parte, la privacidad electrónica gira en torno a la explotación de redes y prestación de servicios de comunicaciones electrónicas, principalmente la internet y la telefonía móvil.

Es por eso, que hoy ponemos sobre la mesa de análisis el tema de las huellas informáticas y de igual manera platicaremos de una tecnología descubierta ya hace muchos años, pero que ha retomado importancia en la actualidad. Iniciaremos platicando de la importancia que tienen las tecnologías de identificación de radiofrecuencia (RFID) por sus siglas en inglés, y los usos más importantes en la actualidad para posteriormente platicar de las huellas informáticas, cookies, geolocalización y circuito cerrado de televisión (CCTV).

Por supuesto, mencionaremos que jurídicamente tiene que ver con la protección de datos personales, con la privacidad electrónica o informática, incluso con la intimidad y de igual manera hacer una reflexión sobre el uso que le dan a nuestros datos. Acompáñenos, los invitamos a leer este texto.

Abstract

In this huge world full of new technologies, global, we can think our way through, it is unnoticed, anyone notice our presence. But that idea, is very far from be true, especially if we will start our journey in this gigantic network of networks called the internet.

In each entry to the internet, we leave an electronic record which is called computer footprint. On the other hand, the electronic privacy revolves around the exploitation of networks and provision of electronic communications services, primarily the internet and mobile telephony.

It is why today we put on the table of analysis the subject of computer footprints and similarly we'll pool technology many years ago, but which has regained importance today. We'll begin talking of the importance that radio frequency (RFID) identification technologies for its acronym in English, and most important applications today for later talk computer traces, cookies, geolocalitationtion and closed circuit television (CCTV).

Of course, we will mention that it legally has to do with the protection of personal data, electronic or computer privacy, including privacy and in the same way to reflect on the use that give you to our data. Join us, we invite you to read this text.

Sumario

Introducción. 1. RFID concepto y usos. 2. Cookies y geolocalización. 3. Los circuitos cerrados de televisión CCTV. Conclusiones. Referencias Bibliográficas.

Introducción

El uso de las nuevas tecnologías supone avanzar hacia un nuevo mundo lleno posibilidades informáticas, de gran atractivo para usuarios de todas las edades, que funciona en un contexto de aparente libertad.

Sin embargo, mucha gente desconoce los riegos que implica acceder sin mayores precauciones a un sitio de internet dejando alojados sus datos personales más sensibles.

Lo que en principio pudiese parecer un paseo inofensivo, puede trascender en agravio de derechos humanos fundamentales. Las huellas informáticas de diversa naturaleza son el conducto mediante el cual puede accederse a la intimidad de las personas, hacerles objeto de conductas delincuenciales y menoscabar figuras como el honor y la propia imagen, fomentar la calumnia y la difamación, y en general vulnerar la esfera jurídica del usuario.

Este ensayo muestra de manera breve algunos aspectos jurídicos que pueden verse afectados en el uso de nuevas tecnologías, tales como las RFID, la geolocalización y las cookies, entre otros.

Esperamos su lectura sirva para emprender futuros estudios sobre el impacto de las nuevas tecnologías en el vasto campo de investigación pendiente por cubrir dentro del Derecho de la Información.

1. RFID concepto y usos

El auge tecnológico de nuestros días ha traído como consecuencia la transformación en los métodos de búsqueda y localización de personas y datos personales a nivel mundial. Esto conlleva implicaciones de carácter jurídico dignas de ser analizadas detenidamente, pues es evidente que la falta de regulación apropiada puede menoscabar derechos humanos fundamentales tales como la dignidad, intimidad, honor, privacidad e inclusive el ámbito de la seguridad nacional, especialmente cuando se presentan interferencias arbitrarias en las que se hacen valer de manera furtiva las prerrogativas de accesibilidad puestas a disposición discrecional de los sectores con preeminencia económica y política al interior de los estados.

En este análisis iniciaremos con el estudio de la tecnología RFID, en sí misma implica un conglomerado de uso de huellas digitales sin precedentes para la obtención de caracteres personales, valiéndose del uso continuo de los servicios y aparatos capaces de captar las huellas digitales que de manera continua se depositan por el grueso de la sociedad en los registros electrónicos.

¿Qué es RFID?

La obra coordinada por el autor Alberto Urueña, explica de manera condensada que RFID es la tecnología de identificación por radiofrecuencia, así conocida por sus siglas en inglés Radio Frequency Identification. Esta tecnología se usó por primera vez en la Segunda Guerra Mundial, por la armada británica, para identificar aviones de su propia flota; recientemente ha cobrado importancia debido al desarrollo tecnológico, la miniaturización de partes electrónicas y el descenso de los costos de fabricación de los componentes electrónicos, factores que permiten su uso en sectores privados y públicos, tan amplios como la logística y la cadena de suministros, en hospitales, servicios militares, identificación de productos, almacenes, identificación de animales o personas, pagos automáticos, en fin parece interminable la lista de aplicaciones.[1]

Sobre la utilidad que representa valerse de este tipo de tecnología en la ubicación de individuos o sus datos sensibles, la Comisión Europea de los Derechos Humanos explica lo siguiente:

> La tecnología RFID permite procesar datos, incluidos los datos personales, a cortas distancias sin contacto físico, ni interacción visible entre el lector o grabador y la etiqueta, de manera que dicha interacción puede producirse sin que la persona afectada se dé cuenta.[2]

En la llamada Sociedad de la Información, la tecnología RFID representa todo un fenómeno de conectividad entre personas y objetos, mayor competitividad empresarial en el mundo globalizado por el uso continuo de códigos de identificación en las etiquetas de las mercancías. Implica además mayor rapidez y eficiencia en su manejo y distribución, pues las lecturas de dichos códigos se pueden realizar a través de largas distancias.

---

1 URUEÑA, Alberto (coord.). La tecnología RFID: usos y oportunidades, Madrid, Editorial red. es, AT4 wireless, S.A., 2009, pp. 13-17.
2 Recomendación de la Comisión de 12 de mayo de 2009 sobre la aplicación de los principios relativos a la protección de datos y la intimidad en la aplicaciones basadas en la identificación por radiofrecuencia, Diario Oficial de la Comisión Europea, 2009, p. L 122/47.

Sin embargo, el uso de las tecnologías RFID debe ir acompañado forzosamente de una estrategia regulatoria que ponga al alcance de la mayor parte de la sociedad los beneficios aparejados a su implementación, tiene que garantizar así mismo la seguridad jurídica de los individuos a cuyo alcance sean puestas, pues en este momento ya existen empresas y corporaciones que disponen de información de carácter íntimo y privado que trasciende la actividad meramente empresarial:

> Las aplicaciones RFID permiten procesar datos relativos a una persona física identificada o identificable, por identificación directa o indirecta de dicha persona. Pueden procesar los datos personales almacenados en la etiqueta, tales como el nombre de la persona, su fecha de nacimiento, su dirección, sus datos biométricos o datos que vinculan un número específico de artículo RFID con los datos personales almacenados en otro lugar del sistema. Además, esta tecnología se puede usar para efectuar un seguimiento de las personas que posean uno o más artículos que contengan un número de artículo RFID.[3]

Por lo tanto, podemos darnos cuenta que disponer de información de manera rápida significa también que el flujo de datos de cualquier especie es más difícil de controlar, precisamente por la velocidad con que se realizan procesos para su distribución, máxime considerando que el uso de RFID se ha extendido más allá de la comunicación inter-objetos:

> Aunque se trate de acceder a datos relativos a objetos, se debe tener en cuenta las implicaciones relacionadas con el derecho de las personas a mantener su privacidad e intimidad. En este sentido la tecnología está avanzando más deprisa que la legislación y eso crea incertidumbre, puesto que la adopción de una nueva tecnología y la inversión que requiere se ve frenada ante la falta de seguridad jurídica. En el caso de tecnologías relacionadas con la Internet de los Objetos, como RFID, la Comisión Europea está planteando el camino para elaborar esa legislación. En relación con la posibilidad de acceso a los datos desde múltiples puntos, la seguridad debe ser una cuestión clave en el diseño de los estándares que regulen estos nuevos sistemas de acceso a la información, si no se quieren repetir los problemas y dificultades que se están encontrando en la Internet actual, pero acrecentados exponencialmente en función del crecimiento de dispositivos conectados y por tanto del flujo de información. Conceptos clave para garantizar esa seguridad son la integridad de los datos y la seguridad en los sistemas de comunicación inalámbricos.[4]

Otra cuestión medular es el hecho de que al utilizarse este tipo de tecnologías se aprovechan bienes propiedad de la Nación resguardados por el artículo 27 constitucional (concretamente el espectro radioeléctrico) para la

---

3 Idem.
4 URUEÑA, Alberto (Coord.). op. cit. nota 1, p. 90.

ubicación de datos sensibles, y más tomando en consideración el objetivo de dicho despliegue tecnológico representa la globalización del aprovechamiento de las comunicaciones por parte de particulares:

> Como cualquier tecnología que tiene una gran aplicación a nivel comercial, para el desarrollo del RFID es fundamental la existencia de estándares internacionales que recojan los protocolos de comunicación y los modos de operación para conseguir un funcionamiento global. A su vez, por ser una tecnología basada en la radiofrecuencia, necesita que se controlen y regulen las emisiones radioeléctricas y el uso del espectro mediante normativas. La variedad de bandas de frecuencias en las que RFID puede trabajar ha generado a su vez una gran variedad de estándares y normativas que se corresponden con cada una de las posibles bandas de trabajo.[5]

En este orden de ideas, si bien es cierto que en México no existe una regulación concreta sobre el particular, sí se cuenta con parámetros jurídicos cuyo fundamento se encuentra en el artículo 16 constitucional, el cual establece la inviolabilidad sobre la privacidad como derecho humano fundamental y consecuentemente sobre las comunicaciones privadas. De este modo, la Suprema Corte de Justicia de la Nación ha emitido precedentes que salen al paso de cualquier arbitrariedad presente o futura que pudiese ser cometida en el ámbito de las nuevas tecnologías, como lo es el caso del siguiente criterio que constituye una tesis aislada:

Época: Novena
Registro: 161335
Instancia: PRIMERA SALA
TipoTesis: Tesis Aislada
Fuente: Semanario Judicial de la Federación y su Gaceta
Localización: Tomo XXXIV, Agosto de 2011
Materia(s): Constitucional
Tesis: 1a. CLV/2011
Pag. 221
[TA]; 9a. Época; 1a. Sala; S.J.F. y su Gaceta; Tomo XXXIV, Agosto de 2011; Pág. 221

---

5 Ibidem, p. 15.

DERECHO A LA INVIOLABILIDAD DE LAS COMUNICACIONES PRIVADAS. SU OBJETO DE PROTECCIÓN INCLUYE LOS DATOS QUE IDENTIFICAN LA COMUNICACIÓN.

El objeto de protección constitucional del derecho a la inviolabilidad de las comunicaciones privadas, previstoen el artículo 16, párrafos decimosegundo y decimotercero, de la Constitución Política de los Estados Unidos Mexicanos, no hace referencia únicamente al proceso de comunicación, sino también a aquellos datos que identifican la comunicación. A fin de garantizar la reserva que se predica de todo proceso comunicativo privado, resulta indispensable que los datos externos de la comunicación también sean protegidos. Esto se debe a que, si bien es cierto que los datos no se refieren al contenido de la comunicación, también lo es que en muchas ocasiones ofrecen información sobre las circunstancias en que se ha producido la comunicación, afectando así, de modo directo o indirecto, la privacidad de los comunicantes. Estos datos, que han sido denominados habitualmente como "datos de tráfico de las comunicaciones", deberán ser objeto de análisis por parte del intérprete, a fin de determinar si su intercepción y conocimiento antijurídico resultan contrarios al derecho fundamental en cada caso concreto. Así, de modo ejemplificativo, el registro de los números marcados por un usuario de la red telefónica, la identidad de los comunicantes, la duración de la llamada telefónica o la identificación de una dirección de protocolo de internet (IP), llevados a cabo sin las garantías necesarias para la restricción del derecho fundamental al secreto de las comunicaciones, puede provocar su vulneración.

PRIMERA SALA
Amparo directo en revisión 1621/2010. 15 de junio de 2011. Cinco votos. Ponente: Arturo Zaldívar Lelo de Larrea. Secretario: Javier Mijangos y González.

Dado que las RFID pretenden implantarse en todos los sistemas empresariales de identificación, es evidente que impactarán en diversas áreas del Derecho, de ahí la importancia de conocer sus características esenciales más notables.

Características y componentes

Básicamente, una RFID se compone de elementos totalmente novedosos, como son:

La característica principal que dota a este sistema de identificación de un gran valor añadido, es que el chip de RFID permite almacenar en su interior información de identificación que confiere a cada uno de los elementos etiquetados de un carácter único (la etiqueta TAG es un pequeño chip de silicio unida a una antena de radiofrecuencia de modo que puede comunicarse y ser identificado, a través de ondas de radiofrecuencia por un dispositivo transmisor/receptor conocido como "reader" diseñado para ese propósito). Los componentes básicos de un sistema RFID son: 1. TAG (etiqueta), 2. READER (lector), 3. ANTENA RF (antena de radiofrecuencia) y 4. SISTEMA GESTOR DE INFORMACIÓN.

Un sistema RFID no está completo si carece de alguno de estos 4 elementos.[6]

Como anteriormente se indicó, el auge de esta tecnología genera transiciones en el estilo de vida de las mayorías al expandir las posibilidades de identificación de personas animales y cosas. Es muy interesante percatarnos que incluso la manera como se comienzan a generar actos jurídicos o acuerdos de voluntades a larga distancia, tomando como base los datos precisos e inobjetables albergados en los modernos dispositivos, será un factor definitivo para establecer revestimientos contractuales en el Derecho de la Información, tocante a las nuevas tecnologías. Sobre todo, por el hecho de que las RFID funcionan en *áreas de lectura*, donde su campo de acción se acrecienta hasta abarcar espacios insospechados:

En el ámbito profesional, las aplicaciones más frecuentes hoy en día son la identificación de animales a través de chips subcutáneos o bolos rumiales que trabajan en baja frecuencia (LF), según los estándares ISO 11784 e ISO 11785, la identificación de personas en entornos controlados como el acceso a edificios o áreas restringidas mediante chips RFID HF bajo el estándar ISO 14443, el control antirrobo mediante EAS (ElectronicArticleSurveillance) que trabaja en la banda de frecuencia media (7,4-8,8 MHz), poco común en aplicaciones RFID, la identificación y control de equipajes en aeropuertos mediante etiquetas UHF (860 - 960 MHz) o incluso la identificación de pacientes en hospitales que utiliza HF (ISO 15693 a 13,56 MHz).[7]

Obviamente, quien más interesado estará en obtener el resguardo jurídico sobre este tipo de innovaciones tecnológicas será el propio Estado, debido a las prerrogativas de que al menos en teoría dispone para controlar, repartir y reutilizar el espectro radioeléctrico en pro de la implantación de las nuevas tecnologías, siempre y cuando sean en aras del bien público y la seguridad nacional, según se corrobora en el siguiente criterio que constituye una tesis aislada:

---

6 URUEÑA, Alberto (Coord.). op. cit. nota 1, pp. 16.
7 Ibidem, p. 31.

Época: Novena Época
Registro: 170823
Instancia: PLENO
TipoTesis: Jurisprudencia
Fuente: Semanario Judicial de la Federación y su Gaceta
Localización: Tomo XXVI, Diciembre de 2007
Materia(s): Constitucional,Administrativa
Tesis: P./J. 68/2007
Pag. 972
[J]; 9a. Época; Pleno; S.J.F. y su Gaceta; Tomo XXVI, Diciembre de 2007; Pág.
972

CONCESIONES Y PERMISOS DE RADIODIFUSIÓN Y TELE-COMUNICACIONES. EL ESTADO TIENE LA POSIBILIDAD DE CAMBIAR O RESCATAR LAS BANDAS DE FRECUENCIA ASIG-NADAS, ENTRE OTROS SUPUESTOS, PARA LA APLICACIÓN DE NUEVAS TECNOLOGÍAS.

El artículo 23 de la Ley Federal de Telecomunicaciones establece los supuestos en que podrá cambiarse o rescatarse una frecuencia o banda de frecuencias concesionadas, a saber, cuando lo exija el interés público, por razones de seguridad nacional, para la introducción de nuevas tecnologías, para solucionar problemas de interferencia perjudicial y para dar cumplimiento a los tratados internacionales suscritos por el Gobierno de los Estados Unidos Mexicanos. Por otra parte, de los artículos 9o., último párrafo, de la Ley Federal de Radio y Televisión, 107 del Reglamento de Telecomunicaciones y 19 de la Ley General de Bienes Nacionales, esta última aplicable supletoriamente en lo no dispuesto expresamente en las leyes anteriores, sus reglamentos y tratados internacionales, se advierte la posibilidad de rescate, cancelación o cambio de frecuencia autorizada por el Estado, entre otros casos, para la aplicación de nuevas tecnologías. En ese sentido, si en virtud del avance tecnológico el Estado considera necesario reorganizar el espectro radioeléctrico a fin de hacer más eficiente su uso, está en posibilidad jurídica de reasignar o reubicar las bandas de frecuencia asignadas e, incluso, rescatarlas o recuperarlas, al corresponderle, en todo momento, su dominio directo en términos del artículo 27 de la Constitución Política de los Estados Unidos Mexicanos. PLENO

Acción de inconstitucionalidad 26/2006. Senadores integrantes de la Quincuagésima Novena Legislatura del Congreso de la Unión. 7 de junio de 2007. Unanimidad de nueve votos. Ausente: José de Jesús Gudiño Pelayo. Impedido: José Ramón Cossío Díaz. Ponente: Sergio Salvador Aguirre Anguiano. Secretarias: Andrea Zambrana Castañeda, Lourdes Ferrer Mac-GregorPoisot y María Estela Ferrer Mac GregorPoisot.

El Tribunal Pleno, el quince de octubre en curso, aprobó, con el número 68/2007, la tesis jurisprudencial que antecede. México, Distrito Federal, a quince de octubre de dos mil siete.

Cómo trabaja

En leguaje técnico especializado, una RFID funciona de la siguiente manera:

> La identificación por radio frecuencia es una tecnología de captura e identificación automática de información contenida en etiquetas electrónicas (tags). Cuando estas etiquetas entran en el área de cobertura de un lector RFID, este envía una señal para que la etiqueta le transmita la información almacenada en su memoria, habitualmente un código de identificación. Una de las claves de esta tecnología es que la recuperación de la información contenida en la etiqueta se realiza vía radiofrecuencia y sin necesidad de que exista contacto físico o visual (línea de vista) entre el dispositivo lector y las etiquetas, aunque en muchos casos se exige una cierta proximidad de esos elementos. Se prevé que el uso de la tecnología RFID tenga un impacto importante sobre la actividad diaria de empresas, instituciones y ciudadanos, cuando cada vez más productos sean etiquetados y lleguen a los clientes finales, propiciando la aparición de nuevas aplicaciones y servicios basados en la identificación por radiofrecuencia RFID.[8]

Por consiguiente, la manera de trabajar de una RFID posibilita especialmente la pronta ubicación de las mercancías, pero potencialmente pude ir mucho más allá, porque la existencia de bases de datos genera un flujo de información que puede encontrarse en uso continuo para distintos fines, cuando se organizan en archivos públicos que pudiesen ser consultados vía internet, entre los cuales destaca su empleo jurisdiccional o de transparencia y acceso a la información pública gubernamental, cuando son ofertados datos provenientes de estas como medio de convicción dentro de un juicio o procedimiento de carácter administrativo, tal y como lo han sustentado algunas tesis emanadas de los tribunales federales:

Época: Novena Época
Registro: 186243
Instancia: TERCER TRIBUNAL COLEGIADO DEL QUINTO CIRCUITO
TipoTesis: Tesis Aislada
Fuente: Semanario Judicial de la Federación y su Gaceta

---

8 URUEÑA, Alberto (Coord.). op. cit. nota 1, p. 19.

Localización: Tomo XVI, Agosto de 2002
Materia(s): Civil
Tesis: V.3o.10 C
Pag. 1306
[TA]; 9a. Época; T.C.C.; S.J.F. y su Gaceta; Tomo XVI, Agosto de 2002; Pág.
1306

INFORMACIÓN PROVENIENTE DE INTERNET. VALOR PROBATORIO.

El artículo 188 del Código Federal de Procedimientos Civiles, de aplicación supletoria a la Ley de Amparo, en términos de lo previsto en el diverso artículo 2o. de este ordenamiento legal, dispone: "Para acreditar hechos o circunstancias en relación con el negocio que se ventila, pueden las partes presentar fotografías, escritos o notas taquigráficas, y, en general, toda clase de elementos aportados por los descubrimientos de la ciencia". Asimismo, el artículo 210-A, párrafo primero, de la legislación que se comenta, en lo conducente, reconoce como prueba la información generada o comunicada que conste en medios electrónicos, ópticos o en cualquiera otra tecnología; ahora bien, entre los medios de comunicación electrónicos se encuentra "internet", que constituye un sistema mundial de diseminación y obtención de información en diversos ámbitos y, dependiendo de esto último, puede determinarse el carácter oficial o extraoficial de la noticia, que al efecto se recabe, y como constituye un adelanto de la ciencia, procede, en el aspecto normativo, otorgarle valor probatorio idóneo.

TERCER TRIBUNAL COLEGIADO DEL QUINTO CIRCUITO

Amparo en revisión 257/2000. Bancomer, S.A., Institución de Banca Múltiple, Grupo Financiero. 26 de junio de 2001. Unanimidad de votos. Ponente: Epicteto García Báez.

Finalmente, para que las tecnologías RFID impliquen auténtico crecimiento comunicacional, que no solo contribuya al auge mercantilista y además sea incluyente, deben sujetarse a evaluación continua por las autoridades de Estado y proporcionar medios de defensa a la ciudadanía ante cualquier ataque que pudiera sufrir en su esfera jurídica para que no se atente en contra de los derechos humanos fundamentales. En este sentido, nos adherimos al planteamiento de la Comisión Europea:

> La RFID solo podrá entregar los numerosos beneficios económicos y sociales que promete, si se imponen medidas eficaces para salvaguardar la protección de los datos personales, la intimidad y los principios éticos asociados, factores esenciales en el debate sobre la aceptación pública de la RFID.[9]

---

9 Recomendación de la Comisión de 12 de mayo de 2009 sobre la aplicación de los principios relativos a la protección de datos y la intimidad en la aplicaciones basadas en la identificación por radiofrecuencia, Diario Oficial de la Comisión Europea, 2009, p. L 122/47.

2. Cookies y Geolocalización.

Siguiendo con nuestra temática de estudio, se requiere abordar dos figuras de valor y carácter mayúsculo en nuestra era, por tener en este preciso momento repercusiones insospechadas en la ciencia del Derecho: las cookies y la geolocalización.

Señalamos lo anterior en virtud de que los actos jurídicos necesitan de precisiones acordes con la modernidad, en el cual no se deje en estado de indefensión a las personas que requieren recurrir de manera confiada a los espacios web y que insospechadamente son blanco de ataques al quedar asentados, sin su consentimiento, datos personales y de navegación en sitios que se abstienen de consensuar voluntades con el titular para disponer de manera libertina y unilateral de los mismos.

Como notamos en el apartado precedente, el Derecho de la Información adolece la falta de revestimientos contractuales que creen auténticos vínculos de obligatoriedad que otorguen auténtica seguridad jurídica a quienes confían en la plataforma digital, en que por necesidad navegan las bases de datos en que depositan información de carácter íntimo o privado y, en general, cuando se sujetan a términos y condiciones carentes de efectos o responsabilidades, al acceder a cierto tipo de páginas. En todos estos supuestos, es necesario determinar los actos jurídicos a celebrarse, ya sean contratos o convenios, tal y como nos ilustra el Código Civil Federal en vigor:

Libro Cuarto. De las obligaciones.
Primera Parte. De las obligaciones en general.
Título Primero. Fuentes de las obligaciones.
Capítulo I. Contratos.

Artículo 1792. Convenio es el acuerdo de dos o más personas para crear, transferir, modificar o extinguir obligaciones.

Artículo 1793. Los convenios que producen o transfieren las obligaciones y derechos toman el nombre de contratos.

Artículo 1803. El consentimiento puede ser expreso o tácito, para ello se estará a lo siguiente:

I. Será expreso cuando la voluntad se manifiesta verbalmente, por escrito, **por medios electrónicos, ópticos o por cualquier otra tecnología**, o por signos inequívocos, y

II. El tácito resultará de hechos o de actos que lo presupongan o que autoricen a presumirlo, excepto en los casos en que por ley o por convenio la voluntad deba manifestarse expresamente.

Artículo 1805. Cuando la oferta se haga a una persona presente, sin fijación de plazo para aceptarla, el autor de la oferta queda desligado si la aceptación no se hace inmediatamente. La misma regla se aplicará a la oferta hecha por teléfono o **a través de cualquier otro** medio electrónico, óptico o de cualquier otra tecnología que permita la expresión de la oferta y la aceptación de esta en forma inmediata. [10]

Doctrinariamente, es conocido por quienes nos dedicamos al estudio de la ciencia jurídica que todo acto jurídico es nulo cuando presenta vicios en el consentimiento (error, dolo, violencia, mala fe, lesión) por cualquiera de las partes que deciden celebrarlo. De no existir un consenso libre de este tipo de vicios, entre quienes intervienen en este tipo de acuerdos, caeríamos irremediablemente en un acto jurídico simulado, en el cual una institución de carácter privado -o incluso el propio Estado- se convierten en transgresores sistemáticos e impunes de los derechos humanos fundamentales, al actuar fuera del marco de la ley, apoderándose de informaciones o caracteres individuales, sin mediar una oferta legítima, como lo establece el artículo 1805 del cuerpo jurídico de marras.

Dicho lo anterior, nos encontramos en condiciones de abordar el estudio de las figuras informáticas previamente indicadas:

Las Cookies

Una de las más importantes vías de vulneración de la libertad informática en el ámbito de las comunicaciones electrónicas, a través de los servicios de la sociedad de la información, son los dispositivos llamados *cookies o chivatos*, y demás técnicas afines.

En España, la recomendación 1/99 de 23 de febrero, del grupo de protección sobre el tratamiento invisible y automático de datos personales en internet, efectuado por software y hardware, los define:

> Una ficha de información informatizada, que se envía desde un servidor web al ordenador de un usuario, con objeto de identificar en el futuro ese ordenador en sucesivas visitas al mismo sitio web.[11]

El procedimiento que siguen estas fichas técnicas ejecutadas por los servidores web o terceros en los ordenadores personales, es el de almacenar a modo de pequeños archivos los distintos datos del usuario y comportamientos durante la sesión de navegación, con el fin de que en ulteriores conexiones a dichos web sites o banners publicitarios, esa información pueda ser recuperada y tratada para los más diversos fines. Por tanto, permite a un servidor almacenar y más adelante recuperar datos y preferencias personales en la máquina cliente

---

10 Código Civil Federal, México, Cámara de Diputados del H. Congreso de la Unión, Secretaría de Servicios parlamentarios, Dirección General de Servicios de Documentación, Información y Análisis, 2012, pp. 168, 169.
11 COTINO Hueso, Lorenzo. Libertades de expresión e información en internet y las redes sociales: ejercicio, amenazas y garantías, Valencia, Publicaciones de la Universidad de Valencia, 2011, pp. 440, 441.

(información persistente del usuario), entendida como aquella que permanece más de una sesión en el equipo informático.

Es una recomendación sobre el tratamiento invisible y automático de los datos personales en internet, efectuado por el grupo de protección de datos personales referido anteriormente, y afirma que "las *cookies*" son un ejemplo típico de información persistente del cliente, y lo mismo ocurre con las preferencias relativas a la vida privada. Hace referencia a la información relacionada con el cliente (el PC del usuario) que permanece más de una sesión en el equipo informático.

Las *cookies* se sitúan así entre los instrumentos de mayor interés para los prestadores de servicios *online* en orden a analizar la efectividad de su publicidad y éxito de sus páginas web. Las usan para verificar la identidad de los clientes con la consecuente personalización de la comunicación. Son estrategias comerciales que los legitiman.

Desde la óptica de la protección de datos, no dejan de constituir cauces ilegítimos de procesamiento y tratamiento electrónico de la información personal. La facilidad con la que estos archivos logran grabarse en el ordenador visitante al margen del conocimiento del internauta, contrasta con su alto grado de lesividad, más aún cuando son habituales los tratamientos comerciales derivados de estos rastros electrónicos o de cliqueo, cuando no, otras aplicaciones más espurias. Junto a las *cookies*, encontramos a los *web bugs* "gusanos" (identificadores ocultos) y otros dispositivos similares (los spyware) o sniffers (programas espías).

En los casos en que la utilización de dichos dispositivos no pueda enmarcarse en la prestación de servicios de la sociedad de la información, los derechos de los usuarios quedan salvaguardados por la Ley Orgánica de Protección de Datos de Carácter Personal, de la que esta disposición no es más que una aplicación concreta al campo de los servicios de la sociedad de la información.

Por último, es necesario precisar que en nuestro marco jurídico las *cookies* por sí mismas pueden servir como medio de convicción para determinar responsabilidades de carácter civil, penal o administrativo ante la autoridad por tener carácter de documental privada, como podemos observar en el Código Federal de Procedimientos Civiles:

Código Federal de Procedimientos Civiles

Artículo 93.- La ley reconoce como medios de prueba:
I.- La confesión.
II.- Los documentos públicos;
III.- Los documentos privados;
IV.- Los dictámenes periciales;
V.- El reconocimiento o inspección judicial;
VI.- Los testigos;
VII.- Las fotografías, escritos y notas taquigráficas, y, **en general, todos aque-
llos elementos aportados por los descubrimientos de la ciencia; y**
VIII.- Las presunciones.

**Artículo 188.- Para acreditar hechos o circunstancias en relación con
el negocio que se ventila, pueden las partes presentar fotografías, escritos o
notas taquigráficas, y, en general, toda clase de elementos aportados por los
descubrimientos de la ciencia.**

**Artículo 210-A.- Se reconoce como prueba la información generada
o comunicada que conste en medios electrónicos, ópticos o en cualquier otra
tecnología.**

**Para valorar la fuerza probatoria de la información a que se refiere
el párrafo anterior, se estimará primordialmente la fiabilidad del método en
que haya sido generada, comunicada, recibida o archivada y, en su caso, si
es posible atribuir a las personas obligadas el contenido de la información
relativa y ser accesible para su ulterior consulta.**

**Cuando la ley requiera que un documento sea conservado y presentado
en su forma original, ese requisito quedará satisfecho si se acredita que
la información generada, comunicada, recibida o archivada por medios
electrónicos, ópticos o de cualquier otra tecnología, se ha mantenido íntegra e
inalterada a partir del momento en que se generó por primera vez en su forma
definitiva y ésta pueda ser accesible para su ulterior consulta.**[12]

Concepto de Geolocalización

Tocante a los riesgos que las nuevas tecnologías pueden llegar a implicar en su
manejo, una de las áreas en que se pretende innovar es la localización geográfica,

---

12 Código Federal de Procedimientos Civiles, México, Cámara de Diputados del H. Congreso de la Unión, Secretaría de Servicios parlamentarios, Dirección General de Servicios de Documentación, Información y Análisis, p. 27, 93, 30. Valencia, Publicaciones de la Universidad
de Valencia, 2011, pp. 440, 441.

pues se busca tener mayor seguridad para el gobernado al contar con mecanismos efectivos que agilicen la aplicación de la justicia, la búsqueda de objetos y personas relacionados con el delito, así como dar con el paradero de personas extraviadas, secuestradas o auxiliar a aquellas que se encuentren en peligro inminente.

Por **geolocalización** debemos entender:

> …conjunto de técnicas que permiten determinar la posición geográfica de un elemento (un ordenador, un teléfono móvil o cualquier dispositivo capaz de ser detectado) en el mundo real y hacer uso de esa información. Esta tecnología requiere de la perfecta sincronización entre hardware y software, es necesario un dispositivo con GPS o conexión a internet y un software que permita hacer uso de ellos en esta dirección.[13]

En el ámbito de la geolocalización, sobresale el uso de tecnologías de nueva generación como es el GPS (Global PositioningSystems) o sistema de posicionamiento global y la telefonía móvil.

Como instrumento para proteger la seguridad jurídica del gobernado, los adelantos en geolocalización deberían tener como finalidad el coadyuvar a la autoridad investigadora a combatir delitos cuyo auge exige rapidez y eficiencia en su tratamiento, tales como la extorsión y el secuestro.

Geolocalización en México

Los antecedentes en México han sido poco fructíferos, cuando se ha intentado regular el espacio radioeléctrico e incluso la Internet. Las principales fallas legislativas destacan por su insuficiencia, representar graves riesgos y no son factibles desde un punto de vista técnico.

La Carta Magna obliga a todas las autoridades del Estado, en su artículo 1° a respetar, promover y proteger los derechos humanos fundamentales. Las disposiciones contrarias a este artículo vulneran tratados internacionales de los que México es parte, como es el caso de los artículos 1 y 2 de la Convención Americana de Derechos Humanos, que dice:

> Artículo 1. Obligación de Respetar los Derechos 1. **Los Estados Partes en esta Convención se comprometen a respetar los derechos y libertades reconocidos en ella y a garantizar su libre y pleno ejercicio a toda persona que esté sujeta a su jurisdicción,** sin discriminación alguna por motivos de raza, color, sexo, idioma, religión, opiniones políticas o de cualquier otra índole, origen nacional o social, posición económica, nacimiento

---

13 SÁNCHEZ Delgado, Raúl, Aplicación de geo-localizaciónForns IGP iOS/Android, Cataluña, Universidad de Cataluña, 2012, p. 9.

o cualquier otra condición social. 2. Para los efectos de esta Convención, persona es todo ser humano."

Artículo 2. Deber de Adoptar Disposiciones de Derecho Interno.
Si el ejercicio de los derechos y libertades mencionados en el Artículo 1 no estuviere ya garantizado por disposiciones legislativas o de otro carácter, **los Estados Partes se comprometen a adoptar, con arreglo a sus procedimientos constitucionales y a las disposiciones de esta convención, las medidas legislativas o de otro carácter que fueren necesarias para hacer efectivos tales derechos y libertades.**[14]

Ejemplo de creación de nuevas leyes en materia de Geolocalización y su anti-juricidad.

Sobre la creación de nuevas leyes en materia de geolocalización en México, la adición realizada al artículo 133 Quáter del Código Federal de Procedimientos Penales, a partir del 17 de abril de 2012 señala:

> **Artículo 133 Quáter.-** Tratándose de investigaciones en materia de delincuencia organizada, delitos contra la salud, secuestro, extorsión o amenazas, **el Procurador General de la República o los servidores públicos en quienes delegue la facultad, solicitarán por simple oficio o medios electrónicos a los concesionarios o permisionarios del servicio de telecomunicaciones la localización geográfica, en tiempo real, de los equipos de comunicación móvil asociados a una línea, que se encuentren relacionados.**
>
> De todas las solicitudes, la autoridad dejará constancia en autos y las mantendrá en sigilo. En ningún caso podrá desentenderse la solicitud y toda omisión imputable al concesionario o permisionarios, será sancionada en términos de lo previsto por el artículo 178 Bis del Código Penal Federal.
>
> **Se castigará a la autoridad investigadora que utilice los datos e información obtenidos como resultado de localización geográfica de equipos de comunicación móvil para fines distintos a los señalados en este artículo,** en términos de lo establecido en la fracción IV del artículo 214 del Código Penal Federal.[15]

La primera contravención jurídica respecto a estos dispositivos estriba en el derecho comparado, pues la Convención Americana de Derechos Humanos y el Pacto Internacional de Derechos Civiles y Políticos, por su orden, establecen lo siguiente en sus artículos 11 y 17 respectivamente:

---

14 Convención Americana de Derechos Humanos, Costa Rica, Departamento de Derecho Internacional, Organización de los Estados Americanos, Washington, D.C., 1969, p. 1.
15 Código Federal de Procedimientos Penales, México, Cámara de Diputados del H. Congreso de la Unión, Secretaría de Servicios parlamentarios, Dirección General de Servicios de Documentación, Información y Análisis, 2012, p. 28.

Artículo 11. Protección de la Honra y de la Dignidad

1. Toda persona tiene derecho al respeto de su honra y al reconocimiento de su dignidad.

2. Nadie puede ser objeto de injerencias arbitrarias o abusivas en su vida privada, en la de su familia, en su domicilio o en su correspondencia, ni de ataques ilegales a su honra o reputación.[16]

3. Toda persona tiene derecho a la protección de la ley contra esas injerencias o esos ataques.

Artículo 17 1. Nadie será objeto de injerencias arbitrarias o ilegales en su vida privada, su familia, su domicilio o su correspondencia, ni de ataques ilegales a su honra y reputación.

2. Toda persona tiene derecho a la protección de la ley contra esas injerencias o esos ataques.[17]

Dicha protección se hace extensiva en nuestro artículo 16 constitucional, que establece la inviolabilidad de las comunicaciones privadas en sus párrafos decimosegundo y decimotercero, al establecer:

Las comunicaciones privadas son inviolables. La ley sancionará penalmente cualquier acto que atente contra la libertad y privacía de las mismas, excepto cuando sean aportadas de forma voluntaria por alguno de los particulares que participen en ellas. El juez valorará el alcance de éstas, siempre y cuando contengan información relacionada con la comisión de un delito. En ningún caso se admitirán comunicaciones que violen el deber de confidencialidad que establezca la ley.

Exclusivamente la autoridad judicial federal, a petición de la autoridad federal que faculte la ley o del titular del Ministerio Público de la entidad federativa correspondiente, podrá autorizar la intervención de cualquier comunicación privada. Para ello, la autoridad competente deberá fundar y motivar las causas legales de la solicitud, expresando además, el tipo de intervención, los sujetos de la misma y su duración. La autoridad judicial federal no podrá otorgar estas autorizaciones cuando se trate de materias de carácter electoral, fiscal, mercantil, civil, laboral o administrativo, ni en el caso de las comunicaciones del detenido con su defensor.[18]

3. Los circuitos cerrados de televisión, CCTV concepto.

Para poder hablar de los CCTV y la legislación mexicana, primeramente debemos de explicar qué son los CCTV, para así poder entender el contenido del presente texto.

16 Convención Americana de Derechos Humanos, op. cit., nota 14, p. 2.

17 Pacto internacional de Derechos Civiles y Políticos, Asamblea General de las Naciones Unidas, 1976, p. 6.

18 Constitución Política de los Estados Unidos Mexicanos, México, Cámara de Diputados del H. Congreso de la Unión, Secretaría de Servicios parlamentarios, Dirección General de Servicios de Documentación, Información y Análisis, 2012, p. 9.

Los CCTV *son sistemas que consisten en un medio visual de circuitos en forma cerrada y sistematizada de un espacio determinada a ser visualizado.* De acuerdo a lo establecido por los investigadores del Instituto Politécnico Nacional (IPN) se ha determinado que un sistema básico de CCTV está constituido de la forma siguiente:

○ Un medio óptico de captura, el cual provee la luz que incide en su sistema sensible (CCD y pantalla fotosensible.)
○ Un medio mediante el cual la luz captada por el medio óptico es enviada a un sistema de recepción y visualización.
○ Medio de visualización, recibe la información proveniente del medio óptico a través del medio de transmisión, la procesa y despliega en forma de imagen continua, la cual es percibida por el cerebro humano e interpretada.
○ La energía que alimenta a cada uno de los dispositivos.[19]

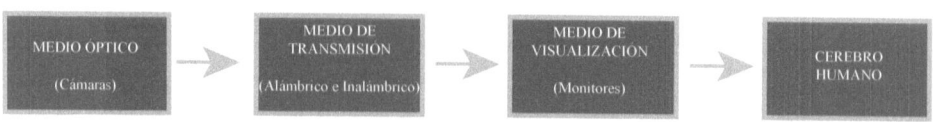

Figura 1: Sistema Básico De Cctv En Bloques[20]

3.1 Aspecto Jurídico

Desde un punto de vista muy generalizado, así es como se integra un CCTV básicamente. Ahora bien, para poder hablar de cómo se encuentran legisladas dichas situaciones, debemos remitirnos a la Ley Federal de Seguridad Privada, que en su artículo 15 fracción V y VI, fundamentan legalmente los CCTV y de lo cual textualmente se señala lo siguiente:

> "**Artículo 15**.- Es competencia de la Secretaría, por conducto de la Dirección General, autorizar los servicios de Seguridad Privada, cuando éstos se presten en dos o más entidades federativas y de acuerdo a las modalidades siguientes:...
>
> **V.** Seguridad de la información. Consiste en la preservación, integridad y disponibilidad de la información del prestatario, a través de sistemas de administración de seguridad, de bases de datos, redes locales, corporativas y globales, sistemas de cómputo, transacciones electrónicas, así como respaldo y recuperación de dicha información, sea ésta documental, electrónica o multimedia;

---

19 SOLÓRZANO Gracia, Juan Carlos. Diseño de un sistema de seguridad basado en el uso de CCTV para el caso de un organismo gubernamental, México, Tesis para obtener el grado de Maestro en Ciencias en Ingeniería de Sistemas del Instituto Politécnico Nacional, 2009, p. 21.
20 Idem.

VI. Sistemas de prevención y responsabilidades. Se refieren a la prestación de servicios para obtener informes de antecedentes, solvencia, localización o actividades de personas, y......"[21]

Cabe señalar que estas dos fracciones fueron reformadas con fecha 5 de agosto del 2011, ya que anteriormente no se señalaba o especificaba nada respecto de "la seguridad de la información".

Los sistemas CCTV tienen su fundamento legal en la Ley Federal de Seguridad Privada. Sin embargo, la misma Ley especifica que aún y cuando es seguridad privada debe estar o ser autorizada y colaborar con la Secretaria de Seguridad Pública, a través del Sistema Nacional de Seguridad Pública, por ser una actividad en materia de seguridad.

Por tanto, todos aquellos datos que sean generados por un sistema CCTV, obligatoriamente son procesados y almacenados en la base de datos del sistema nacional de Seguridad Publica, aún y cuando sea un sistema que se está implementando en el ámbito privado o particular.

Asimismo, el Reglamento de la Ley Federal de Seguridad Privada establece que los CCTV son *"una actividad vinculada con los servicios de seguridad privada y por tanto se puede considerar como una submodalidad"*, Ya que en el artículo 5°, fracción IV, apartado "b", de dicho Reglamento, a la letra dice lo siguiente:

La actividad relacionada, directa o indirectamente, con la instalación o comercialización de equipos, dispositivos, aparatos, sistemas o procedimientos técnicos especializados, entre otros, los chalecos blindados y demás prendas de vestir con protección balística, circuitos cerrados de televisión (CCTV), sistemas de posicionamiento global (GPS), controles de acceso y cercas electrificadas.[22]

3.2 Tesis Aislada

Respecto de este tipo de información o datos que se generan por las nuevas tecnologías, la Suprema Corte de Justicia de la Nación en la tesis aislada 1a. CCXIV/2009[TA]; 9a. Época; 1a. Sala; S.J.F. y su Gaceta; XXX, Diciembre de 2009; Pág. 277, señala lo siguiente:

21 Ley Federal de Seguridad Privada, México, Cámara de Diputados del H. Congreso de la Unión, Secretaría de Servicios Parlamentarios, Dirección General de Servicios de Documentación, Información y Análisis, 2012, pp. 6, 7.
22 Reglamento de la Ley Federal de Seguridad Privada, México, Cámara de Diputados del H. Congreso de la Unión, Secretaría de Servicios parlamentarios, Dirección General de Servicios de Documentación, Información y Análisis, 2012, pp. 1,2.

Derecho a la vida privada. Su contenido general y la importancia de no descontextualizar las referencias a la misma.

La Suprema Corte de Justicia de la Nación se ha referido en varias tesis a los rasgos característicos de la noción de lo "privado". Así, lo ha relacionado con: lo que no constituye vida pública; el ámbito reservado frente a la acción y el conocimiento de los demás; lo que se desea compartir únicamente con aquellos que uno elige; las actividades de las personas en la esfera particular, relacionadas con el hogar y la familia; o aquello que las personas no desempeñan con el carácter de servidores públicos. Por otro lado, el derecho a la vida privada (o intimidad) está reconocido y protegido en declaraciones y tratados de derechos humanos que forman parte del orden jurídico mexicano, como la Declaración Universal de los Derechos Humanos (artículo 12), el Pacto Internacional de Derechos Civiles y Políticos (artículo17), la Convención Americana sobre Derechos Humanos (artículo11) y la Convención sobre los Derechos del Niño (artículo16). Al interpretar estas disposiciones, los organismos internacionales han destacado que la noción de vida privada atañe a la esfera de la vida en la que las personas pueden expresar libremente su identidad, ya sea en sus relaciones con los demás o en lo individual, y han destacado su vinculación con un amplio abanico de otros derechos, como la inviolabilidad de la correspondencia y de las comunicaciones en general, la inviolabilidad del domicilio, las garantías respecto de los registros personales y corporales, las relacionadas con la recopilación y registro de información personal en bancos de datos y otros dispositivos; el derecho a una vivienda adecuada, a la salud y a la igualdad; los derechos reproductivos, o la protección en caso de desalojos forzados. Las afirmaciones contenidas en las resoluciones nacionales e internacionales son útiles en la medida en que no se tomen de manera descontextualizada, emerjan de un análisis cuidadoso de los diferentes escenarios jurídicos en los que la idea de privacidad entra en juego y no se pretenda derivar de ellas un concepto mecánico de vida privada, de referentes fijos e inmutables. Lo único que estas resoluciones permiten reconstruir, en términos abstractos, es la imagen general que evoca la idea de privacidad en nuestro contexto cultural. Según esta noción, las personas tienen derecho a gozar de un ámbito de proyección de su existencia que quede reservado de la invasión y la mirada de los demás, que les concierne sólo a ellos y les provea de condiciones adecuadas para el despliegue de su individualidad -para el desarrollo de su autonomía y su libertad-. A un nivel más concreto, la misma idea puede describirse apelando al derecho de las personas a mantener fuera del conocimiento de los demás (o, a veces, dentro del círculo de sus personas más próximas) ciertas manifestaciones o dimensiones de su existencia (conducta, datos, información, objetos) y al correspondiente derecho a que los demás no las invadan sin su consentimiento. En un sentido amplio, entonces, la protección constitucional de la vida privada implica poder conducir parte de la vida de uno protegido de la mirada y las injerencias de los demás, y guarda conexiones de variado tipo con pretensiones más concretas que los textos constitucionales actuales reconocen a veces como derechos conexos: el derecho de poder tomar libremente ciertas decisiones atinentes al propio plan de vida, el derecho a ver protegidas ciertas manifestaciones de integridad física y moral, el derecho al honor o reputación, el derecho a no ser presentado bajo una falsa apariencia, el derecho a impedir la divulgación de ciertos hechos o la publicación no autorizada de cierto tipo de fotografías, la protección contra el espionaje, la protección contra el uso abusivo de las comunicaciones privadas, o la protección contra la divulgación de informaciones comunicadas o recibidas confidencialmente por un particular.

En la actualidad no existe una definición específica en la Norma Mexicana para el caso de los CCTV, esto se debe a que en la mayoría de las veces la tecnología avanza con más prontitud que la legislación, motivo por el cual la legislación pareciera que se queda muy atrás de los avances tecnológicos, y por lo cual muchas veces los ciudadanos quedamos desprotegidos de algunos de los derechos que en el ámbito internacional son considerados como derechos humanos, aún y cuando se haya celebrado ya un Tratado o Convenio Internacional previo.

Conclusiones

Debido al continuo cambio a que se encuentra sujeto el flujo de datos en dispositivos electrónicos, es sumamente difícil hacer correr la ciencia del Derecho al mismo ritmo que ocurren las vertiginosas transformaciones en los conductos analizados a lo largo de este ensayo.

No obstante, se necesita tener principios aplicables de rango constitucional que faciliten al gobernado defenderse de los ataques que puede recibir tanto de las empresas informativas como del propio Estado.

Una auténtica sociedad de la información requiere que la colectividad tome conciencia del uso responsable de los medios digitales, de la falta de revestimientos contractuales verdaderamente aplicables en torno al manejo de datos en la web y su repercusión en su control unilateral, por parte de quienes constantemente reciben datos de los particulares.

Las nuevas tecnologías, correctamente utilizadas pueden servir como forma de difusión del conocimiento, pero sobre todo para hacer de la democracia un ejercicio constante por medio del acceso a los contenidos que la sociedad requiere, para guarecerse de los atropellos que actualmente recibe desde los círculos más altos de poder de manera insospechada.

Referencias bibliográficas

Código Civil Federal, México, Cámara de Diputados del H. Congreso de la Unión, Secretaría de Servicios parlamentarios, Dirección General de Servicios de Documentación, Información y Análisis, 2012.

Código Federal de Procedimientos Civiles, México, Cámara de Diputados del H. Congreso de la Unión, Secretaría de Servicios parlamentarios, Dirección General de Servicios de Documentación, Información y Análisis, 2012.

Código Federal de Procedimientos Penales, México, Cámara de Diputados del H. Congreso de la Unión, Secretaría de Servicios parlamentarios, Dirección General de Servicios de Documentación, Información y Análisis, 2012.

Constitución Política de los Estados Unidos Mexicanos, México, Cámara de Diputados del H. Congreso de la Unión, Secretaría de Servicios parlamentarios, Dirección General de Servicios de Documentación, Información y Análisis, 2012.

Convención Americana de Derechos Humanos, Costa Rica, Departamento de Derecho Internacional, Organización de los Estados Americanos, Washington, D.C., 1969.

COTINO Hueso, Lorenzo, *Libertades de expresión e información en internet y las redes sociales: ejercicio, amenazas y garantías*, Valencia, Publicaciones de la Universidad de Valencia, 2011.

Ley Federal de Seguridad Privada, México, Cámara de Diputados del H. Congreso de la Unión, Secretaría de Servicios parlamentarios, Dirección General de Servicios de Documentación, Información y Análisis, 2012.

Pacto internacional de Derechos Civiles y Políticos, Asamblea General de las Naciones Unidas, 1976.

Recomendación de la Comisión de 12 de mayo de 2009 sobre la aplicación de los principios relativos a la protección de datos y la intimidad en la aplicaciones basadas en la identificación por radiofrecuenca, Diario Oficial de la Comisión Europea, 2009.

Reglamento de la Ley Federal de Seguridad Privada, México, Cámara de Diputados del H. Congreso de la Unión, Secretaría de Servicios parlamentarios, Dirección General de Servicios de Documentación, Información y Análisis, 2012.

SÁNCHEZ Delgado, Raúl, *Aplicación de geo-localizaciónForns IGP iOS/ Android*, Cataluña, Universidad de Cataluña, 2012.

SOLÓRZANO Gracia, Juan Carlos, *Diseño de un sistema de seguridad basado en el uso de CCTV para el caso de un organismo gubernamental*, México, Tesis para obtener el grado de Maestro en Ciencias en Ingeniería de Sistemas del Instituto Politécnico Nacional, 2009.

URUEÑA, Alberto (coord.), *La tecnología RFID: usos y oportunidades*, Madrid, Editorial redes, AT4 wireless, S.A., 2009.

Páginas Web

- http://www.oecd.org/
- http://www.scjn.gob.mx/Paginas/Inicio.aspx
- http://www.syscomcctv.com.mx/que_es_cctv.htm

Análisis sobre el derecho a la privacidad e intimidad vs protección de datos sensibles de salud en funcionarios públicos

América Juárez Navarro
Francisco Genaro Tapia Solís

Análisis sobre el derecho a la privacidad e intimidad vs protección de datos sensibles de salud en funcionarios públicos

Francisco Genaro Tapia Solís
América Juárez Navarro

Resumen

Desde Kennedy, pasando por Miterrand, hasta los mandatarios mexicanos, el problema de la salud de los funcionarios públicos ha sido discutido. El debate se maximiza ante los cuestionamientos efectuados en su momento al Presidente de la República Felipe Calderón Hinojosa, sobre su supuesto alcoholismo, al gobernador de Michoacán Fausto Vallejo Figueroa, sobre su presumida enfermedad de diabetes, y en su momento, el desmayo de la entonces candidata presidencial del PAN Josefina Vázquez Mota.

Planteamos de inicio esta colisión de derechos, uno amparado en el legítimo derecho a no ser molestado en su esfera privada e íntima, consagrado en la Constitución de México, tratados internacionales, y apoyado por diversas jurisprudencias y el otro, el interés colectivo, en donde una enfermedad grave podría afectar la toma decisiones de la vida pública.

Abstract

Since Kennedy until Mitterrand and some Mexican politicians they have to be confronted to the opinion and interference publishes because could they have problems of health that prevents them to make their work in activities of the State. For example, the supposed problem with the alcohol of the ex-president Felipe Calderon, the diabetes of the Governor of the State of Michoacán Fausto Vallejo Figueroa and the fainting's of candidate of PAN Josefina Vazquez Mota

We raised the problem of the confrontation of rights, on the one hand, the right to privacy and private life, and on the other hand, the right of information driven by the society to learn about the ability to exercise a public function

Sumario

Introducción

En el Derecho de la Información la ponderación y colisión de derechos es recurrente, pero qué pasa cuando el derecho a la intimidad, la protección de datos sensibles están frente al derecho a la información. Hasta dónde está la esfera de lo público y lo publicable del espacio de la privacidad e intimidad individual, si los individuos sujetos de este escrutinio social son servidores públicos que aspiran o son titulares dentro de la administración pública de áreas estratégicas, cuyas decisiones en un estado de salud inadecuado, cambian el destino de un municipio, estado o país.

El avance de las tecnologías de la información en el mundo ha obligado a generar herramientas jurídicas encaminadas a proteger lo íntimo y lo privado. La intimidad es entendida como un derecho humano fundamental y en consecuencia es inherente al ser humano, por ello, existen medidas legales en México y en el mundo para tutelar este derecho.

Por otra parte, dentro de esta misma consideración se encuentra el derecho a la privacidad, el cual en muchas ocasiones es confundido con la intimidad. Sin embargo, tienen alcances distintos, porque mientras la intimidad se refiere a algo íntimo, reservado o espiritual de cada persona, la privacidad es un término más amplio que nos permite conocer de la persona con su consentimiento y es de esta manera no necesariamente todo lo privado es íntimo.

Delimitados ambos conceptos, el primer planteamiento que se haría es si ambos derechos pueden o deben ser acotados en la esfera pública, el caso de que nos remonta a este debate es el ocurrido el 21 de mayo de 2002, cuando en su momento el jurista e investigador Jorge Carpizo McGregor da a conocer dos videocasetes que contienen los exámenes de la Doctora María de la Luz Malvido, como aspirante a alta funcionaria de la Procuraduría General de la República, en donde se consideró que esos hechos habían violado su vida privada.

Ahora, en el año 2012 el investigador Ernesto Villanueva Villanueva puso sobre la mesa de debate la salud del Gobernador de Michoacán Fausto Vallejo Figueroa, haciendo los siguientes cuestionamientos:

- Debe ser un requisito para ejercer un cargo de función pública de alto nivel de responsabilidad y especialmente los electos popularmente, contar con un estado de salud que permita cumplir con ese cargo.
- La salud de un funcionario, aunque es un aspecto de la vida privada, debe considerarse de interés público cuando ésta impacte directamente a

la sociedad.
- Hasta que ámbitos puede estar acotada la vida privada de un funcionario público.
- Debe practicarse Fausto Vallejo un examen médico y esto violentaría su derecho a la privacidad de la vida íntima.

En México la doctrina o jurisprudencia, como bien lo señaló Jorge Carpizo en su artículo denominado vida privada y función pública, en la revista electrónica Derecho Comparado de la Información de la Universidad Nacional Autónoma de México (UNAM), es aún muy pobre. Sin embargo, existen algunos pronunciamientos en la materia por parte de la Suprema Corte de Justicia de la Nación. Esto exige un estudio profundo sobre la vida privada de los servidores públicos, límites y excepciones a su derecho.

1. Algunas consideraciones legales y doctrinales sobre el derecho a la intimidad, privacidad y protección de datos personales

El Derecho a la Intimidad es un Derecho Humano, y como tal, se debe velar por salvaguardar el mismo, ya que los derechos humanos son derechos inherentes a todos los seres humanos, sin distinción alguna de nacionalidad, lugar de residencia, sexo, origen nacional o étnico, color, religión, lengua o cualquier otra condición. Todos tenemos los mismos derechos humanos, sin discriminación alguna. Estos derechos son interrelacionados, interdependientes e indivisibles.[1]

Bajo esta óptica se puede afirmar que toda persona por el solo hecho de serlo, goza del ejercicio y goce de los mismos. En el momento que la persona ejercita los Derechos Políticos (entre otros, el votar y el ser votados), no con ello se convierte en un personaje público que renuncie a ejercer su derecho a la intimidad; antes bien, ejercita conscientemente los derechos humanos consagrados en diversos Pactos y Tratados Internacionales, entre otros los consagrados en la Declaración Americana de los Derechos y Deberes del Hombre, aprobados en la Novena Conferencia Internacional Americana en Bogotá, Colombia en 1948 y que en los artículos XVII y XX del multicitado documento a la letra dice:

Artículo XVII. Derecho de reconocimiento de la personalidad jurídica y de los derechos civiles.

Toda persona tiene derecho a que se le reconozca en cualquier parte como sujeto de derechos y obligaciones, y a gozar de los derechos civiles fundamentales.

---

1 http://www.ohchr.org/SP/Issues/Pages/WhatareHumanRights.aspx

Artículo XX. Derecho de sufragio y participación en el gobierno.

Toda persona, legalmente capacitada, tiene el derecho de tomar parte en el gobierno de su país, directamente o por medio de sus representantes, y de participar en las elecciones populares, que serán de voto secreto, genuino, periódico y libre.[2]

Es importante señalar que nos estamos refiriendo a dos derechos propios de una sociedad que busca el ejercicio de una auténtica democracia. La libre expresión de ideas se enriquece con el conocimiento válido y verdadero de la realidad imperante, por lo que de nada serviría poder acceder a información, cuando esta misma no se puede comunicar, es decir, informar; y a la vez, nos enfrentamos a la intimidad, que es también un Derecho Humano que debe ser especialmente tutelado, porque forma parte de la protección de los derechos de la personalidad.

Ahora bien, se plantea un problema de fondo respecto a la estructura constitucional en la protección de Derechos Humanos; el artículo sexto constitucional en la fracción segunda establece una protección especial respecto a la vida privada y datos personales. Sin embargo, en la fracción tercera, establece que *"toda persona sin necesidad de acreditar interés alguno o justificar su utilización, tendrá acceso gratuito a la información pública, a sus datos personales y a la rectificación de estos…".[3]*

Lo primero que deberíamos de cuestionarnos es el alcance y significado de la información pública… ¿Será acaso todo aquel dato que está en manos de servidores públicos?; si fuere así, ¿los datos de estado de salud de las personas que acuden a los servicios de salud pública podrían ser datos públicos?; Si no fuera así, ¿cuál es el carácter y la naturaleza de aquella información pública: la que todo mundo sabe, o la que está en manos de autoridades públicas?

Ahora bien, si consideramos que el derecho a la información forma parte de un derecho público, mientras que el derecho a la intimidad… corresponde al ámbito de lo privado de la persona humana,[4] se podría argumentar en principio, que su esfera de protección es distinta y aplicando el principio pro persona, el derecho a la intimidad debe prevalecer sobre el derecho de la información.

Sumado a que la Suprema Corte de Justicia de la Nación sostiene en la sentencia que pronunció en el Amparo Directo Civil 06/2008 en respecto a la Intimidad, Vida Privada y Derecho a la propia imagen y que:

---

2 Declaración Americana de los Derechos y Deberes del Hombre, artículos XVII y XX
3 Artículo Sexto, fracción tercera, Constitución Política de los Estados Unidos Mexicanos
4 MUÑOZCANO, Eternod. *El Derecho de la Intimidad frente al Derecho de la Información*, Porrúa, México 2010, p.01

"… la dignidad humana engloba, entre otros, los derechos a la intimidad y la propia imagen".

Asimismo, establece que el derecho a la intimidad -a no ser conocidos por otros en ciertos aspectos de nuestra vida y que, por tanto, cada sujeto puede decidir revelar-, es el reconocimiento del ámbito propio y reservado del individuo ante los demás, sean poderes públicos o particulares, que le garantiza el poder de decisión sobre la publicidad o información de datos relativos a su persona o familia, sus pensamientos o sentimientos… constituye la plena disponibilidad sobre su vida la decisión de lo que puede revelar de su intimidad a los demás.[5]

Estableciendo además la sentencia en comento que:

… como todo derecho fundamental, no es absoluto y tiene sus límites en los derecho de terceros, así como en el orden público y el interés social, empero el riesgo de lesión de la intimidad debe ser razonable para estos últimos, pues no es sostenible el sacrificio del derecho a la intimidad y a la vida privada propia, por el mero hecho de salvaguardar derechos de tercero o el orden público, en tanto que no puede exigirse al individuo que soporte, sin más, la publicidad de ciertos datos de su vida privada.[6]

Sin embargo y tomando en consideración la responsabilidad que recae sobre servidores y funcionarios públicos, con respecto a ser quienes se ocupen de la "cosa pública" y velar por el bienestar de la sociedad general, es imperante saber la idoneidad y sobre todo, la capacidad física y mental para poder efectuar dicha actividad, porque en sus hombros recae la responsabilidad de sostener la estructura social misma que coadyuva a disponer de un orden común… pero ¿en qué momento el servidor público deja de ser persona para convertirse en un "ente" sujeto al escrutinio público?, ¿los servidores públicos no gozan de los mismos derechos que un ciudadano común?

Muñozcano Eternod[7] hace referencia al término intimidad, sustrayéndolo del Diccionario de la Lengua Española, documento que define a la intimidad como "parte personalísima comúnmente reservada de los asuntos, designios o afecciones de un sujeto o de una familia". Asimismo, Héctor Pérez Pintor señala que:

"La intimidad como derecho implica que una persona tiene la facultad para determinar qué información puede ser conocida por los demás y que ámbitos permanecen en secreto, es

5 SILVA MEZA, Juan y VALLS HERNÁNDEZ. Sergio. *Transexualidad y Matrimonio y Adopción por parejas del Mismo Sexo*. Criterios de la Suprema Corte de Justicia de la Nación, Editorial Porrúa, México, 2011. Pag.38
6 Ídem, Pág. 39
7 MUÑOZCANO, Eternod, op. Cit. pág. 65

decir, ejerce la autodeterminación informativa ante la creciente amenaza de la competencia comercial, la mercadotecnia, la publicidad y la actuación del Estado".[8]

Esa protección en su espectro más amplio ampara contra los intereses de la colectividad, quienes no pueden entrometerse en asuntos que no le sean de su auténtico interés.

El llamado *numerus clausus* sostiene que: "Toda norma de acceso a la información contempla limitaciones". Asimismo, refiere la necesidad de tutelar otros intereses públicos y privados que se verían de lo contrario menoscabados. "Toda norma de acceso a la información contempla excepciones y limitaciones en las que se encuentra la vida privada, en especial lo tocante a la salud y la seguridad de las personas. Sin embargo, la ponderación entre el interés público, en la transparencia y el interés público privado existe una contraposición.[9]

En el ámbito de la intimidad, el individuo ejerce plenamente su autonomía personal; y se considera el reducto último de la personalidad, él decide las formas de su comportamiento social, privado o público, que es el que constituye el objeto.[10]

"El derecho a la intimidad abarca aquello que se considera más propio y oculto del ser humano, entendiéndose por propio y oculto la información que mantiene para sí mismo".[11] El derecho a la intimidad personal y familiar está considerado entre los derechos de la personalidad.

El caso Warren-Brandeis en 1980 en Estados Unidos, marco la concepción moderna de derecho a la intimidad (*righttoprivacy*) cuyos argumentos versaban sobre el derecho a disfrutar de la vida y a ser dejado en paz.[12] Sin embargo, esta intimidad ha perdido su carácter individual por los avances tecnológicos.

¿Cuáles son las diferencias entre la privacidad e intimidad?, para Garzón Valdés en el ámbito de lo privado se aceptan reglas de convivencia, mismas que tienden a preservar nuestra intimidad y erigen barreras a la invasión de lo público.[13]

---

8 PEREZ, Pintor Héctor. *La Arquitectura del derecho de la información en México, un acercamiento desde la Constitución*. México, Editorial Miguel Ángel Porrúa, Universidad Michoacana de San Nicolás de Hidalgo Facultad de Derecho y Ciencias Sociales UMSNH, 2012 p. 84
9 GUICHOT, Reina. *Derecho al Acceso de la Información. Experiencias regionales y Estatales en Europa y América*. Biblioteca Jurídica Virtual del Instituto de Investigaciones Jurídicas de la UNAM.http://biblio.juridicas.unam.mx/revista/pdf/DerechoInformacion/19/art/art4. pdf. Pág.154.
10 Ibidem. Pág.5
11 GARCÍA González, Aristeo. *La protección de Datos Personales, Derecho Fundamental del Siglo XXI. Un estudio comparado*. Boletín Mexicano de Derecho Comparado, núm. 120.
12 WARREN, Samuel y Brandis, Louis. *El Derecho a la Intimidad*. Primera edición, trad. Benigno Pendas y Pilar Baselga, Madrid, España, 1995. Pág.22

Asimismo, define la privacidad como: "El ámbito reservado para las relaciones interpersonales, donde la selección de los participantes depende de la libre decisión de cada individuo". En tanto, considera a lo público como: "la esfera de libre accesibilidad de los comportamientos y decisiones de las personas en sociedad, las cosas que pueden y deben ser vistas por cualquiera".[14] Al proteger la intimidad, se protegen datos y es donde encontramos el *habeas data*, mismo que protege la información nominativa, aquella que identifica al individuo, a través del cual se controla las informaciones que nos conciernen personalmente, sea íntima o no.

La Constitución mexicana, tras la reforma de junio del 2011, en el artículo 16, contempla el *Habeas Data*, el cual se refiere al derecho que tiene todo ciudadano a la protección de sus datos personales y a solicitar acceso, rectificación, cancelación y oposición sobre su información, son los llamados derechos ARCO, esta protección se extiende a los casos en que la información acerca de su persona vulnere su imagen, honor y privacidad o le cause un perjuicio.

El *Habeas Data* ha sido reconocido en otras constituciones de Latinoamérica, tales como la de Argentina, Colombia, Perú, Brasil, Uruguay, Venezuela y Costa Rica.

Pero, ¿qué son los datos personales?, "es la información que permite revelar la identidad de una persona",[15] dentro de esta información encontramos la que se llama sensible, la cual tiene que ver con la relacionada con ideologías, preferencias sexuales, opiniones políticas o filosóficas, religiosas y salud. Éste último apartado es lo que nos ocupa en el presente tema. Está en consecuencia debe gozar de "protección" considerada "aquella parte de la legislación que protege el derecho fundamental de la libertad, en particular el derecho individual a la intimidad, respecto del procesamiento manual o automático de datos".[16]

Pero planteamos de nueva cuenta la misma interrogante en funcionarios públicos cual es el alcance de este derecho frente al interés público. Para ello es importante entender sus funciones y la concepción de este sujeto dentro de la administración pública.

---

13 Ibidem. Pág.21
14 Ibidem. Pág. 16
15 MUÑOZ del Alba Medrano, Marcia. *Habeas Data*, www.biblioteca.juridica.unam.mx/libros/5/2264/4pdf
16 GARCÍA González, Aristeo. op.cit. nota 2.

2. Definición de servidor público

El servidor público es una persona que realiza una actividad técnica encaminada a satisfacer necesidades colectivas básicas o fundamentales, mediante prestaciones individualizadas, sujetas a un régimen de Derecho Público, que determina los principios de regularidad, uniformidad, adecuación e igualdad. Esta actividad puede ser prestada por el Estado o por los particulares (mediante la concesión).

Con frecuencia la Constitución utiliza las palabras servicio público o servidor público para hacer referencia al trabajo personal prestado a favor del Estado, o a la persona que realiza ese trabajo a favor del Estado, entendiendo por este el concepto más amplio.

Un servidor público es una persona que brinda un servicio de utilidad social. Esto quiere decir que aquello que realiza beneficia a otras personas y no genera ganancias privadas (más allá del salario que pueda percibir el sujeto por este trabajo).

Los servidores públicos, por lo general, prestan servicios al Estado. Las instituciones estatales (como hospitales, escuelas o fuerzas de seguridad) son las encargadas de hacer llegar el servicio público a toda la comunidad.

El servidor público suele administrar recursos que son estatales y por tanto pertenecen a la sociedad. La malversación de fondos y la corrupción son delitos graves que, cometidos por un servidor público, atentan contra la riqueza de la comunidad.

En el título cuarto de la Constitución Política de los Estados Unidos Mexicanos, denominado de las Responsabilidades de los Servidores Públicos y Patrimonial del Estado, se establece en el primer párrafo del artículo 108, losiguiente:

> "Para los efectos de las responsabilidades a que alude este Título, se reputarán como servidores públicos a los representantes de elección popular, a los miembros del Poder Judicial Federal y del Poder Judicial del Distrito Federal, los funcionarios y empleados, y, en general, a toda persona que desempeñe un empleo, cargo o comisión de cualquier naturaleza en la Administración Pública Federal o en el Distrito Federal, así como a los servidores del Instituto Federal Electoral, quienes serán responsables por los actos u omisiones en que incurran en el desempeño de sus respectivas funciones".

Ley Federal de Responsabilidades Administrativas de los Servidores Públicos, se establecen los principios que rigen la función pública y obligaciones en el servicio público.

Artículo 7. Será responsabilidad de los sujetos de la Ley ajustarse, en el desempeño de sus empleos, cargos o comisiones, a las obligaciones previstas en ésta, a fin de salvaguardar los principios de legalidad, honradez, lealtad, imparcialidad y eficiencia que rigen en el servicio público.

Sin embargo, sin un estado de salud adecuado, tal como lo señala la Organización Mundial de la Salud, que define como un estado de completo bienestar físico, mental y social, y no solamente la ausencia de afecciones o enfermedades. Se podrá cumplir con el principio de eficiencia.

Si por el principio de eficiencia es el grado de energía, colaboración y dedicación que debe poner el servidor público para lograr, dentro de su jornada de trabajo y según sus aptitudes, el mejor desempeño de las funciones encomendadas.[17]

Si aplicamos este concepto a su sentido más amplio, entenderemos que en cualquier momento de nuestra vida podríamos enfrentarnos a un estado de ausencia de salud; ¿nos gustaría que ese dato se supiera públicamente?

Dicho lo anterior nos encontramos frente a una colisión de derechos, el primero el derecho a la intimidad vs interés público. En otros países del mundo se han vivido experiencias respecto a la ausencia de salud de sus mandatarios, tal es el caso de Francia, Argentina, Cuba y el caso más reciente Venezuela, con Hugo Chávez al padecer cáncer.

3. Caso Mitterand y Juan Domingo Perón

El doctor en Filosofía en Derecho, Ernesto Garzón Valdés refiere momentos donde la salud o vida privada de mandatarios en países, como Francia y Argentina, influyeron en mayor o menor medida en la dinámica política de estas naciones.

El primer caso es de François Mitterrand, quien en 1981 oculta la enfermedad de cáncer, bajo el argumento del secreto médico. Su doctor Claude Gubler guarda silencio y firma varios informes falsos sobre su estado de salud. A la

---

17 MOLINA Suárez, Cesar de Jesús. *Derechos y Deberes del Personal al Servicio de la Administración*. Suprema Corte de Justicia de la Nación. http://www.scjn.gob.mx/Transparencia/Lists/Becarios/Attachments/71/Becarios_071.pdf

muerte del presidente en el 2004, el galeno escribe memorias sobre la enfermedad del jefe de estado, denominadas: "El gran secreto". En Francia se prohibió la distribución de la obra, ponderando la protección de los derechos los herederos y sucesores de Mitterrand.

El Tribunal Europeo de Derechos Humanos considera excesiva la medida adoptada en Francia y arguye que es superior el derecho de los ciudadanos a ser informados, sobre las afecciones graves del jefe de estado y la actitud de un enfermo para ocupar la magistratura suprema de un país.[18]

En Argentina, en 1973, los médicos Jorge Taiana y Pedro Cossío concluyen que el candidato presidencial Juan Domingo Perón, favorito entre los electores, padecía arteriosclerosis y pericarditis. Pronostican su muerte en un año y se decidió respetar el secreto profesional y no hacer pública la noticia. Y en ese mismo año se le elige presidente, muere un año después, el primero de Julio de 1974. Su cónyuge, asume la Presidencia. El catedrático Garzón Valdez y la propia historia argentina, sugieren que de ahí se desencadena la más grande tragedia del país sudamericano.[19]

En México, el antecedente más parecido a los citados por Garzón Valdés es el expuesto por el jurista Jorge Carpizo McGregor, al poner en conocimiento de la sociedad mexicana dos videocasetes que contenían los exámenes que presentó la Dra. María de la Luz Malvido como aspirante a alta funcionaria de la Procuraduría General de la República, de quien se argumentó se violó su vida privada.[20]

El investigador Ernesto Villanueva puso en la opinión pública el caso del gobernador de Michoacán Fausto Vallejo Figueroa, en su artículo denominado "Sobre el Oasis Michoacano", publicado en el semanario *Proceso*. Informó que existen documentos que prueban que el mandatario estatal padece diabetes en estado avanzado, sufre insuficiencia crónica y diversos síntomas que impactan la lucidez. El delicado cuadro de salud, consideró Villanueva, tiene impacto en la toma decisiones de carácter público en Michoacán.[21]

En todos los casos se argumenta la violación de la esfera íntima o privada, pero qué es lo privado y qué lo público, ¿debe ponderarse el interés público por

---

18 GARZÓN Valdés, Ernesto. (2006). *Lo íntimo, lo privado y lo público.* Cuadernos de Transparencia 06. (2005). IFAI. (1ª edición). Pág. 9
19 GARZÓN Valdés, Ernesto. (2006). Op. cit. nota 1, pág. 12.
20 CARPIZO, Jorge. *Vida Privada y Función Pública.* Derecho Comparado de la Información, núm. 3, UNAM. www.juridicas.unam.mx/ publica/rev/decom/cont/art/art2.htm
21 VILLANUEVA, Ernesto. *Enfermedad y Poder.* Proceso, 8 de agosto del 2012, México, DF. http://www.proceso.com.mx/?p=316510.

encima del ámbito privado, bajo el argumento de la transparencia y el derecho a la información, cuándo las personas desempeñan algún cargo público y son elementos esenciales de la gobernabilidad de un estado?, o bien se debe preservar el derecho a la intimidad y privacidad más allá del interés público que puede afectar a una colectividad.

Caso Hugo Chávez

El presidente de la República de Venezuela, Hugo Chávez, de cuyo estado de salud se ha estado informando parcialmente, ha levantado de nueva cuenta la polémica, respecto a si la realidad sobre su salud debe ser revelada.

Sus malestares iniciaron en mayo del 2011, con una afección en una rodilla, pero es hasta a finales de junio que se revela por el propio Chávez la extracción de un tumor cancerígeno, posteriormente inicia quimioterapias para atacar la enfermedad.

Pese a que en julio del 2012 asegura estar bien de salud y que su padecimiento no influiría en la elección presidencial que tendría verificativo el 7 de octubre del 2012, posteriormente el mismo Chávez es quien reconoce que sí tuvo impacto, durante todo este año hasta que en diciembre del 2012, es el mismo Presidente de Venezuela el que informa sobre una recaída en su lucha contra el cáncer.

La afectación de su enfermedad va más allá y el 8 de enero del 2013 se anuncia que el presidente no podrá tomar protesta el 10 de enero, por lo que se argumenta que en la Constitución de Venezuela se contempla en su artículo 231 la posibilidad de que formalice posteriormente su juramente ante el Tribunal Supremo de Justicia.[22]

En el sitio oficial de la Presidencia de la República de este país se estableció el 27 de enero del 2013 en un comunicado oficial, que "el Presidente de la República, Hugo Chávez, se encuentra en su mejor momento dentro del proceso de recuperación y ha entrado en una etapa de tratamientos complementarios, luego de que en diciembre pasado se le practicara una intervención quirúrgica para tratar el cáncer que le aqueja desde hace poco más de un año".

Sin embargo, la inquietud mueve al pueblo venezolano y es que todo indica que la enfermedad de Chávez lo ha sumido en una seria crisis política, en donde

---

22 Cronología de la Enfermedad de Chávez, Globovisión, 30 de diciembre del 2012, http://globovision.com/articulo/cronologia-de-la-enfermedad-de-chavez

sus detractores son los principales cuestionadores sobre si Chávez debe informar sobre su estado real de salud y los defensores de Chávez sólo se limitan a dar pormenores del estado físico que guarda el mandatario.

En su momento, el vicepresidente de Venezuela, Nicolás Maduro, aseguró que Hugo Chávez podía tomar protesta en cualquier fecha después del 10 de enero y conservar el poder mientras se recupera de la reciente operación por cáncer. Sin embargo, el argumento de sus opositores es el incumplimiento de la Constitución.

La Constitución de Venezuela, en su artículo 143, refiere la obligación de que ciudadanos y ciudadanas sean informados e informadas oportuna y verazmente por la Administración Pública, sobre el estado de las actuaciones en que estén directamente interesados e interesadas, y les permite tener acceso a los archivos y registros administrativos.

Dentro de la misma Constitución de este país se sostiene en su artículo 231 que el candidato o candidata elegida tomará posesión del cargo de Presidente o Presidenta de la República el diez de enero del primer año de su período constitucional, mediante juramento ante la Asamblea Nacional, situación que no ocurrió por la enfermedad del presidente Hugo Chávez.

Pero sí contempla que en caso de que por "cualquier motivo" no pueda tomar posesión ante la Asamblea Nacional, lo hará ante el Tribunal Supremo de Justicia.

En la misma ley se refiere que pueden ser consideradas "faltas absolutas del Presidente o Presidenta de la República: su muerte, su renuncia o su destitución decretada por sentencia del Tribunal Supremo de Justicia; su incapacidad física o mental permanente certificada por una junta médica designada por el Tribunal Supremo de Justicia y con aprobación de la Asamblea Nacional; el abandono del cargo, declarado como tal por la Asamblea Nacional, así como la revocación popular de su mandato".[23]

Los anteriores argumentos sin duda serían suficientes para considerar una violación a la ley de aquel país. Sin embargo, para que se produzca este acontecimiento se tendría que contar con tres quintas partes de la Asamblea Nacional de esta Nación, que está conformada en su mayoría (95 escaños) por la coalición

---

23 Constitución de la República Bolivariana de Venezuela.Gaceta Oficial N° 5.908 Extraordinario de fecha 19 de febrero de 2009, http://www.cgr.gob.ve/contenido.php?Cod=048

Revolución Bolivariana que apoya a Hugo Chávez, la oposición solo representa 67 lugares, insuficientes para tomar una decisión apegada a lo establecido en esta normatividad que rige aquel país.

En tanto el fantasma permanece, ya que en caso de producirse una falta absoluta del Presidente electo o Presidenta electa antes de tomar posesión, se procederá a una nueva elección universal, directa y secreta dentro de los treinta días consecutivos siguientes.

4. Una mirada al Derecho Internacional y jurisprudencias de la SCJN en relación a la intimidad en funcionarios públicos vs interés público

El artículo 12 de la Declaración Universal de los Derechos Humanos sobre el derecho a la intimidad y privacidad establece: "Nadie será objeto de injerencias arbitrarias en su vida privada, su familia, su domicilio o su correspondencia, ni de ataques a su honra o a su reputación.

Toda persona tiene derecho a la protección de la ley contra tales injerencias o ataques". En México la Constitución protege el derecho a la intimidad en los artículos 16 y 6, este último en su fracción segunda indica: "La información que se refiere a la vida privada y los datos personales será protegida en los términos y con las excepciones que fijen las leyes".

Este derecho, si bien es considerado una excepción al derecho a la información, la situación de los servidores públicos tiene en concepto diferente en la Corte Interamericana de Derechos Humanos (CIDH), misma que sostiene que el "umbral de protección" se reduce en las personas que ejercen o aspiran a ejercer funciones de interés público debido a que están sujetos a un escrutinio público mayor que el correspondiente a otras personas.

> "Las expresiones concernientes a funcionarios públicos o a otras personas que ejercen funciones de una naturaleza pública deben gozar, en los términos del artículo 13.2 de la Convención, de un margen de apertura a un debate amplio respecto de asuntos de interés público, el cual es esencial para el funcionamiento de un sistema verdaderamente democrático. Este mismo criterio se aplica respecto de las opiniones o declaraciones de interés público que se viertan en relación con una persona que se postula como candidato".[24]

Dentro de la jurisprudencia emitida por la Corte, considera que los

---

24 GARCÍA Ramírez, Sergio y Gonza, Alejandra. *La libertad de Expresión.* Jurisprudencia de la Corte Interamericana de Derechos Humanos, Colección Chapultepec, Sociedad Interamericana de Prensa, segunda edición, 2009, México. D.F.

funcionarios se someten voluntariamente al escrutinio público, respecto de asuntos de interés público en los cuales la sociedad tiene un legítimo interés de mantenerse informada, de conocer lo que incide sobre el funcionamiento del Estado, afecta intereses o derechos generales, o le acarrea consecuencias importantes, por ello destacase debe aplicar un umbral diferente de protección, en el carácter de interés público que conllevan las actividades o actuaciones de una persona determinada.

En nuestro país la Suprema Corte de Justicia de la Nación (SCJN) establece:

"La libertad de expresión y el derecho de información operan en forma diversa, tratándose de personajes públicos, quienes, como las personas privadas, se encuentran protegidos constitucionalmente en su intimidad o vida privada, por lo que podrán hacer valer su derecho a la intimidad frente a las opiniones, criticas o informaciones lesivas, la solución de este tipo de conflictos ameritará un ejercicio de ponderación entre los hechos controvertidos a efecto de determinar, cuál de ellos prevalecerá en cada caso, así, el interés público que tengan los hechos o datos publicados será el concepto legitimador de las intromisiones en la intimidad, en donde el derecho a la intimidad debe ceder a favor al derecho de comunicar y recibir información, o a la libertad de expresión cuando pueda tener relevancia pública".[25]

En otra tesis la Suprema Corte de Justicia de la Nación sostiene:

"Tratándose de la intimidad, en ocasiones su condición puede dotar de interés público a la difusión y generar conocimiento de datos que, pudiendo calificarse de privados desde ciertas perspectivas, guardan clara conexión con aspectos que es deseable que la ciudadanía conozca para estar en condiciones de juzgar adecuadamente su desempeño como servidores o titulares de cargos públicos". De esta manera la Corte en nuestro país, plantea que ante una colisión de derechos deberá considerarse cuál de estos derechos debe prevalecer, distinguiéndose el caso de personas públicas, y la forma en que ha modulado el conocimiento público sobre su vida privada".[26]

¿Pero para qué sirve el interés público?, esto permite delimitar la discrecionalidad administrativa que sustenta y un control de su ejercicio y se define como aquello que no es de "interés privado".[27] Por tanto, ante un asunto que afecta a una sociedad y tiene este carácter, el interés público se hace valer por encima de

---

25 Tesis 1ª.CCXIX/2009, Semanario Judicial de la Federación y su Gaceta, Novena Época, XXXI, diciembre 2009, pág. 278

26 Tesis 1ª. XLIII X/2010, Semanario Judicial de la Federación y su Gaceta, Novena Época, XXXI, marzo 2010, pág. 928.

27 HUERTA Ochoa, Carla. *El Concepto de Interés Público y su función en materia de Seguridad Nacional*. Noviembre del 2012, www. biblio.juridicas.unam,mx/libros/5/2375/8pdf

los derechos personales.

Conclusiones

Dicho lo anterior, se cuestiona si se legítima el conocimiento de datos sensibles de un servidor público, en función del interés público. Y podemos afirmar que sí, primero al considerar que si bien son sujetos de derechos personales, también lo es que su umbral de protección, como bien lo sostiene la CIDH y en su momento la SCJN, se reduce cuanto se pondera con el interés público.

Así, por las características de sus funciones, los servidores públicos, al menos aquellos que tienen en sus manos áreas delicadas que exigen de mayor atención y por su trascendencia pueden trastocar el destino de una sociedad y la gobernabilidad de un estado, están obligados a someterse a exámenes médicos, tal como ocurre en Estados Unidos, cuyo presidente Barak Obama cada año se práctica un análisis médico.

Segundo, porque tal como establece el jurista Jorge Carpizo McGregor, el derecho a la vida privada e íntima están enmarcados dentro de los derechos de la personalidad y gozan de la protección en nuestro marco jurídico, pero no son "derechos absolutos" y tienen sus excepciones, las citadas en las jurisprudencia de la Corte Interamericana y la tesis de la SCJN, que es el interés público.

Si bien existen posturas en contra al considerar que en materia de salud se debe ponderar los derechos de los servidores públicos, Jorge Carpizo sostiene que, "los servidores públicos tienen derecho a su vida privada e intimidad". Sin embargo, esos derechos no pueden justificarse, si inciden directamente en la función pública y puede configurarse un peligro para los derechos de todas las personas, precisamente porque se trata de un funcionario".[28]

Mantovani declara que la intimidad del individuo puede ser sobrepasada por razón de un interés público, directo o indirecto. En la opinión de G. Bovio, el derecho de información debe prevalecer, cuando ella es veraz y responde al interés público, sobre el derecho del particular. W. Wagner aseguró que la divulgación de aspectos de la vida privada es válida, si esas informaciones son de interés público.

---

28 CARPIZO Jorge, *Vida Privada y Función Pública*. Derecho Comparado de la Información, núm. 3, UNAM. www.juridicas.unam.mx/publica/rev/decom/cont/art/art2.htm
29 CARPIZO Jorge, op. cit. nota 4.

Y J. Velu manifestó que el interés público permite penetrar en el ámbito de la vida privada.[29]

Según Santos Cifuentes, el Derecho a la Intimidad es el "derecho personalísimo que permite sustraer a la persona de la publicidad o de otras turbaciones a la vida privada, el cual está limitado por las necesidades sociales y los intereses públicos".[30]

De esta manera se puede considerar que se hace necesario contar con herramientas para quienes aspiren a un puesto considerado estratégico, se sometan a los exámenes médicos necesarios y conocer la idoneidad de sus perfiles para ocupar un cargo en la función pública.

Estos mismos requisitos son exigibles en los casos donde el área demande estándares de control, tales como la Secretaría de Seguridad Pública y Procuraduría General de Justicia, cuyos encargados si bien son sometidos a exámenes de confianza, los resultados se desconocen y se considera información reservada.

Ni que decir de nuestros gobernantes, en cuyas manos se encuentra el destino de un país, estado o municipio. No se trata de violentar sus derechos, sino de acceder al derecho de saber de la ciudadanía para que bajo un escenario de transparencia sea capaz de decidir de manera razonada sobre quienes estarán al frente de las administraciones públicas.

Las reformas que se exigen en nuestro marco legal, son muchas y los retos importantes, pero el derecho a la información también considerado en la Declaración Universal de Derechos Humanos, en su artículo 19, es por hoy uno de los pilares en los estados democráticos.

---

30 GAMBOA Claudia y Ayala Arturo, *Derecho de la intimidad y el honor vs derecho de la información*. México. Centro de documentación y análisis de la LIX Legislatura, enero del 2007.

Referencias bibliográficas

CARPIZO McGregor, Jorge. *Vida Privada y Función Pública, Derecho Comparado de la Información*, núm. 3, UNAM. www.juridicas.unam.mx/publica/rev/decom/cont/art/art2.htm

CARPIZO McGregor, Jorge y Gómez, Alonso. *Los tratados Internacionales, el derecho a la información y el respeto de la vida privada*, Boletín Mexicano de Derecho Comparado, núm. 97,www.juridicas.unam.mx/publica/rev/boletin/cont/97/art/art1.htm

CRONOLOGÍA de la Enfermedad de Chávez, Globovisión, 30 de diciembre del 2012, http://globovision.com/articulo/cronologia-de-la-enfermedad-de-chavez

ESCALANTE Gonzalo, Fernando. *El derecho a la privacidad*. Cuadernos de Transparencia 02: México: IFAI (3ª edición). (2006).

GAMBOA, Claudia y Ayala, Arturo. *Derecho de la intimidad y el honor vs derecho de la información*, México. Centro de documentación y análisis de la LIX Legislatura, enero del 2007.

GARCÍA González, Aristeo. *La protección de Datos Personales, Derecho Fundamental del Siglo XXI*. Un estudio comparado, Boletín Mexicano de Derecho Comparado, número 120, www.juridicas.unam.mx./publica/rev./boletin/cont/120/art./art3.htm.

GARCÍA RAMÍREZ, Sergio y Gonza Alejandra. *La libertad de Expresión en la Jurisprudencia de la Corte Interamericana de Derechos Humanos*, colección Chapultepec, Sociedad Interamericana de Prensa, segunda edición, 2009, México. D.F.

GARZÓN Valdés, Ernesto. *Lo íntimo, lo privado y lo público*, Cuadernos de Transparencia. (2005). IFAI. (1ª edición).

GUICHOT, Reina. *Derecho al Acceso de la Información. Experiencias regionales y Estatales en Europa y América*. Biblioteca Jurídica Virtual del Instituto de Investigaciones Jurídicas de la UNAM. http://biblio.juridicas.unam.mx/revista/pdf/DerechoInformacion/19/art/art4.pdf. Pág.154.

HUERTA Ochoa Carla, *El Concepto de Interés Público y su función en materia de Seguridad Nacional*, noviembre del 2012.   www.biblio.juridicas.unam,mx/libros/5/2375/8pdf.

HOLLRAH, Rachel. La protección de la privacidad frente a la transparencia gubernamental, Derecho Comparado de la Información, núm. 6, www.juridicas. unam.mx/publica/rev/decoin/cont/6/art/art5.htm

SARTO Cervantes, Isabel. *Transexualidad Una perspectiva transdisciplinaria*, México, Editorial Alfil 2009, pp. 49- 50

LOAYSA Carolina y Marín Isabel, *El derecho de los médicos y medicas al Secreto Profesional en la jurisprudencia de la Corte Interamericana de derechos Humanos*, Promsex, Centro de Promoción y Defensa de los Derechos Sexuales y Productivos, Lima Perú, 2010, P.18.

MORENO Flores, Arnulfo, *Derecho a la Intimidad su significación y regulación en el Derecho Español y Mexicano*, www.scjn.gob.mx/transparencia/lists/Becarios/ Attachments/3/Becarios_003pdf

MUÑOZ del Alba Medrano, Marcia, *Habeas Data*, www.biblioteca.juridica.unam. mx/libros/5/2264/4pdf

MUÑOZ CANO, Eternod Antonio, *El Derecho de la Intimidad frente al Derecho de la Información*, Porrúa, México 2010, p.01

PÉREZ Pintor, Héctor. *La Arquitectura del derecho de la información en México, un acercamiento desde la Constitución*, México, Editorial Miguel Ángel Porrúa, Universidad Michoacana de San Nicolás de Hidalgo Facultad de Derecho y Ciencias Sociales UMSNH, 2012 p. 84

Ponencia presentada en la mesa de análisis: *Transparencia en la administración de justicia*, dentro del XI Curso Nacional Anual de Preparación y Capacitación de Profesores de Derecho Procesal. Ensenada B.C., 20-23 de julio, del 2009. http:// biblio.juridicas.unam.mx/libros/7/3069/15.pdf.

VILLANUEVA, Ernesto. *Enfermedad y Poder*, Proceso, 8 de agosto del 2012, México, D.F. http://www.proceso.com.mx/?p=316510.

WARREN, Samuel y Brandis, Louis. *El Derecho a la Intimidad*, primera edición, trad. Benigno Pendas y Pilar Baselga, Madrid, España, 1995. Pág. 22

Legislación

Constitución Política de los Estados Unidos Mexicanos

Constitución de la República Bolivariana de Venezuela. Gaceta Oficial N° 5.908

Extraordinario de fecha 19 de febrero de 2009, http://www.cgr.gob.ve/contenido. php?Cod=048

Declaración Universal de los Derechos Humanos

Declaración Americana de los Derechos y Deberes del Hombre, artículos XVII y XX

Ley de Protección de Datos Personales en manos de particulares

Tesis 1ª.CCXIX/2009, Semanario Judicial de la Federación y su Gaceta, Novena Época, XXXI, diciembre 2009, pág. 278

Tesis 1ª.XLIII X/2010, Semanario Judicial de la Federación y su Gaceta, Novena Época, XXXI, marzo 2010, pág. 928.

Capítulo VII

Análisis jurídico del caso MVS-Gobierno-Aristegui
Falta regulación de telecomunicaciones y libertad de expresión

Alfredo Rodríguez
Miryam Alcalá

Análisis jurídico del caso MVS-Gobierno-Aristegui Falta regulación de telecomunicaciones y libertad de expresión

Alfredo Rodríguez
Miryam Alcalá

Resumen

En este ensayo se analizará el rescate por parte del Gobierno Federal respecto de las concesiones de la banda de 2.5 GHz, perteneciente a la empresa MVS. Este caso destaca la falta de claridad de regulación de la figura del rescate, lo que provoca que los permisos para explotar los bienes nacionales sean otorgados discrecionalmente y sin análisis previos.

La falta de claridad normativa, se vincula directamente con la libertad de expresión y la pluralidad en los medios de comunicación, puesto que se convierte en una herramienta utilizada por funcionarios públicos para presionar y silenciar a los sujetos cualificados de la información.

Abstract

This essay analyzes the rescue by the Federal Government regarding concessions of the 2.5 GHz band which belonged to the enterprise MVS. This case show how the regulation about the rescue figure is really unclear, which it causes to national assets be exploited without previous examination.

The lack of regulatory is directly linked to the freedom of expression and plurality in the media, it becomes a tool used by public officials to frighten and silence to those who are qualified to inform.

Sumario

Introducción. 1. Análisis de la regulación de las concesiones de la banda de 2.5 GHZ. 2. Análisis jurídico del rescate de la banda de 2.5 GHz a grupo MVS. 3. Coacción y control de medios de comunicación e informadores: caso Carmen Aristegui. Conclusiones. Referencias bibliográficas.

Introducción

El interés por estudiar este caso, surge de los constantes señalamientos de falta de pluralidad en los medios masivos de comunicación, así como por el control y la represión existente hacia periodistas y directivos de la información. Ciudadanos, investigadores, así como organizaciones nacionales e internacionales han documentado estos hechos.

El caso MVS - Gobierno Federal - Carmen Aristegui, es un tema complejo por las diversas materias de análisis que lo componen. Sin embargo, el tema central y del cual se desprenden los demás, está basado en la falta de claridad en la regulación de las telecomunicaciones en México. En específico de la banda de 2.5 GHz, sobre la cual se mantienen varios litigios entre la empresa y el Gobierno Federal.

Se considera que la relación y los manejos expuestos en el caso MVS - Gobierno Federal - Carmen Aristegui muestran claramente el funcionamiento político y discrecional de las negociaciones en el mundo de las telecomunicaciones en México; en las cuales prevalece la corrupción, las afinidades y extorsiones, olvidando el bien común, como se muestra en este análisis.

Este ensayo permite conocer una de las tantas herramientas de coacción y control gubernamental hacia los medios de comunicación, y en consecuencia hacia los periodistas. Desafortunadamente, esta forma de control está poco expuesta y es poco conocida por la ciudadanía.

Uno de los objetivos de este estudio, es examinar la legitimidad del rescate de la banda, analizando los argumentos jurídicos con los cuales se realizó el procedimiento. De entrada, se puede afirmar que la ley es difusa al respecto, permitiendo que la figura del "rescate de la banda" sea utilizada discrecionalmente.

En este caso, se mostrará como la falta de regulación de un tema como las concesiones de una parte del espectro radioeléctrico, puede ser aprovechada por algunos actores para limitar la libertad de expresión, controlar a un medio o censurar a una periodista.

1. Análisis de la regulación de las concesiones en la Banda de 2.5 GHz

Para comprender el tema es necesario retomar los principales antecedentes del caso, los cuales se remontan al año de 1996, cuando la Comisión Federal de Telecomunicaciones (Cofetel) propuso adoptar el modelo irlandés, otorgando a un solo concesionario 190 MHz de la banda de 2.5 GHz en cada localidad; los argumentos principales fueron de viabilidad económica y minimizar interferencias perjudiciales. Bajo este modelo entre 1998 y 2000, MVS Comunicaciones recibió 60 concesiones para uso y explotación de la banda de 2.5 GHz, las cuales fueron utilizadas para ofrecer servicios de televisión de paga. *(Esta parte del trabajo se reconstruyó a partir de varias notas periodísticas, reportajes y escritos que se mencionan al final en Fuentes Referenciales y Bibliografía).*

1.1 El origen del conflicto: asignación, evolución y rescate de la banda

El panorama en este sentido cambió radicalmente en el año 2000, cuando la Conferencia Mundial de Radiocomunicaciones de la Unión Internacional de Telecomunicaciones determinó que el espectro debería usarse para las Telecomunicaciones Móviles Internacionales. Con este anuncio, varios países comenzaron a "rescatar" estas frecuencias y México pronto se unió a esta tendencia.

La Secretaría de Comunicaciones y Transportes (SCT) comenzó con el reordenamiento de la banda, de esta forma el 28 de marzo de 2008 se publica en el Diario Oficial de la Federación la modificación del Cuadro Nacional de Atribución de Frecuencias, en el que se agregaron los servicios móviles avanzados mediante el uso de la banda ancha.

En julio de 2008, después de que Cablevisión, subsidiaria Televisa, enviara un oficio solicitando la reserva y reasignación de porciones de la banda 2.5 GHz, la SCT niega a la empresa MVS la modificación en sus títulos de concesión de servicios de banda ancha móvil, negando también a finales de año la prórroga de concesiones equivalentes al 12 por ciento del espectro.

Sobre esto, en noviembre de 2010, la Comisión Federal de Competencia (COFECO) emitió una opinión sobre la asignación de la banda de 2.5 GHz a MVS, asegurando que no encontraba elementos que pudieran configurar prácticas monopólicas o concentración indebida, incluso consideraba favorable las condiciones de competencia y concurrencia.

Con este aval, en abril de 2011, Grupo MVS dio a conocer el proyecto denominado 2.5 GHz: *Banda Ancha Móvil Para Todos*, en el cual se planteaba manejar la totalidad de los 190 MHz en la banda. El consorcio estaría integrado al menos por cinco empresas y un operador independiente, con lo que se lograría dar una cobertura a más de 55 millones de usuarios con una transmisión de datos a máxima velocidad y a un precio accesible.

Sin embargo, tres meses después, Joaquín Vargas Guajardo, presidente de MVS, anuncia la cancelación del proyecto, asegurando que el fracaso tenía su origen en la indecisión de la Secretaría de Hacienda para fijar la contraprestación a cubrir para explotar la banda, motivo por el cual los socios detuvieron la inversión de 400 millones de dólares, de los cuales ya se habían aplicado 70 millones.

Posteriormente, a finales de 2011, la SCT notifica oficialmente a MVS la negativa de prórroga de 20 títulos de concesión, cuya vigencia había llegado a su fin, entre los que se encontraba la banda de 2.5 GHz. Medio año después, la dependencia federal reiteró la negativa de prórroga de todas las concesiones vencidas en la banda de 2.5 GHz, iniciando un procedimiento de rescate de las concesiones vigentes.

1.2 Falta de claridad en el rescate

En ese contexto, el presidente de MVS Vargas Guajardo realizó una conferencia de prensa en la que denunció presiones y chantajes por parte de funcionarios de Gobierno Federal para no quitarle las concesiones, a cambio de abstenerse de impugnar la fusión entre Televisa y Iusacell. Además, aseguró que en su momento las autoridades le exigieron un castigo para la periodista Carmen Aristegui, por sus comentarios acerca del presunto alcoholismo del entonces Presidente Felipe Calderón Hinojosa.

El presidente de MVS argumentó que la amenaza y el chantaje por parte del Gobierno Federal era inaceptable, por lo que en su momento decide reinstalar el programa de la periodista Carmen Aristegui, quien ya había sido cesada por la empresa con el argumento de haber violado el código de ético, además de acudir a instancias legales para impugnar la fusión entre Iusacell y Televisa, aprobada por la COFECO, así como la resolución de la SCT, en la que se le despoja de la banda de 2.5 GHz.

Sin embargo, el gobierno negó cualquier presión hacia el empresario. Por el contrario, acusa al presidente de MVS de tratar de utilizar a la periodista Carmen Aristegui como moneda de cambio para chantajear al Gobierno Federal. Las autoridades agregaron que MVS intentaba amedrentar a las autoridades, con la finalidad de renovar la banda de 2.5 GHz sin pagar los derechos correspondientes.

El Gobierno Federal aseguró que MVS ofrecía un pago que representaba apenas el 10 por ciento de lo recaudado en la llamada "Licitación 21", que ganó el consorcio Televisa-Nextel en 2010.[1] Añadieron que la banda no estaba siendo aprovechada plenamente, lo que además no permitía que otras empresas explotaran el servicio.

Poco después, en una comparecencia ante los senadores de la República, el secretario de Comunicaciones y Transportes, Dionisio Pérez Jácome, aseguró que el Gobierno Federal rescató la banda respondiendo a cuestiones técnicas, que el tema central de la negociación fue la contraprestación: el gobierno buscaba que MVS regresara una parte del espectro para licitarlo y luego determinar un precio para renovar la concesión. Sin embargo, la empresa rechazó la propuesta y no se pudo encontrar un mecanismo de solución, entonces se comenzó con el proceso de rescate.

El funcionario agregó que el reordenamiento de la banda de 2.5 GHz ya estaba contemplada en el Programa Sectorial de Comunicaciones y Transportes derivado del Plan Nacional de Desarrollo, el cual señalaba una política de rescate de frecuencias poco o no utilizadas, a partir del vencimiento de concesiones y permisos, regularización de usuarios, y cambios derivados del desarrollo de nuevas tecnologías en bandas de frecuencia específicas.[2]

Sin embargo, para el presidente de MVS, Vargas Guajardo, la decisión de rescatar la banda de 2.5 GHz no fue más que una actuación sesgada de funcionarios públicos, que han favorecido ilegítimamente los intereses de Televisa, para aumentar sus activos o combatir a sus competidores.

2. Análisis jurídico del rescate de la banda de 2.5 GHz a Grupo MVS

Esta discrecionalidad y falta de claridad es evidente cuando se realiza un análisis de los principales marcos normativos que contemplan el rescate de las conce-

---

1 http://www.adnpolitico.com/2012/2012/08/15/sct-responde-a-mvs-no-ha-habido-chantaje
2 http://www.animalpolitico.com/2012/08/anuncia-sct-rescate-de-la-banda-de-2-5-GHz-de-manos-de-mvs/

siones. En algunas leyes se habla de la posibilidad de rescatar una concesión, no obstante, se considera que los lineamientos sobre la forma de realizar el procedimiento son poco precisos. Para sostener este argumento se realizó una revisión de las distintas leyes en torno al tema.

2.1. La Constitución mexicana

De esta revisión se desprende que el fundamento primario se encuentra en la Constitución Política de los Estados Unidos Mexicanos, básicamente en los artículos 25, 27 y 28, los cuales establecen que el Estado es el encargado de las áreas estratégicas, las cuales pueden ser usadas por particulares, pero sólo mediante una concesión o permiso.

Es interesante el artículo 27, que señala que "Las expropiaciones sólo podrán hacerse por causa de utilidad pública y mediante indemnización". El texto en ningún momento habla de la figura del rescate, pero añade que "La Nación tendrá en todo tiempo el derecho de imponer a la propiedad privada las modalidades que dicte el interés público, así como el de regular, en beneficio social, el aprovechamiento de los elementos naturales susceptibles de apropiación".

Aún así, se podría alegar que en el rescate de la banda de 2.5 GHz se omitió el artículo 14 constitucional, que marca: "Nadie podrá ser privado de la libertad o de sus propiedades, posesiones o derechos, sino mediante juicio seguido ante los tribunales previamente establecidos, en el que se cumplan las formalidades esenciales del procedimiento y conforme a las Leyes expedidas con anterioridad al hecho".

2.2 Ley de Vías Generales de Comunicación (LVGC)

De esta normativa, destaca el artículo 3, fracción III, que dice que la Secretaría de Comunicaciones y Transportes tiene la facultad de otorgar, interpretar y cumplir las concesiones. Igualmente, la fracción V señala que puede declarar el abandono de trámite de las solicitudes de concesión o permiso, así como declarar caducidad o rescisión de las concesiones y contratos celebrados (con previa aprobación de la SHCP). Por su parte, la fracción VII le otorga facultad de expropiación.

También es oportuno considerar el artículo 4, el cual apunta que las controversias que se susciten sobre la interpretación y cumplimiento de las concesiones se decidirán por cinco vías: mediante los términos mismos de las concesiones y contratos; por medio de la Ley General de Vías de Comunicación, sus reglamentos y demás leyes especiales; por los preceptos del Código Civil del Distrito Federal y de Procedimientos Civiles; de acuerdo a las necesidades mismas del servicio público y de cuya satisfacción se trata.

Cabe destacar que la Ley no habla de la figura del rescate, pero maneja los términos de caducidad y recisión de concesiones, así como de revocación de permisos. El artículo 29 apunta una serie de supuestos bajo los que caducaría una concesión, ninguno aplicaría para el caso analizado. Esta aseveración se confirma con el artículo 36, que apunta que cualquier beneficiario al que se le declare caduca una concesión, está imposibilitado a obtener una nueva. En nuestro caso, el gobierno federal apuntó que MVS podría participar nuevamente en el proceso de licitación de la banda de 2.5 GHz.

2.3 Ley Federal de Telecomunicaciones, Reglamento de Telecomunicaciones y Reglamento de la Comisión Federal de Telecomunicaciones

En la Ley Federal de Telecomunicaciones es importante el artículo 19 que habla sobre las concesiones no renovadas, las cuales pueden ser otorgadas por un plazo de hasta 20 años y prorrogadas hasta por plazos iguales, "a juicio de la Secretaría". También señala que para otorgar una prórroga es necesario que el concesionario hubiere cumplido con las condiciones previstas en la concesión y acepte las nuevas condiciones.

Por su parte, el artículo 23 apunta que la SCT podrá "cambiar o rescatar" una frecuencia o banda de frecuencias concesionadas y marca cinco supuestos: I) Cuando lo exija el interés público; II) Por razones de seguridad nacional; III) Para la introducción de nuevas tecnologías; IV) Para solucionar problemas de interferencia perjudicial; y V) Para dar cumplimiento a los tratados internacionales suscritos por el Gobierno de los Estados Unidos Mexicanos.

Los argumentos oficiales para rescatar la banda cuadran con los supuestos de las fracciones I y III. Principalmente se argumentó que la banda estaba siendo subutilizada y debía ser rescatada para licitarse, evocando al interés público y la introducción de nuevas tecnologías. Sin embargo, estos argumentos son debatibles desde la misma figura del "interés público", ya que de acuerdo con la Ley, es la misma Secretaría la encargada de declarar si existe un interés público.

En cuanto al Reglamento de Telecomunicaciones, es interesante el artículo 4, fracción II, que apunta que entre las facultades de la SCT está otorgar concesiones y permisos para instalar, establecer, operar y explotar redes, estaciones y servicios de telecomunicaciones, y en su caso, declarar la caducidad o revocación de dichas concesiones. En tanto, el artículo 4, fracción III, apunta que la SCT puede planear, administrar y controlar la utilización del espectro radioeléctrico. Hay que apuntar que en ningún momento se utiliza en el Reglamento la palabra rescate. .

Sobre el Reglamento Interno de la Comisión Federal de Telecomunicaciones (Cofetel) es destacable el artículo 15, fracción III, el cual faculta al Pleno para "emitir opinión respecto de las solicitudes para el otorgamiento, modificación, prórroga y cesión de concesiones, asignaciones y permisos en materia de telecomunicaciones que le turne la Secretaría, sustentada en los dictámenes técnicos, económico-financieros y legales que realicen las unidades administrativas de la propia Comisión".

Cabe destacar que se utiliza la frase "emitir una opinión". Con esto queda claro que la decisión final sobre el destino de las concesiones queda totalmente en manos de la Secretaría de Comunicaciones y Transportes. Esto queda confirmado en la fracción VII del mismo artículo que señala que es facultad del Pleno "proponer a la Secretaría la revocación de concesiones y permisos en materia de telecomunicaciones". En esta ocasión se utiliza la palabra "proponer", con lo que queda claro que la Cofetel solamente puede revisar el caso, discutirlo y emitir una opinión.

2.4 Ley General de Bienes Nacionales y Ley Federal de Radio y Televisión

De la Ley General de Bienes Nacionales se puede subrayar el artículo 18, que apunta que la revocación y la caducidad de las concesiones sobre bienes sujetos al régimen de dominio público de la Federación, cuando proceda conforme a la ley, se dictarán por las dependencias u organismos descentralizados que las hubieren otorgado, previa audiencia que se conceda a los interesados para que rindan pruebas y aleguen lo que a su derecho convenga.

Posteriormente, el artículo 19 de esa misma Ley, habla sobre la figura del rescate y apunta "las dependencias administradoras de inmuebles y organismos descentralizados podrán rescatar las concesiones que otorguen sobre bienes sujetos al régimen de dominio público de la Federación, mediante indemnización, por causas de utilidad, de interés público o de seguridad nacional". El párrafo II agrega que "La declaratoria de rescate hará que los bienes materia de la concesión vuelvan, de pleno derecho, desde la fecha de la declaratoria, a la posesión, control y administración del concesionante y que ingresen a su patrimonio los bienes, equipos e instalaciones destinados directamente a los fines de la concesión". El párrafo III señala que "En la declaratoria de rescate se establecerán las bases generales que servirán para fijar el monto de la indemnización que haya de cubrirse al concesionario, tomando en cuenta la inversión efectuada y debidamente comprobada.

En cuanto a la Ley Federal de Radio y Televisión, se destaca el artículo 9, que claramente señala que entre las responsabilidades de la SCT está la resolución sobre el rescate de frecuencias. Sin embargo, ésta acción queda reservada al Secretario de Comunicaciones y Transportes.

Igualmente es relevante el artículo 22 que indica: "No podrán alterarse las características de la concesión o permiso sino por resolución administrativa en los términos de esta ley o en cumplimiento de resoluciones judiciales". Más adelante agrega que los concesionarios deben observar una distinción entre los servicios de bandas de frecuencias del espectro radioeléctrico, el cual se regirá por la Ley Federal de Telecomunicaciones y el servicio de radiodifusión, que corresponde a la Ley Federal de Radio y Televisión, en lo que no se oponga a la primera Ley.

2.5 Jurisprudencia

Existen algunas interpretaciones jurisprudenciales interesantes para este caso, como la que señala que "el Estado tiene la posibilidad de rescate, cancelación o cambio de frecuencia autorizada por el Estado, entre otros casos, para la aplicación de nuevas tecnologías. "En ese sentido, si en virtud del avance tecnológico el Estado considera necesario reorganizar el espectro radioeléctrico a fin de hacer más eficiente su uso, está en posibilidad jurídica de reasignar o reubicar las bandas de frecuencia asignadas e incluso, rescatarlas o recuperarlas, al corresponderle, en todo momento, su dominio directo.[3]

Por otro lado, una tesis aislada, denomina como Rescate de Servicio Público, si el gobierno en uso de facultades legales ha otorgado concesión para explotar un servicio público (mercado en la especie) y dejó establecida la forma de que concluyera, o bien al vencimiento del término de veinte años, o por expedición de un decreto presidencial de rescate, la expedición de éste no priva de derechos al

---

3 TESIS P/J 68/2007. Jurisprudencia Constitucional Administrativa. Semanario Judicial de la Federación y su Gaceta. ; Tomo XXVI, Diciembre de 2007; Pág. 972
4 TESIS Aislada; 2a. Sala. Semanario Judicial de la Federación y su Gaceta .5a. Época; Tomo CXXVIII; Pág. 225

quejoso, y no viola en su perjuicio garantías constitucionales.[4]

2.6 Criterios del rescate: falta de claridad en la legislación

La revisión de las leyes lleva a concluir que si bien la figura del rescate está contemplada en la legislación, no es claro ni transparente el procedimiento por el que se lleva a cabo. Las leyes simplemente apuntan que será decisión exclusiva de la SCT, en particular de su presidente, iniciar el rescate de una concesión cuando lo considere necesario. En este contexto, la Cofetel sólo puede proponer, pero no decidir, lo que provoca que el procedimiento se realice de forma discrecional.

Se puede destacar que, aunque algunas normativas prevén la figura del rescate de una concesión, se exige que existan dos condiciones: que se efectúe bajo una resolución judicial y que además se otorgue el pago de una indemnización.

Así, aunque existen criterios y supuestos bajo los que debe ejecutarse el rescate de una concesión, estos finalmente serán determinados de manera discrecional por el presidente de un organismo dependiente del Poder Ejecutivo. Además, tampoco existe un criterio claro sobre la liquidación del rescate, lo que provoca diferencias de criterios y precios en casos muy similares.

Sobre esto, Gerardo González Abarca,[5] ex comisionado de la Comisión Federal de Telecomunicaciones (Cofetel) destacó que en este caso resalta la falta de una política pública clara sobre concesiones, porque a pesar de que algunas bandas se mantienen subutilizadas, no existe una política para conocer cuándo se debe rescatar una frecuencia. Además, se carece de partidas presupuestarias para su implementación y se muestra una descoordinación en las posturas de los órganos reguladores de Competencia y Telecomunicaciones, quienes han mostrado posturas divergentes sobre el futuro de esta banda.

Por su parte, Javier Esteinou y Alma Rosa Alva,[6] coinciden en que el conflicto entre MVS y el gobierno refleja la urgente necesidad de reformar el marco legal para evitar que haya discrecionalidad. Los analistas apuntan que en el tema de las telecomunicaciones el balance es negativo para la gestión del presidente Felipe Calderón, sobre todo porque se concentró en pocos actores, mezclándose con un asunto de libertad de expresión al suponer que el caso Aristegui fue utilizada como señuelo.

---

5 SIGLER, Edgar. *MVS vs Gobierno: una pelea sin reglas.* Publicado el 20 de agosto de 2012.

6 RAMOS, Jorge y ALONSO, Ramiro. *Crecen acusaciones sobre el caso MVS.* El Universal. Publicado el 23 de agosto del 2012.

7 TREJO DELARBRE, Raúl. *MVS, Televisa y la banda de 2.5 GHz.* Sociedad y Poder: http://sociedad.wordpress.com/2012/03/08/mvs-televisa-y-la-banda-de-2-5-ghz/

Al respecto, Raúl Trejo Delarbre[7] considera que el problema central en este conflicto es la diferencia de opiniones sobre el precio que se debe de pagar la banda de 2.5 GHz. Señaló que la Secretaría de Hacienda estima en 27 mil 873 millones de pesos el precio que tendría que pagarse por el uso durante 20 años de esos 190 MHz, cifra que resulta de una recaudación de 10 centavos de dólar por cada MHz y por cada habitante del país. Sin embargo, MVS sostiene que un precio justo es del 40 por ciento del monto estimado.

Sin embargo, es imprecisa la forma en que se estiman los precios, incluso en concesiones muy similares que convierten el caso en una danza de cifras tan intensa y enredada como los intereses corporativos involucrados. Tan sólo en el año 2010, el Gobierno Federal utilizó dos criterios para vender paquetes de telefonía con las mismas características. Consideró que si los 190 MHz de la banda de 2.5 GHz fueran vendidos con uno de estos criterios, se tendrían que pagar más de 32 mil millones de pesos, si fueran tasados con el segundo, tendrían que costar mil 140 millones de pesos.

Trejo Delarbre apunta que es inadmisible que el Gobierno regatee con una empresa privada el monto de los derechos por la explotación de un recurso natural como el espectro radioeléctrico. Es igualmente cuestionable que esas negociaciones, a cargo de la Secretaría de Hacienda y Crédito Público y SCT, se hayan desarrollado en secreto. Las posturas del gobierno, los proyectos sujetos a examen, la composición de las empresas interesadas en explotar cualquier segmento del espectro radioeléctrico y las evaluaciones técnicas al respecto, tienen que ser conocidas por los ciudadanos.

Por su parte, Purificación Carpinteyro, quien fue Subsecretaria de Comunicaciones y Transportes entre 2008 y 2009, advirtió que el discurso del gobierno para rescatar la banda de 2.5 GHz es falso, porque las frecuencias no estaban siendo subutilizadas, puesto que la propia SCT no las permitió utilizar. Consideró que desde el Ejecutivo se frenó durante seis años la posibilidad de que MVS y otros grupos formaran un *carrier de carriers*, para los servicios de banda ancha.[8]

Igualmente, la Organización para la Cooperación y el Desarrollo Económico (OCDE) publicó un estudio sobre políticas y regulación de las telecomunicaciones, en el que señala que uno de los problemas en México es el sistema jurídico vigente,

8 CARPINTEYRO, Purificación. *Conflicto entre MVS y Televisa: enemigos y competidores.* Contracorriente, 12 Marzo de 2012. Disponible en: http://www.educacioncontracorriente.org/index.php?option=com_content&view=article&id=42703%3Aconflicto-entre-mvs-y-televisa-enemigos-y-competidores&catid=16%3Anoticias&Itemid=31

el cual permite al Poder Judicial suspender y anular de manera sistemática las decisiones de política y regulación, hecho que daña el interés público y necesita ser reformado.[9]

Asimismo, indica que es necesaria una mayor transparencia en los procesos de toma de decisiones de regulación, incluida la publicación de la motivación de las decisiones. El estudio también señala que una de las principales barreras para la competencia es que las decisiones regulatorias no se realizan o su aplicación es suspendida por los tribunales, lo cual redunda en un menor desarrollo efectivo de la regulación. El estudio concluye que "los operadores dominantes se han favorecido del débil marco institucional vigente al abusar del singular sistema de amparo mexicano, en virtud del cual las decisiones de regulación que son sometidas a revisión judicial se sus¬penden en favor del recurrente"

2.7 Análisis sobre la figura del rescate

La concesión administrativa es el medio más eficaz, dentro de nuestro Estado moderno, para entregar a los particulares ciertas actividades o la explotación de recursos federales, que la administración pública no está en condiciones de desarrollar, ya sea por falta de sustentabilidad económica, por impedimentos organizacionales propios o por inconveniencia política, asegura Jorge Cañafell.[10]

En tanto, Jorge Toro Olivera apunta que la concesión se trata de "la sumisión del concesionario a que el Estado le transfiera una porción de las funciones que le corresponden, lleva implícita la idea de una situación de privilegio arbitrario para modificar o revocar el régimen a que está sujeta la concesión, cuando así lo exija el interés público".[11]

También habla sobre los casos de extinción de una concesión, entre los que está el cumplimiento del plazo o vencimiento de la concesión, la falta u objeto materia de la concesión, así como el rescate, el cual considera como un acto administrativo, una manifestación unilateral de voluntad de la Administración Pública, en virtud de la cual se retira del campo jurídico un acto válido y eficaz por un motivo superveniente. Por lo cual, considera que es importante fijar los límites de la revocación, ya que resulta peligroso dejarlo como un poder discrecional en

---

9 OCDE (2012), *Review of Telecommunication Policy and Regulation in Mexico.* Estudio de la OCDE sobre políticas y regulación de teleco-municaciones en México, Traducción: Guadalupe Becerra Perusquía, Revisión técnica: Comisión Federal de Telecomunicaciones de México, Edición: Solar, Centro de la OCDE en México para América Latina, Publishing. http://dx.doi.org/10.1787/9789264166790-es

10 CALAFELL, Jorge Enrique. 1996, *Teoría general de la concesión.* Jurídicas, Anuario del Departamento de Derecho de la Universidad Iberoamericana, Número 26, 1996, ISSN 1405-0935, disponible en: http://www.juridicas.unam.mx/publica/librev/rev/jurid/cont/26/pr/pr19. pdf

11 TORO Olivera, Jorge. (1976). *Manual del Derecho Administrativo.* México. Porrúa. 4ª edición.

manos del Estado.

Sobre el rescate, apunta que se trata de "un acto administrativo mediante el cual la autoridad administrativa recupera los bienes que había concesionado previamente, por causa de utilidad pública, en cual el Estado debe indemnizar al concesionario por las inversiones que hubiere efectuado".

Agrega que en el rescate la transferencia a la administración concedente del bien o servicio público concesionario, opera mediante un acto de poder, y antes del vencimiento del plazo de la concesión; es por esto que la indemnización debe abarcar los beneficios dejados de percibir durante el tiempo que reste para completar el plazo dela concesión. Al respecto, Bartolomé Fiorini dice: "Toda concesión de servicios públicos es rescatable; es esta una condición implícita que rige, aunque no se indique en el contrato respectivo".

Por otro lado, el investigador y Doctor en Derecho Alejandro de la Fuente Alonso[12] manifiesta que el rescate es un derecho que se encuentra en la base jurídica de la concesión. Es un acto administrativo unilateral, discrecional, por el cual durante el curso del plazo de la concesión de la administración pública, sin que medie culpa del concesionario, pone fin al contrato asumiendo directamente la ejecución o cumplimiento del objeto de este, mediante una justa indemnización del concesionario. El autor considera que el fundamento jurídico del rescate es análogo al de revocación, por razones de oportunidad, mérito o conveniencia.

De hecho sólo se justifica el rescate por razones de interés público, procediendo entonces la indemnización correspondiente. Dicha indemnización debe abarcar todos los beneficios dejados de percibir durante el tiempo que reste para completar el plazo de la concesión. Finalmente, explica que "sí existe una diferencia específica entre la revocación y la expropiación, porque en la segunda el bien pertenece a un particular y se le priva por causa de utilidad pública, mientras que en el rescate concurren las mismas circunstancias, pero el bien del objeto del procedimiento forma parte del dominio público o el servicio es de titularidad del Estado".

3. Coacción y control de medios de comunicación e informadores: el caso de Carmen Aristegui

---

12 DE LA FUENTE Alonso, Alejandro (2010), artículo *La naturaleza jurídica de la concesión administrativa*. Instituto de Estudios de Justicia Fiscal y Administrativa, Revista Núm.4, Año II, 2010, disponible en: http://www.tfjfa.gob.mx/investigaciones/pdf/REVISTAPRA-XISNUMERO4.pdf

Como se ha señalado en líneas anteriores, el problema de la falta de claridad en el proceso de rescate de las concesiones de telecomunicación, tiene repercusiones directas en otras esferas como la libertad de información y la libertad de expresión, al convertirse en una herramienta de coacción hacia las empresas informativas y sus trabajadores.

En este caso el vínculo fue muy evidente en el despido de la periodista Carmen Aristegui. La empresa de telecomunicaciones MVS originalmente terminó la relación contractual con la periodista titular del noticiario radiofónico, argumentando que la periodista había transgredido el código ético de la empresa, al anunciar un rumor como noticia.[13] Sin embargo, el rumor en realidad fue una nota informativa en la que se cuestionó un presunto problema de alcoholismo del Presidente de la República Felipe Calderón.

No obstante, inmediatamente la periodista respondió asegurando que el origen verdadero de su cese se vinculaba con dueños de negocios o concesiones en el mundo de las telecomunicaciones en México. Precisó que en esa ocasión se trataba de un conjunto de concesiones de MVS, cuya resolución se encontraba en el cajón del Presidente. Así, afirmó que un caso que debería ser técnico, jurídico y legal, en la realidad era político y discrecional.

Posteriormente, el presidente de MVS Vargas Guajardo sostuvo esta versión, cuando denunció presiones por parte de varios funcionarios del Gobierno Federal para no quitarle el espectro, a cambio de no impugnar la fusión entre Iusasell y Televisa, además de exigirle un castigo a la periodista Carmen Aristegui por sus comentarios acerca de Felipe Calderón Hinojosa.[14]

En tanto, la Presidencia de la República declaró que todo eran especulaciones, porque la política y la práctica diaria de comunicación social del Gobierno no se mezclaba, ni se confundía con la política pública en materia de telecomunicaciones, materia en que las decisiones se tomaban con total transparencia y estricto apego a la ley.[15]

Por su parte, el ex secretario del Trabajo Javier Lozano, negó también cualquier presión hacia el empresario. Por el contrario, acusó a Vargas Guajardo de tratar de utilizar a la periodista para chantajear al Gobierno Federal. "No es

---

13 CNN México, comunicado 7 de Febrero de 2011, visto en: http://www.youtube.com/watch?v=3SS1Ji2WKU4 10 de junio de 2012.

14 *MVS y Gobierno Federal se acusan mutuamente de chantaje.* Reforma, 16 de Agosto de 2012, visto en: http://economia.terra.com.mx/noticias/noticia.aspx?idNoticia=201208161306_REF_81501299

15 SÁNCHEZ, Julián y Ramos, Jorge. *Rechazan que Calderón esté enfermo.* El Universal, Jueves 10 de febrero de 2011.

un chantaje del Gobierno, es exactamente al revés. Trató de utilizar a Carmen Aristegui como moneda de cambio, un completo chantaje", dijo el militante panista.[16] Lozano aseguró que el empresario admitió tener "gran presión" en redes sociales y medios a nivel internacional por el cese de Aristegui, y en caso de no renovar rápidamente la concesión de 2.5 GHz, recontrataría a la periodista. Finalmente, 14 días después MVS anunció la reincorporación de la periodista y su espacio informativo.

3.1 El contexto del profesional de la información

Independientemente de quién ofreció o exigió la renuncia de la periodista, es evidente que la falta de claridad en la regulación de las telecomunicaciones provocó un menoscabo a la libertad de información y de expresión. Esta forma de control gubernamental se une a muchas otras que prevalecen y que han colocado al país como uno de los más peligrosos para un informador en el mundo.

Tan sólo entre 2004 y 2006, se presentaron 11 casos de periodistas asesinados.[17] En 2010 esta cifra creció a 22 casos, que van desde desapariciones y agresiones de toda índole. Lo anterior ha marcado a los últimos dos sexenios como los más violentos en contra de los profesionales de la información, ocupando México el primer lugar en el mundo en homicidios y agresiones a periodistas (por arriba de Colombia e Irak que libran guerras).[18]

De acuerdo con la Comisión Nacional de Derechos Humanos (CNDH), las agresiones a periodistas han ido en aumento en los últimos sexenios. En el de Carlos Salinas de Gortari (1988-1994) se presentaron 88 quejas; en el de Ernesto Zedillo Ponce de León (1994-2000) 157; y en la administración de Vicente Fox Quesada (2000-2006) 169 quejas.[19]

Como bien observa la CNDH, la omisión del Estado respecto a su obligación de efectuar una investigación efectiva de las agresiones contra comunicadores provoca impunidad, genera un clima de incertidumbre, propicia la autocensura y menoscaba la democracia.[20]

---

16 LOZANO, Javier. ADN político, *Lozano revira: MVS chantajeó usando a Aristegui como moneda*. Disponible en: /http://www.adnpolitico.com/2012/2012/08/15/sct-responde-a-mvs-no-ha-habido-chantaje, 15 de Agosto de 2012.

17 OACNUDH – México, *Diagnóstico sobre la situación de los derechos humanos en México*. Página 46, Derechos Civiles. Que a su vez cita a la Declaración de Principios sobre la Libertad de Expresión

18 Op.cit.

19 Ibidem, pag. 48.

20 Ver CNDH, Recomendación General 17 del 19 de agosto de 2009.

Incluso en el contexto internacional, México ha recibido varias recomendaciones, entre ellas la del *Diagnóstico sobre la situación de los derechos humanos en México*, de la Oficina del Alto Comisionado de la Organización de las Naciones Unidas (ONU),[21] que en su apartado 2.3.1.2 apunta la necesidad de revisar la normatividad sobre derechos y protección de los periodistas, mencionando que: "El periodismo es una de las principales manifestaciones de la libertad de expresión, y por tanto es obligación del Estado garantizar a los comunicadores un ejercicio profesional digno y seguro".[22]

Por su parte, el Informe Anual del Relator Especial para la Libertad de Expresión de la Comisión Interamericana de Derechos Humanos, de la Organización de Estados Americanos,[23] subraya el hecho de que en México se han reportado avances con relación a casos de violaciones a los derechos de los sujetos cualificados, pero también registra asesinatos, secuestros, intimidaciones, amenazas a comunicadores sociales y destrucción material de instalaciones de medios de comunicación.

Sobre esto, se manifiesta la preocupación al observar que los periodistas víctimas de ataques fueron en su mayoría aquellos que expresaron públicamente relaciones del narcotráfico con agentes oficiales y denunciaron abusos del poder de agentes del Estado."[24]

En tanto, Anders Kompass, representante del Alto Comisionado de la ONU aseguró que "desde el punto de vista internacional, el periodismo mexicano y el derecho a la información se encuentran bajo riesgo dados los continuos asesinatos y desapariciones forzadas de periodistas". Apuntó que la libertad de prensa y la práctica del periodismo son tan importantes, que el Estado tiene la obligación de no solamente investigar y clarificar los hechos, sino también de crear un contexto más seguro, que incluya escoltas y alguna clase de protección.[25]

Las Relatorías de la Comisión Interamericana de Derechos Humanos (CIDH) y de la ONU,[26] presentaron un informe donde se establece que: "El

---

21 OACNUDH – México, *Diagnóstico sobre la situación de los derechos humanos en México*. Página 46, Derechos Civiles. Que a su vez cita a la Declaración de Principios sobre la Libertad de Expresión

22 Op.cit.

23 Ver Informe Anual de la Oficina del Relator Especial para la Libertad de Expresión, 2004, OEA, CIDH, Relatoría Especial para la Libertad de Expresión, disponible en: http://www.oas.org/es/cidh/expresion/showarticle.asp?artID=459&lID=2

24 Ibid, pag. 48, que a su vez cita: *Relatoría especial para la Libertad de Expresión*. Comisión Interamericana de Derechos Humanos; Comunicado de Prensa PREN/89(03

25 *Peligra el derecho a la información en México, alerta Naciones Unidas*. La Jornada, Abril 15, 2005.

26 Relatoría Especial para la Libertad de Expresión de la Comisión Interamericana de Derechos Humanos y Relatoría Especial de las Naciones Unidas para la Libertad de Opinión y Expresión. *Visita Oficial Conjunta a México, Observaciones Preliminares*. 24 de agosto de 2010, disponible en: http://cidh.org/relatoria/ShowDocument.asp?DocumentID=218

asesinato, secuestro, intimidación, amenaza a los comunicadores sociales, así como la destrucción material de los medios de comunicación, viola los derechos fundamentales de las personas y coarta severamente la libertad de expresión. Es deber de los Estados prevenir e investigar estos hechos, sancionar a sus autores y asegurar a las víctimas una reparación adecuada".

La Relatoría muestra que del año 2000 al 2010 se registraron 64 homicidios y 11 desapariciones de periodistas,[27] y al año 2012 son: 80 homicidios;[28] a estas cifras se suman los secuestros de periodistas y atentados que no son conocidos públicamente. Sin embargo, las cifras reportadas permiten afirmar que desde el año 2000 México es el país más peligroso para ejercer el periodismo.[29]

Por esto, la Relatoría hace un llamado urgente al Estado mexicano a implementar, una política integral de prevención, protección y procuración de justicia ante la situación crítica de violencia que enfrentan los periodistas en el país. En la formulación e implementación de políticas públicas en esta materia resulta esencial contar con la participación activa de todos los sectores.[30]

Cabe apuntar que hasta abril de 2012 no existía en México una normatividad federal que protegiera a los profesionales de la información. Sin embargo, en esa fecha se presentó una iniciativa en la Cámara de Diputados: la Ley para la Protección Social de Periodistas,[31] la cual fue aprobada en mayo por el Congreso con el nombre de "Ley para la Protección de Defensores de Derechos Humanos y Periodistas"

3.2 Pluralismo en México

Una de las consecuencias del control gubernamental sobre los medios de comunicación, incluyendo a sus directivos y periodistas, es un menoscabo a la pluralidad informativa, la cual, de acuerdo con Miguel Julio Rodríguez y Ernesto Villanueva, es un derecho de todo ciudadano "expresarse" y tener igualdad de oportunidades en cuanto al uso del espectro electromagnético, el cual es un bien

---

27 Comunicado de Prensa CGCP/206/10, 27 de julio de 2010

28 http://www.cronica.com.mx/nota.php?id_nota=692474. 17 Octubre 2012.

29 Relatoría Especial para la Libertad de Expresión – CIDH. 8 de julio de 2010. Relatoría Especial para la Libertad de Expresión pide a México investigar con diligencia asesinato de periodista en Michoacán. Comunicado No. R67/10. Disponible en: http://www.cidh.oas.org/relatoria/showarticle.asp?artID=804&lID=2; Milenio. 6 de julio de 2010. *Ejecutan al periodista Hugo Olivera, colaborador de Quadratín.* Disponible en: http://www.milenio.com/node/481004; El Universal. 6 de julio de 2010. *Matan a periodista en Michoacán.* Disponible en: http://www.eluniversal.com.mx/notas/vi_693419.html

30 Ver CIDH, Relatoría Especial para la Libertad de Expresión. Marco jurídico interamericano sobre el derecho a la libertad de expresión. OEA/Ser.L/V/II CIDH/RELE/INF. 2/09. 30 de diciembre de 2009, párr. 8. Disponible en: http://www.cidh.org/pdf%20files/Marco%20Juridico%20Interamericano%20estandares.pdf

31 La cual habla más acerca de prestaciones sociales y no de verdadera protección.

social. A su vez, señalan que un Estado es pluralista cuando reconoce el derecho a la diversidad y al debate de los asuntos públicos, lo que implica participar en igualdad de oportunidades en los vehículos que la sociedad tiene para describirse a sí misma, debatiendo problemas y complejidades; respetando derechos ciudadanos a la libertad de expresión, opinión y comunicación en general.[32]

La ONU señaló que en materia de telecomunicaciones en México, el vigor, la diversidad y el pluralismo en el debate democrático se encuentran limitados, entre otras causas, por la alta concentración en la propiedad y el control de los medios de comunicación a los que se les ha asignado frecuencias de radio y televisión; por la ausencia de un marco jurídico certero y equitativo para la asignación de dichas frecuencias; por la inexistencia de mecanismos de acceso a medios alternativos de comunicación; y por la falta de regulación de la publicidad oficial.[33]

En este sentido, la ONU recomendó adoptar un marco normativo que brinde certeza jurídica, promueva la desconcentración de la radio y la televisión, y contribuya a generar un espacio mediático plural y accesible a todos los sectores de la población, especialmente a la radiodifusión comunitaria para que pueda operar sin discriminación, así como crear un órgano público independiente del Gobierno que regule la radio y la televisión.

En tanto, la Corte Interamericana de Derechos Humanos estableció que la libertad de expresión puede verse restringida aún sin intervención directa del Estado, cuando por efecto de la existencia de monopolios u oligopolios en la propiedad de los medios de comunicación, se establecen en la práctica medios encaminados a impedir la comunicación y la circulación de ideas y opiniones. Pero además, que no sólo pueden generarse en factores económicos, sino también puede ser proveniente de actos de agresión de particulares. Esto es, que no sólo se viola el derecho cuando se imponen restricciones por el Estado, sino también cuando se permite o tolera establecimiento de controles particulares por cualquier forma o mecanismo.

3.3 Presiones gubernamentales, libertad de expresión y honra de los funcionarios

En el caso estudiado, se considera grave la censura sufrida por la periodista Carmen Aristegui, independientemente de su origen y de las expresiones que haya

---

32 RODRIGUEZ Villafañe, Miguel Julio y VILLANUEVA, Ernesto. *Compromiso con la libertad de expresión, análisis y alcances*. Funda-lex, México, 2010. P.62.

33 VILLAMIL, Jenaro. *Medios, política y diversidad, acerca del Boletín de la ONU*. 21 de Febrero 2011. Disponible en: http://jenarovillamil. wordpress.com/2011/02/21/relator-de-la-onu-saluda-el-regreso-de-carmen-aristegui-a-mvs/

realizado. En el ámbito internacional, la Relatoría Especial sobre la Promoción y Protección del Derecho a la Libertad de Opinión y de Expresión de la ONU expresó que las presiones directas o indirectas encaminadas a silenciar la labor informativa de la prensa son incompatibles con la libertad de expresión, puesto que la cobertura noticiosa de denuncias o la expresión de opiniones críticas sobre funcionarios se encuentran ampliamente protegidas por el derecho internacional de los derechos humanos.

Por su parte, los órganos del Sistema Interamericano de Derechos Humanos (SIDH)[34] establecen que debe garantizarse no sólo la difusión de ideas, opiniones e informaciones consideradas inofensivas o indiferentes, sino también en cuanto a las que ofenden, chocan, inquietan, resultan ingratas o perturban al Estado o a cualquier sector de la población, las opiniones de la minoría que puedan no ser bien recibidas por la mayoría, las voces de oposición.

En el caso de Aristegui, no se llegó a ningún proceso legal, porque no se le podían aplicar responsabilidades ulteriores, ya que no existe una ley que establezca los motivos por los que se pueda incurrir en una falta por la expresión de sus cuestionamientos hacia el Presidente de la República.

Así como existen algunas excepciones a la libertad de expresión, también existen expresiones que cuentan con una mayor protección. Los órganos del SIDH han establecido que existen tres discursos o expresiones que están especialmente protegidos: dos vinculados en modo directo con la libertad de expresión como herramienta para la consolidación democrática; y uno como herramienta para la protección de otros derechos humanos: expresiones relativas a los asuntos de interés público, expresiones relativas a funcionarios públicos en ejercicio de sus funciones y sobre candidatos a ocupar cargos públicos; y expresiones que configuran un elemento de la identidad o la dignidad personales de quien se expresa.

Estas protecciones han servido a la Corte Interamericana de Derechos Humanos para ponderar a la libertad de expresión con el derecho a la honra de funcionarios públicos, en los cuales se ha dado preferencia a la libertad de expresión, en la medida que el interés del debate sobre asuntos públicos adquiere un valor mayor. En tales casos, los requisitos de protección del derecho a la honra y reputación de estas personas se deben ponderar en relación con los intereses de un debate abierto sobre los asuntos públicos.

---

34 Comisión Interamericana de Derechos Humanos, Convención Americana sobre Derechos Humanos, San José de Costa Rica el 22 de noviembre de 1969, en la Conferencia Especializada Interamericana sobre Derechos Humanos, http://www.cidh.oas.org/basicos/basicos2. htm 20 de Enero de 2013.

Con base en la normatividad nacional e internacional, puede señalarse que la libertad de expresión debe prevalecer por encima de la intimidad de un mandatario, pues es de interés público conocer la salud de sus dirigentes. La libertad de expresión es un elemento indispensable para la formación de la opinión pública, es un derecho individual y social, es una condición necesaria para prevenir los sistemas autoritarios y para facilitar la autodeterminación personal y colectiva.[35]

Al respecto, en México existe la "Ley de Responsabilidad Civil para la Protección del Derecho a la Vida Privada, el Honor y la Propia Imagen en el Distrito Federal", que establece en su artículo 33: "Los servidores públicos tendrán limitado su derecho al honor, a la vida privada y a su propia imagen como consecuencia del ejercicio de sus funciones sometidas al escrutinio público."

Asimismo, el artículo 25 establece: "No se considerará que se causa daño al patrimonio moral cuando se emitan opiniones, ideas o juicios de valor sobre cualquier persona, siempre y cuando no se utilicen palabras, frases o expresiones insultantes por sí mismas, innecesarias para el ejercicio de la libertad de expresión. Las imputaciones de hechos o actos que se expresen con apego a la veracidad y sean de interés público, tampoco podrán ser motivo de afectación al patrimonio moral."

Conforme a la citada ley, se considera que la información que den los periodistas debe ser de interés público y no debe sobrepasar ciertos límites, esto es, no debe ir en contra de la reputación de persona alguna, aún y cuando ésta sea un personaje de la vida nacional o bien un servidor público, pues el derecho de información no debe ser totalitario, sino que debe tener como sustento dos condiciones: que la información sea de interés general o en beneficio de la sociedad democrática."[36]

Sin embargo, al ser una ley de carácter estatal, no se puede aplicar en un suceso relacionado con el Presidente de la República. Por tanto, sería necesario crear una ley con estos contenidos, pero de carácter federal. Con ello las opiniones, críticas o cuestionamientos que hicieran los informadores sobre funcionarios públicos, de carácter federal, estarían protegidas, sin dejar de considerar que los hechos o actos que expresen deben ser de interés público y con apego a la verdad.

Hay que puntualizar que los cuestionamientos de Carmen Aristegui

---

35 CASTILLA Juárez, Karlos A. *Libertad de Expresión y Derecho de Acceso a la Información en el Sistema Interamericano de Derechos Humanos*. Colección Sistema Interamericano de Derechos Humanos, Comisión Nacional de los Derechos Humanos, México, 2011, p.22.

36 Para este caso se cita la tesis aislada de Jurisprudencia, del Tribunal Colegiado de Circuito de la Suprema Corte de Justicia Federal, visible en la página 1067 del Semanario Judicial de la Federación y su Gaceta número XXXIII, mayo del 2011.

estuvieron apegados a la verdad, pues fueron expresados bajo el contexto de un hecho noticioso en San Lázaro que, entre otras cosas, señalaba un problema de alcoholismo en el Presidente de la República. Por otro lado, si lo transmitido por la periodista afectó al representante del Poder Ejecutivo, debe considerarse la responsabilidad civil, ahora expresamente mencionada en el Artículo 6° de la Constitución, como el derecho de réplica".[37]

Pero no hay como materializar éste derecho, cuando se trata de un medio como la radio, ya que la ley de imprenta, en su artículo 27, es la única que contempla a las rectificaciones o respuestas que las personas quieran hacer cuando se vean afectadas.

Aunado a lo anterior, la información que se solicitaba respecto de la autoridad federal es una información pública que no puede ser reservada, porque no existe ninguna ley que así lo establezca, por el contrario, sí está marcado un principio de máxima publicidad. Los comentarios de la periodista no pueden considerarse como ataque a la vida privada del mandatario, ya que como funcionario público tiene el deber de soportar un mayor nivel de crítica que el resto de la sociedad.

Aristegui simplemente expresó su opinión, absolutamente válida y legítima en una democracia constitucional, en el sentido de que, a su juicio, la Presidencia de la República debía hacer una declaración formal sobre el tema. Se debe tener claro que en una democracia, mientras más alta es la responsabilidad pública que se desempeña, mayor escrutinio público debe existir; por eso, debe asumirse que es de orden e interés público de primer nivel, discutir, saber y tener certeza sobre la salud del Presidente.

Conclusiones

Como se puede observar, una inadecuada regulación legal de las concesiones gubernamentales es un problema que genera discrecionalidad en las decisiones que deberían ser profundamente analizadas, además de que genera presión y censura gubernamental hacia los medios de comunicación.

Igualmente, se debe apuntar que la carencia de una normativa clara también crea que las decisiones tomadas por las autoridades carezcan de legitimidad y credibilidad ante la sociedad, y en particular ante las empresas que son afectadas por las medidas tomadas unilateralmente.

---

37 [TA]; 9a. Época; 1a. Sala; S.J.F. y su Gaceta; XXX, Diciembre de 2009; Pág. 283

Otra consecuencia de la falta de claridad en la regulación de las concesiones, es que se institucionalizan prácticas que fomentan la corrupción y que además son poco transparentes y equitativas, como son el establecimiento de negociaciones directas entre el empresario y los funcionarios responsables, sin que intervenga en ningún momento un organismo de control especializado y descentralizado.

El caso MVS - Gobierno Federal – Aristegui, es interesante porque expone precisamente todas las carencias de la legislación actual en la materia. Muestra de que modo las concesiones de los bienes nacionales, lejos de insertarse en un procedimiento claro, que vele el interés común, termina convirtiéndose en una herramienta política de presión y control.

Al hablar específicamente de la figura del rescate de una concesión, se debe apuntar que está contemplada en varias leyes federales, en las que además se incluyen supuestos para su aplicación. Sin embargo, esta normatividad es insuficiente, permitiendo que la figura se utilice de manera discrecional.

Tan sólo, de acuerdo con la ley, el único encargado de tomar la decisión sobre el rescate de una concesión es el titular de la Secretaría de Comunicaciones y Transportes, éste podrá ejecutar esta acción cuando su propio juicio se lo determine, solamente con una recomendación -no obligatoria- de la Cofetel.

Así, la ley no cuida en principio que el proceso de rescate de una concesión se realice de manera seria y profunda. Al dejar fuera de la decisión a la Cofetel, la ley prácticamente pone el tema en manos del Secretario del ramo, quien además fue nombrado directamente por el Presidente de la República, lo que no garantiza la imparcialidad de la decisión.

De esta manera, finalmente la acción de rescatar un bien nacional no responde a un análisis minucioso sobre el uso que se está haciendo de él, ni a estudios que reflejen la necesidad de hacerlo, sino que todo queda supeditado al juicio de un solo funcionario.

Cabe señalar que la ley es poco funcional en otros aspectos que son muy importantes para el funcionamiento adecuado de un procedimiento de rescate. Uno de ellos es la indemnización monetaria del empresario afectado, tema sobre el que ninguna ley se pronuncia.

Debe recordarse, acorde con los teóricos, la figura del rescate es una figura unilateral, necesaria dentro de la regulación de las concesiones gubernamentales y debe aplicarse principalmente en situaciones en las que sea necesario por un avance tecnológico, para promover la competencia o para proteger el interés de la nación.

Es de notarse que el problema del rescate de la banda de 2.5 GHz en México, no es un procedimiento extraño en las legislaciones modernas. Es evidente que si el Gobierno Federal tiene la capacidad de expropiar los bienes particulares, aún con más razón puede rescatar los bienes de la Nación. Entonces, el problema en este caso no es la figura utilizada, sino la poca transparencia en el momento de su aplicación, por lo que es necesario realizar los cambios adecuados.

Además, es evidente que el tema se relaciona directamente con la libertad de expresión y la pluralidad de la información, ya que la misma discrecionalidad de la decisión en el tema de las concesiones, permite que el gobierno en turno utilice estos mecanismos como una herramienta de presión y control hacia medios de comunicación e informadores, como se reflejó en el despido de la periodista Carmen Aristegui.

Este análisis muestra como el gobierno en vez de respetar y proteger al periodismo, como una de las principales formas de expresión, utiliza mecanismo sofisticados de control de la información, afectando la libertad de informar y el pluralismo, como un derecho que tienen los ciudadanos a escuchar todas las voces existentes.

Es preocupante presenciar como una herramienta para explotar los bienes nacionales a favor de la sociedad, es utilizada por los altos funcionarios para acallar temas incómodos o controvertidos. Esta se suma a otros muchos factores que han convertido a México en uno de los países más complejos para ejercer el periodismo.

Sexenio con sexenio, el número de informadores amenazados, reprimidos y muertos, ha ido en aumento, llevando a organismos internacionales a externar su preocupación por la falta de condiciones en el país para ejercer la profesión informativa.

Si se pretende empezar a cambiar esta situación, un primer paso es eliminar la discrecionalidad, la falta de transparencia y claridad en los procesos desde la legislación, la cual debe reformarse y ampliarse para garantizar que este procedimiento no sea utilizado nuevamente de manera inadecuada.

Referencias bibliográficas

Referencias periodísticas

CALAFELL, Jorge Enrique. 1996, *Teoría general de la concesión*, Jurídicas, Anuario del Departamento de Derecho de la Universidad Iberoamericana, Número 26, 1996, ISSN 1405-0935, disponible en: http://www.juridicas.unam.mx/publica/librev/rev/jurid/cont/26/pr/pr19.pdf

CARPINTEYRO, Purificación. *Conflicto entre MVS y Televisa: enemigos y competidores*, Contracorriente, 12 Marzo de 2012. Disponible en: http://www.educacioncontracorriente.org/index.php?option=com_content&view=article&id=42703%3Aconflicto-entre-mvs-y-televisa-enemigos-y-competidores&catid=16%3Anoticias&Itemid=31

CNN México, comunicado 7 de Febrero de 2011, visto en: http://www.youtube.com/watch?v=3SS1Ji2WKU4 10 de junio de 2012.

DE LA FUENTE Alonso, Alejandro. Artículo *La naturaleza jurídica de la concesión administrativa*, Instituto de Estudios de Justicia Fiscal y Administrativa, Revista Nùm.4, Año II, 2010, disponible en: http://www.tfjfa.gob.mx/investigaciones/pdf/REVISTAPRAXISNUMERO4.pdf

JPS. *Denuncian asesinato de 37 periodistas en Latinoamérica en 2012*. Comunicado de Prensa CGCP/206/10, 27 de julio de 2010 http://www.cronica.com.mx/nota.php?id_nota=692474. 17 Octubre 2012.

RAMOS, Jorge y ALONSO, Ramiro. *Crecen acusaciones sobre el caso MVS*. El Universal. Publicado el 23 de agosto del 2012. Consultado el 6 de enero del 2013 en: http://mx.noticias.yahoo.com/crecen-acusaciones-caso-mvs-050138296.html

LOZANO, Javier. ADN político, Lozano revira: *MVS chantajeó usando a Aristegui como moneda*, disponible en: /http://www.adnpolitico.com/2012/2012/08/15/sct-responde-a-mvs-no-ha-habido-chantaje, 15 de Agosto de 2012.

Reforma, MVS y Gobierno Federal se acusan mutuamente de chantaje, 16 de Agosto de 2012, visto en: http://economia.terra.com.mx/noticias/noticia.aspx?idNoticia=201208161306_REF_81501299

SIGLER, Edgar. *MVS vs Gobierno: una pelea sin reglas*, CNN Expansión. Publicado el 20 de agosto de 2012. Consultado el 10 de enero del 2013 en: http://www.cnnexpansion.com/negocios/2012/08/17/mvs-vs-gobierno-una-pelea-sin-reglas

TREJO DELARBRE, Raúl. *MVS, Televisa y la banda de 2.5 GHz*. Publicado en

Mediatelecom. Consultado el 15 de diciembre del 2012 en

http://sociedad.wordpress.com/2012/03/08/mvs-televisa-y-la-banda-de-2-5-GHz

VILLAMIL, Jenaro. *Medios, política y diversidad,* acerca del Boletín de la ONU, 21 de Febrero 2011. Disponible en: http://jenarovillamil.wordpress.com/2011/02/21/relator-de-la-onu-saluda-el-regreso-de-carmen-aristegui-a-mvs/

Bibliografía

ALVEAR ACEVEDO, Carlos. *Breve historia del periodismo.* México, JUS, 1982.

BALDIVIA URDIDINEA, José. *La formación de los periodistas en América Latina: México, Chile y Costa Rica,* México, Ceestem, 1981.

CARPIZO, Jorge. *Derecho a la Información y Derechos Humanos,* México, UNAM, 2000.

CASTILLA JUÁREZ, Karlos A. *Libertad de Expresión y Derecho de Acceso a la Información en el Sistema Interamericano de Derechos Humanos,* México, Colección Sistema Interamericano de Derechos Humanos, Comisión Nacional de los Derechos Humanos, México, 2011.

DESANTES GUANTER, José María. *Fundamentos del Derecho de la Información,* Madrid, Confederación Española de Cajas de Ahorro, 1977.

DESANTES GUANTER, José María. *La información como deber,* Buenos Aires, Edit. Abaco de Rodolfo Depalma, Colección de la Facultad de Ciencias de la Información, 1994.

RODRÍGUEZ VILLAFAÑE, Miguel Julio y VILLANUEVA, Ernesto. *Compromiso con la libertad de expresión, análisis y alcances,* México, Fundalex, 2010.

Telecom. *Las telecomunicaciones en el desarrollo de México,* México, 1994.

TORO, Olivera. *Manual del Derecho Administrativo.* México, Porrúa. 4ª edición, 1976.

Referencias Jurisprudenciales

[TA]; 9a. Época; T.C.C.; S.J.F. y su Gaceta; XXXIII, Mayo de 2011; Pág. 1067

[TA]; 9a. Época; 1a. Sala; S.J.F. y su Gaceta; XXXI, Marzo de 2010; Pág. 928

[TA]; 9a. Época; 1a. Sala; S.J.F. y su Gaceta; XXX, Diciembre de 2009; Pág. 283

Tesis P/J 68/2007.   Jurisprudencia Constitucional Administrativa. Semanario Judicial de la Federación y su Gaceta. ; Tomo XXVI, Diciembre de 2007; Pág. 972

Tesis Aislada; 2a. Sala. Semanario Judicial de la Federación y su Gaceta .5a. Época; Tomo CXXVIII; Pág. 225

Referencias normativas

Constitución Política de los Estados Unidos Mexicanos, Cámara de Diputados del H. Congreso de la Unión, última reforma DOF 30-11-2012, http://www.diputados.gob.mx/LeyesBiblio/pdf/1.pdf

Ley de Vías Generales de Comunicación, Cámara de Diputados del H. Congreso de la Unión, última reforma DOF 09-04-2012, http://www.diputados.gob.mx/LeyesBiblio/pdf/73.pdf

Ley Federal de Telecomunicaciones, última reforma DOF 16-01-2013, http://www.diputados.gob.mx/LeyesBiblio/pdf/118.pdf

Reglamento de Telecomunicaciones, última reforma DOF Lunes 29 de Octubre de 1990, http://www.cofetel.gob.mx/es/Cofetel_2008/Cofe_reglamento_de_telecomunicaciones

Reglamento de la Comisión Federal de Telecomunicaciones, http://www.cft.gob.mx/work/models/Cofetel_2008/Resource/6479/ReglamentoInternoCofetelv221105.pdf

Ley General de Bienes Nacionales, Cámara de Diputados del H. Congreso de la unión, Última Reforma DOF 16-01-2012, http://www.diputados.gob.mx/LeyesBiblio/pdf/267.pdf

Ley Federal de Radio y Televisión, cámara de diputados del H. congreso de la unión, Última Reforma DOF 09-04-2012, http://www.diputados.gob.mx/LeyesBiblio/pdf/114.pdf

Referencias emitidas por Organismos de Derechos Humanos:

OCDE (2012), Review of Telecommunication Policy and Regulation in Mexico, Estudio de la OCDE sobre políticas y regulación de telecomunicaciones en México, Traducción: Guadalupe Becerra Perusquía, Revisión técnica: Comisión Federal de Telecomunicaciones de México, Edición: Solar, Centro de la OCDE en México para América Latina, Publishing. http://dx.doi.org/10.1787/9789264166790-es

OACNUDH – México, Diagnóstico sobre la situación de los derechos humanos en México. Página 46, Derechos Civiles. Que a su vez cita a la Declaración de Principios sobre la Libertad de Expresión.

Informe Anual de la Oficina del Relator Especial para la Libertad de Expresión, 2004, OEA, CIDH, Relatoría Especial para la Libertad de Expresión, disponible en: http://www.oas.org/es/cidh/expresion/showarticle.asp?artID=459&lID=2

Relatoría especial para la Libertad de Expresión, Comisión Interamericana de Derechos Humanos; Comunicado de Prensa PREN/89(03

Relatoría Especial para la Libertad de Expresión de la Comisión Interamericana de Derechos Humanos y Relatoría Especial de las Naciones Unidas para la Libertad de Opinión y Expresión, "Visita Oficial Conjunta a México, Observaciones Preliminares", 24 de agosto de 2010, disponible en: http://cidh.org/relatoria/ShowDocument.asp?DocumentID

Relatoría Especial para la Libertad de Expresión – CIDH. 8 de julio de 2010. Relatoría Especial para la Libertad de Expresión pide a México investigar con diligencia asesinato de periodista en Michoacán. Comunicado No. R67/10. Disponible en: http://www.cidh.oas.org/relatoria/showarticle.asp?artID=804&lID=2

CIDH, Relatoría Especial para la Libertad de Expresión. Marco jurídico interamericano sobre el derecho a la libertad de expresión. OEA/Ser.L/V/II CIDH/RELE/ INF. 2/09. 30 de diciembre de 2009, párr. 8. Disponible en: http://www.cidh.org/ pdf%20files/Marco%20Juridico%20Interamericano%20estandares.pdf

Comisión Interamericana de Derechos Humanos, Convención Americana sobre Derechos Humanos, San José de Costa Rica el 22 de noviembre de 1969, en la Conferencia Especializada Interamericana sobre Derechos Humanos, 20 de enero de 2013: http://www.cidh.oas.org/basicos/basicos2.htm

CNDH, Recomendación General 17 del 19 de agosto de 2009.

Capítulo VIII

Uso de nuevas tecnologías en la protección de datos personales, caso de la cédula de identidad personal

Ananí Bravo Sosa

Uso de nuevas tecnologías en la protección de datos personales, caso de la cédula de identidad personal

Ananí Bravo Sosa

Resumen

En el presente artículo abordará el uso de las nuevas tecnologías en la protección de datos personales, específicamente el caso de la Cédula de Identidad Personal, documento que ha sido emitido por el gobierno mexicano para acreditar la identidad de los menores entre 4 y 17 años.

La Secretaría de Gobernación, dependencia encargada de la recopilación de los datos personales de los menores y la emisión de la credencial, ha tomado medidas para el resguardo de los datos personales de los menores empadronados, estas tienen varios niveles, ellos serán descritos y analizados.

Abstract

This article will discuss the use of new technologies in the protection of personal data, specifically for Personal Identity Card, a document that has been issued by the Mexican government to establish the identity of children aged 4 to 17 years.

The Interior Ministry unit responsible for the collection of personal data of minors and the issuance of the credential, has taken steps to safeguarding the personal information of children enrolled, these measures have several levels, which will be described and analyzed in this trial.

Sumario

Introducción. 1. El discurso del miedo: la Cédula de Identidad y Protección de Datos Personales. 2. Elementos de Seguridad en la Cédula de Identidad. 3. Tecnologías para el Resguardo de Datos Personales. Conclusiones. Referencias Bibliográficas.

Introducción

Luego del atentado del S-11 en Estados Unidos, el tema de la seguridad es una de las preocupaciones principales a nivel mundial, ello no solo se pone de manifiesto en los aeropuertos internacionales, donde los filtros son interminables, minuciosos y molestos, sino incluso en la vida cotidiana.

En México, por ejemplo, durante el sexenio del Presidente Felipe Calderón de 2006 al 2012, el combate al narcotráfico estuvo acompañado de un discurso que apelaba la idea que para combatir a los grupos del crimen organizado era necesario enfrentarlos, usando su mismo lenguaje, el de la violencia y en consecuencia lógica habría que pagarse una cuota de sangre.

La violencia y el miedo no sólo se apoderaron de las pantallas y los titulares de los medios impresos, sino que descendieron su nivel de repercusión de un plano nacional a otro más personal, que llegó hasta el seno mismo de las familias mexicanas y se instaló al lado de sus hijos menores que podrían ser sustraídos de sus hogares, objeto de robo de identidad, sometidos a trata o cautivados por los grupos del crimen organizado.

Ante ello y por presiones internacionales, el gobierno de mexicano creó la Cédula de Identidad Personal (Registro de Menores de Edad), para menores entre 4 y 17 años. Francisco Blake Mora, entonces titular de la Secretaría de Gobernación, explicó: "el esfuerzo por contar con una Cédula de Identidad se centra en cumplir los compromisos contraídos con la Organización de Naciones Unidas (ONU) y de la Organización de Estados Americanos (OEA) por el derecho a la identidad".[1]

De ahí que los títulos y cuerpos de las noticias irían en ese sentido:

- "Cédula ayudará a lucha de delitos contra niños".[2]
- "Levantadas, más de un millón de Cédulas de Identidad: Blake. La cédula es única, libre de duplicados y ofrece garantía de seguridad a los menores de edad".[3]
- "Rocío Barrera. La huella biométrica evitará robo de identidad".[4]
- "Esta cédula, no es obligatoria, sin embargo destacaron los beneficios, pues además de dotar de un documento de identidad a los menores, implica un registro

---

1 REDACCIÓN. *Levantadas, más de un millón de Cédulas de Identidad: Blake*. Informador.com.mx publicada el 14 de junio de 2011: http://www.informador.com.mx/mexico/2011/299874/1/levantadas-mas-de-un-millon-de-cedulas-de-identidad-blake.htm
2 PARRA, Edith. *Cédula ayudará a lucha de delitos contra niños*. El Universal, México DF. 8 de septiembre de 2010, p. 10.
3 Op. Cit. *Levantadas, más de un millón de Cédulas de Identidad: Blake*.
4 GUTIÉRREZ, Carlos. *La huella biométrica evitará robo de identidad*. Milenio, México. 17 de enero de 2011, p. 36.

a través del cual se evitará el robo de identidad, y otros delitos graves como la trata de personas y el robo de infantes".[5]

- "Hay miles de niños mexicanos que emigran a Estados Unidos; muchos van a reunirse con sus padres. Para protegerlos e identificarlos es fundamental dotarlos de una cédula de identidad, así lo expuso ayer Graciela García Bringas, consejera de la organización Causa Común".[6]

El hecho que los niños sean objeto de conductas ilícitas y por tanto objeto de protección especial, no es un concepto nuevo pues de unos años hacia acá ha estado en boga esta medida a nivel internacional[7] y México la ha adoptado.[8] Todas estas medidas abonan en el terreno de la defensa de los sujetos vulnerables y de ninguna manera parecen perjudiciales o violatorias de sus derechos.

1. El discurso del miedo: Cédula de Identidad y Protección de Datos Personales

Sin embargo, como se puede constatar en los títulos de las noticias ya expuestos, la necesidad de la Cédula de Identidad Personal va ligada a un tipo de discurso que en *El Orden del discurso*, Foucault señala como el discurso verdadero, aquel que provoca respeto y temor, que demanda sometimiento, que profetiza el porvenir, que arrastra a los hombres a su realización y los engarza a su destino, porque es pronunciado por quien tiene el derecho de hacerlo. El discurso verdadero tiene en la ciencia uno de sus soportes, a la que usa a modo de comprobación y es desde el discurso, donde se percibe el ejercicio del control.[9]

El discurso verdadero busca su razón de ser en la amenaza difusa y caótica, aquella que no vemos, pero que está latente, ella se utiliza como excusa para conseguir que se acepten políticas de vigilancia masiva. La Cédula de Identidad Personal se engancha en la llamada política del miedo, lo que José Alcántara en La sociedad de control define como:

---

5 REDACCIÓN. *Entrega secretario de gobernación cédulas de identidad personal en Morelos.* Zona Centro Noticias, publicada martes 3 de marzo de 2012. http://zonacentronoticias.com/2012/03/entrega-secretario-de-gobernacion-cedulas-de-identidad...

6 REDACCIÓN. *Plantea dar a niños la cédula de identidad.* Excélsior, México. DF 15 de octubre de 2011, p. 6.

7 ONU. Convención sobre los derechos del niño EUA, 20 de noviembre de 1989. Aprobación del Senado: 19 de junio de 1990, según decreto publicado en el Diario Oficial de la Federación el martes 31 de julio de 1990. Unidad de Enlace para la Transparencia, SCJN. *Compilación de normas y criterios en materia de transparencia, acceso a la información pública y protección de datos personales de la Suprema Corte de Justicia de la Nación.* México 2012. Octava Edición, p.35.

8 LEY para la protección de los derechos de niñas, niños y adolescentes. Diario Oficial de la Federación, Primera Sección, lunes 29 de mayo de 2000. Unidad de Enlace para la Transparencia, SCJN. *Compilación de normas y criterios en materia de transparencia, acceso a la información pública y protección de datos personales de la Suprema Corte de Justicia de la Nación.* México 2012. Octava Edición, p. 89.

9 FOUCAUL, Michel. *El Orden del Discurso.* Letra e, Buenos Aires, 1992, pp 9, 11, 41 y 42, Versión PDF.

Una nueva manera de entender la política en la cual los discursos políticos no enfatizan las promesas de un futuro mejor, sino que abundan en profetizar el catastrofismo derivado de no obedecer al pie de la letra lo que nos está ordenando el político de turno... la política del miedo recurre a la seguridad (generalmente la seguridad nacional) para obtener el apoyo incondicional de la ciudadanía a una serie de medidas políticas que de otra forma no serían respaldadas.[10]

Emerge el peor escenario para demandar[11] la adopción de medidas a favor de la seguridad, bajo la amenaza se presiona a la ciudadanía para que acepte políticas que sustentadas en otro tipo de discurso no apoyaría, pues lesionan sus derechos y lo someten a una vigilancia estrecha e intrusiva de su intimidad.

El discurso, por más que en apariencia sea poca cosa, las prohibiciones que recaen sobre él, revelan muy pronto, rápidamente, su vinculación con el deseo y con el poder... el discurso no es simplemente aquello que traduce las luchas o los sistemas de dominación, sino aquello por lo que, y por medio de lo cual se lucha, aquel poder del que quiere uno adueñarse.[12]

El binomio miedo-seguridad tiene detrás un discurso más amplio, el de la vigilancia para el control. No se puede olvidar que la vigilancia existe y es una herramienta utilizada por todas las sociedades y gobiernos; logra mantener cierto orden social, pero su abuso propicia ejercicios menos afortunados como sucede en los regímenes dictatoriales. Las razones que dirigen el camino del discurso de control a la conducta de control, se sustentan en líneas de pensamiento como la conservación de religión, los valores sociales, los ideales políticos, enfrentar enemigos comunes que podrían ser otros estados o aquellos organizados en células, que son por tanto más peligrosos, de allí que la ciudadanía acepte una vigilancia más minuciosa,[13] como sinónimo de seguridad.

Es aquí donde entra el uso de la tecnología, se implementa en el nombre de la seguridad con el objetivo del control, allí se ubica la Cédula de Identidad como una medida precautoria e inhibidora de convertirse en el objeto de un delito, así lo expresa José Alcántara:

---

10 ALCÁNTARA, José F. *La sociedad de control, privacidad, propiedad intelectual y el futuro de la libertad.* Colección Planta 29, Primera edición septiembre 2008, El Cobre Ediciones, Barcelona, España. p. 46.

11 *PERLOCUCIÓN: efecto que produce el enunciado en el receptor, la reacción o consecuencia de lo que se ha dicho.* Publicado con el 15 de noviembre de 2012, consultado el 15 de enero de 2013. http://sociolinguisticapayan.blogspot.mx/ Cabe mencionar que este recurso es utilizado de manera frecuente por la publicidad.

12 Op.Cit. FOUCAULT, Michel. (1992) p. 6

13 Op. Cit. ALCÁNTARA, JF. *La Sociedad de control...* p. 45.

La idea de que para prevenir atentados «desde dentro», hace falta controlar qué hacen los ciudadanos del propio país, gana cada vez más adeptos entre los dirigentes políticos de todo el mundo.[14]

La desconfianza que la ciencia provocó durante la posguerra, cuando se puso al descubierto que sus alcances podría ser letales para la humanidad, ha sido olvidada por las generaciones posteriores que ahora la reconocen como un metalenguaje, una nueva episteme,[15] un nuevo discurso, donde todo lo que es tocado por el avance científico aplicado a tecnología es sinónimo de seguridad y vanguardia.[16]

La emancipación del hombre, fundamentada en la razón pasa a estar seriamente amenazada por la racionalización tecnocrática. Efectivamente la tecnología para Lyotard juega un papel muy importante en el cambio de episteme…concede una atención particular a las computadoras, que permiten "la informatización de la sociedad", lo que se convierte en otro factor de control. Por decirlo de alguna manera el medio se transforma en el soporte "legitimizador" del enunciado.

La sociedad de la información se pone en sintonía en el uso de las nuevas tecnologías para campos de la vida que anteriormente obligaban al contacto humano; el pago de impuestos; trámites gubernamentales de cualquier índole ahora se pueden realizar desde la comodidad de la casa, están a un *click* de distancia, claro si se cuenta con los elementos que permiten la simplificación de esas actividades. La tecnología es un potenciador de las conductas humanas, tanto las lícitas como las que no lo son. Ante ello es necesario allegarse de elementos que puedan servir como escudos ante los posibles ataques que se han multiplicado.

El paradigma social se ha modificado, lo analógico ha dado paso a lo digital y se adentra en varios campos de la vida en sociedad, entre ellos el sistema de identificación. La Cédula de Identidad Personal[17] es la respuesta que el gobierno mexicano da a una amenaza que pasa del plano internacional, al nacional y luego

---

14 Ídem. p.51.

15 GONZÁLEZ, Juan Carlos y CHÁVEZ, Ricardo, *Reflexiones en torno al sistema nacional de la posmodernidad.* UMSNH. Revista Ideosema, número 3, volumen 4, 2004, UMSN, México. p.86,67

16 Sirva de ejemplo, sobre la importancia que la sociedad da todo lo que esté tocado por la tecnología el suceso del 5 y 6 de septiembre de 2012, donde se informaba a través de las redes sociales sobre supuestos ataques a comercios en el Estado de México a manos de la delincuencia organizada, ello provoco pánico social. Al respecto Carlos Rojas, doctor en sociología de la UNAM, indicó que el hueco que dejan los medios oficiales es ocupado por las redes sociales aunque no siempre proporcionen datos exactos "Si bien Internet no siempre tiene la confiabilidad que se requiere, cuando hay ambiente de duda mucha gente puede tomar como ciertos esos datos" Agregó que cuando en el imaginario colectivo está muy presente la idea de la violencia y la muerte, los conflictos pequeños pueden desembocar en estados de incertidumbre social. CAMACHO, Fernando y ARELLANO César, *La histeria colectiva, por desconfianza en medios oficiales y autoridades: expertos.* En La Jornada, México DF a 8 de septiembre 2012, pág. 4.

17 En adelante también puede llamarse a la Cédula de Identidad Personal por sus siglas CIP o Cédula para menores.

al familiar, con la promesa de que la fuerza del Estado hará preservar el orden y mantendrá alejados a los maleantes de los hijos de los mexicanos.

Ante la multitud de documentos que se usan para acreditar la identidad, en 1996[18] se buscó la simplificación mediante la expedición de la Cédula de Identidad Ciudadana, a fin de establecer el Registro Nacional de Ciudadanos. Más adelante, el 23 de enero de 1998, siendo Emilio Chuyaffet Secretario de Gobernación, se publicó la Ley de Nacionalidad,[19] donde se reconoce a la Cédula de Identidad como un documento probatorio de la nacionalidad.

Luego de una década, el proyecto de la Cédula de Identidad fue retomado por el Presidente Felipe Calderón mediante el Acuerdo Nacional por la Seguridad, la Justicia y la Legalidad, como parte de la estrategia gubernamental en materia de identificación ciudadana,[20] pero por la cercanía del proceso electoral del 2012 y ante el impedimento de sustituir la Credencial de Elector por la Cédula de Identidad Ciudadana, porque podría inhibir de manera importante el registro de los ciudadanos en el Padrón Electoral, y por ende se desactualizarlo, se decidió iniciar con el proyecto de la Cédula de Identidad Personal (CIP) documento emitido para niños entre 4 y 17 años de edad, como un primer paso hacia el establecimiento del Sistema Nacional de Identificación Personal.

La autoridad competente para la expedición del nuevo documento, según lo establece la Ley General de Población,[21] es la Secretaría de Gobernación (SEGOB) mediante el Registro Nacional de Población (RENAPO). Este organismo realiza entre otras funciones la asignación de la Clave Única de Registro de Población (CURP) y establece las normas y procedimientos para la identificación de los ciudadanos y los menores.[22]

Cabe mencionar que no existe una definición de lo que se debe entender por Cédula de Identidad Personal, ni en la citada Ley, ni en sitio web del RENAPO, en este último sólo se establece la función de la Cédula, que es para los mexicanos mayores de 18 años.

---

18 El 23 de enero de 1996, siendo Emilio Chuyaffet consejero presidente del IFE se discutió el proyecto de Acuerdo por el cual se instruía a la Dirección Ejecutiva del Registro Federal de Electores para que en el seno de la comisión de vigilancia se integrará un grupo de trabajo para coadyuvar con el Registro Nacional de Población de la SEGOB en el análisis relativo a la integración del Registro Nacional de Ciudadanos y la expedición de la Cédula de Identidad Ciudadana. http://www2.ife.org.mx/documentos/CONS-GEN/actas/230196a.htm

19 LEY de Nacionalidad. Diario Oficial de la Federación, Texto vigente al 23 de marzo de 2012. Artículo 3, fracción V.

20 REDACCIÓN. *El Acuerdo Nacional por la Seguridad, la Justicia y la Legalidad*. El Universal, México, 24 de marzo de 2011. http://www.eluniversal.com.mx/notas/532069.html

21 LEY General de Población. Diario Oficial de la Federación, Capítulo VI, Registro Nacional de Población, Arts. 85, 86 y 87, publicada el 7 de enero de 1974, última reforma publicada el 25 de mayo de 2011.

22 Entre las funciones del RENAPO está: Expedir la Cédula de Identidad Ciudadana y el Documento de Identificación Personal para menores de 18 años. DOF, Ley General de Población. Op. Cit. Art. 87.

La CEDI proporciona la identidad biométrica de cada mexicano y es garantía legal y práctica de la identidad y personalidad jurídica. El objetivo de la CEDI es garantizar el derecho a la identidad, para facilitar a la población el ejercicio de sus derechos y el cumplimiento de sus obligaciones. El proceso de expedición de la CEDI requiere ligar la identidad jurídica con la información biométrica de cada persona, utilizando como llave la Clave Única del Registro de Población CURP. [23]

Con esta omisión de la definición de un documento que será punta par el Sistema Nacional de Identificación o CEDI, se contravinieron los propósitos fijados en el Plan Nacional de Desarrollo del Presidente Felipe Calderón Hinojosa, cuando en el Eje 1; bajo el título de Estado de Derecho y Seguridad, se señala que la vigencia del Estado de Derecho depende de la confianza de la ciudadanía en su gobierno y en las leyes que lo rigen, para lo que es indispensable la actuación íntegra y transparente de la autoridad que tiene entre otras obligaciones la promoción y adecuación de los marcos legales que respondan a la realidad.

La sociedad mexicana quiere leyes modernas suficientes y claras, que normen todos los ámbitos de la vida nacional. Ante la falta de claridad de lo que deberá entenderse como Cédula de Identidad Personal o Documento de Identificación Personal para Menores, no se cuenta con bases sólidas para sostener lo que pretende ser un documento que ponga orden en el sistema de identificación.

Con todo, en enero del 2011 la SEGOB puso en marcha la credencialización de los menores,[24] para ello por decreto presidencial se modificaron y adicionaron algunas disposiciones del Reglamento Nacional de la Ley General de Población,[25] para que el nuevo documento se integrará con los datos de identidad jurídica de los menores, tales como el Acta de Nacimiento o Carta de Naturalización, su identidad física a través del registro de las diez huellas dactilares, fotografía del iris de ambos ojos y fotografía del rostro, todas ellas vinculadas a través de la Clave Única de Registro de Población (CURP).

Al conocer los datos que integraría la CIP, legisladores cayeron en la cuenta que este documento estaría integrado por los llamados datos personales, lo que planteaba otro reto para la protección de éstos, pues la información que se obtiene de una sola persona para la integración de la Cédula de Identidad Personal, va más allá del solo hecho de demostrar la identidad y parecería ser un rasgo de un estado policiaco.

---

23 http://www.renapo.gob.mx/html/InfoGral.html
24 REDACCIÓN. *Inicia hoy en seis entidades la expedición de la cédula de identidad de Menores.* La Jornada, 24 de enero de 2011, p. 13.
25 Los incisos i) del Art. 47; el inciso g) del artículo 54; los artículos 59, 62 y 63; se adicionó un párrafo al artículo 52; de ellos cabe destacar que los que se relacionan directamente a la CIP son los artículos 52, 54 y 62.

Son muchos los datos de carácter personal y doce de ellos biométricos,[26] por ello intentaron frenar su expedición mediante una controversia constitucional contra el decreto por el que se reforman y adicionan diversas disposiciones del Reglamento de la Ley General de Población, emitido por el jefe del Ejecutivo y publicado en el Diario Oficial de la Federación el 19 de enero de 2011.

En la demanda referida, el presidente de la Cámara de Diputados, el priista Jorge Carlos Ramírez Marín sostiene que hay seis conceptos de invalidez institucional, porque se viola lo dispuesto por los Artículos 6, fracción II, 14, 16, 36, 49, 73 y 89 de la Constitución Política de los Estados Unidos Mexicanos, muestra que el Ejecutivo federal se extralimita al normar cuestiones que son exclusivas del Congreso de la Unión y violenta el derecho de protección de datos personales, al no respetar los principios de reserva y estricta sujeción a la norma. La controversia pretendía dar margen para el análisis de la base legal, en garantía de la seguridad de los datos personales de los menores.[27]

La Suprema Corte de Justicia de la Nación dio entrada a la controversia con el expediente 29/2011, promovida por la Cámara de Diputados, pero la desechó alegando improcedencia, consistente en la falta de legitimación procesal activa del Presidente de la Mesa Directiva de la Cámara de Diputados para promoverla en representación del órgano legislativo, los motivos se exponen en el Recurso de Reclamación 18/2011-CA. Este revés legislativo deja en la indefensión a los menores entre 4 y 17 años, candidatos a obtener la Cédula de Identidad Ciudadana, pues toda la información que en ella aparece es sujeta de protección específica.

Protección de Datos Personales

Los datos recabados para la integración de la CIP tienen información personal de distintas características, entre ellas datos biográficos, biométricos, incluso sensibles. La Ley de Protección de Datos Personales en Posesión de Particulares (LPDPPP) del 5 de julio de 2010, en su artículo 3°, fracción V y VI establece las siguientes definiciones que resultan útiles:

V.- Datos personales: Cualquier información concerniente a una persona física identificada o identificable.

VI. Datos personales sensibles: Aquellos datos personales que afecten a la esfera más íntima de su titular, o cuya utilización indebida pueda dar origen a discriminación o

---

26 Las diez huellas dactilares y el registro del iris de ambos ojos.

27 FRANCO, Luciano. *Presentan controversia constitucional contra la cédula de identidad para menores*. La Crónica de Hoy, 4 de marzo de 2011, consultada el 16 de enero de 2013. http://www.cronica.com.mx/nota.php?id_nota=564136

conlleve un riesgo grave para éste. En particular, se consideran sensibles aquellos que puedan revelar aspectos como origen racial o étnico, estado de salud presente y futura, información genética, creencias religiosas, filosóficas y morales, afiliación sindical, opiniones políticas y preferencia sexual.

Los datos biográficos son aquellos que se integran con el nombre, apellidos, fecha y lugar de nacimiento, y la CURP; mientras que los datos sensibles como menciona la LPDPPP son íntimos, personalísimos, pues el conocimiento de ellos por terceros y su uso indebido da lugar a una afectación del titular.

Otra de las carencias que la citada ley es que no aporta una definición sobre datos biométricos,[28] la siguiente se toma del *Diccionario de Derecho de la Información, Tomo I.*

Datos personales relativos a propiedades biológicas, características fisiológicas rasgos de la personalidad que identifican inequívocamente a la persona a la que se refieren y que pueden obtenerse directamente de esta o a través de una información que le identifica o permite identificarle. Es decir, se trata de datos que permiten identificar al titular o interesado y verificar dicha identidad puesto que se trata de datos unívocos e inequívocos.[29]

La biometría es una rama de la biología que estudia y mide los datos que proceden de los seres vivos; estos son tratados con diversas finalidades por ello también se agrupan como una especialidad del área jurídica. El principal uso de los datos biométricos está relacionado a la comprobación y reconocimiento de la identidad, mediante el uso de parámetros de medición de reconocimiento automatizado o biometría informática, que establece coincidencias en las características biológicas, anatómicas y fisiológicas del individuo.

El uso de la biometría para la identificación fue analizado en 2007 por *El Grupo de Trabajo del Artículo 29 de la Directiva 95/46/CE.*[30] En su resolución se reconoce que los datos biométricos pueden obtenerse de manera directa mediante la fotografía del rostro, del iris del ojo del individuo o por la información que deja como rastro lo que permite su identificación. En 2003 la misma entidad internacional reconoció que los datos biométricos constan de dos elementos: los universales, que se encuentran en todas las personas; y los únicos, aquellos distintivos de cada persona y de carácter permanente.

---

28 En la actualidad muchas de las empresas privadas y entidades públicas han establecido en las credenciales de sus empleados elementos biométricos, algunos de ellos recabados sin su consentimiento.

29 VILLANUEVA, Ernesto (Coordinador). *Diccionario de Derecho de la Información.* Tomo I, Tercera Edición, corregida y aumentada. México, Miguel Ángel Porrúa, 2001, p.333.

30 Ibídem, pág. 334

José Alcántara en *La Sociedad de Control* distingue otras características a las que llama: biometría estática y biometría dinámica; la primera se refiere a los parámetros anatómicos de las personas y la segunda está ligada con su comportamiento.

En la biometría estática destacan las huellas digitales, la geometría de la mano, la disposición de las venas, la termografía, el iris, la retina y el reconocimiento facial.

La biometría dinámica es aquella que mide el comportamiento, el patrón de voz, la firma manuscrita, la cadencia en el tecleo, el paso y el análisis gestual.[31]

Para que los datos sean válidos deben cumplir con el requisito de invariabilidad, por lo menos durante un tiempo que permita su medición, ser de buena calidad, unívocos y ser producto de un tratamiento adecuado, apegado a la ley.

El mismo autor señala que el proceso de identificación biométrica consta de cinco pasos:

• Un sensor recoge y digitaliza los datos,

• Los algoritmos de proceso de los datos,

• Un dispositivo de almacenamiento,

• Identificación del algoritmo de coincidencia que compara la información adquirida con la almacenada,

• La toma de decisiones en base a las respuestas obtenidas del estudio de coincidencias.

La biometría se ha convertido en un popular método de identificación que apoyado en la confianza del usuario ha logrado establecerse como sinónimo de seguridad.

Frecuentemente se olvida que un alto grado de concentración de la información en dispositivos identificados, los hace más vulnerables, porque un acceso no autorizado pone en peligro las bases de datos. Por ello se entiende que

---

31 Op. Cit. Alcántara José, 2008, p. 100 y 101.

la implantación de esos sistemas de identificación está inclinada hacia el control, más que a la seguridad.

En sentido inverso a lo que se presenta como una ventaja que abona en el campo de la seguridad, se convierte en una preocupación para la privacidad del individuo. Los sistemas de identificación biométrica tienen dos caras: una, la mejor, que hace referencia a la protección de la persona, la seguridad de su integridad física y de sus transacciones; la otra, la que oculta, el latente ataque a la privacidad y por ende a la dignidad del ser humano.

Toda información biométrica tratada, afecta la intimidad, lesiona el anonimato, por ello es necesaria una defensa no contra el uso de la tecnología, sino con un marco legal que especifique los casos en que sí es pertinente, necesario y válido el uso de los datos biométricos y en qué situaciones no lo es. El objetivo es asegurarse que su uso sea excepcional y el riesgo que se acepta al ceder la información personal es proporcionalmente menor al beneficio que se obtendrá, porque la tendencia del uso de estas tecnologías es a la alza.

2. Elementos de seguridad en la Cédula de Identidad

El discurso de la llamada posmodernidad se sustenta en varios supuestos semánticos, entre ellos el de que la tecnología es infalible: "las máquinas nunca se equivocan", decía un instructor de computación, por ello la mayoría no considera descabellado cifrar una confianza absoluta en ellas, son los nuevos íconos de veneración.

Tomar medidas de seguridad equivale a obtener una sensación de tranquilidad, de prevención, una especie de escudo protector para mantenerse alejado de los peligros; además cumplen con el objetivo de ahuyentar a los posibles delincuentes, por ello son aparatosas como las que se aplican en los aeropuertos, limitan los movimientos de los ciudadanos y trastocan sus actividades habituales. Tómese el modelo de patrullaje del Ejército por las calles de los estados afectados por la violencia en México, es más una medida de disuasión, que una real de seguridad, esta implicaría una actuación reservada de las fuerzas armadas, pero certera como de estrategia militar.

Las funciones principales del ejercicio del Estado son: la administración, la seguridad[32] y el orden público; tal como lo sostiene Max Weber en *El Político y el Científico*, el Estado tienen en sus manos el monopolio del ejercicio legítimo de la

---

32 El Artículo 21 de la Constitución Política de los Estados Unidos Mexicanos lo contempla de esa manera.

violencia. En un primer momento esta actividad busca garantizar las condiciones necesarias para la convivencia pacífica y la creación de una vida política organizada. Sin embargo, ello incide directamente en los derechos y libertades de los ciudadanos.

En su oportunidad, Francisco Blake Mora,[33] titular de la Secretaría de Gobernación en febrero de 2011 indicó que la existencia del nuevo documento de identificación era una prioridad para el gobierno mexicano, no una opción de política pública, sino una obligación irrenunciable establecida en el artículo 4 constitucional que señala:

> *En todas las decisiones y actuaciones del Estado se velará y cumplirá con el principio del interés superior de la niñez, garantizando de manera plena sus derechos...*
>
> *El Estado otorgará facilidades a los particulares para que coadyuven al cumplimiento de los derechos de la niñez.*

Para cumplir con esa misión, la Secretaría de Gobernación publicó una licitación pública internacional para la adquisición de dos mil kits o unidades en equipo especializado para la obtención de información biométrica y con esta información emitir la nueva credencial para la acreditación de la identidad.

Descripción

La Cédula de Identidad es creada con la aplicación de tecnología de punta para los documentos de su clase, contiene candados integrados para evitar su falsificación, duplicación o superposición de información.

En ella se distinguen tres niveles de seguridad: el primero comprende los elementos físicos, porque se observan a simple vista.

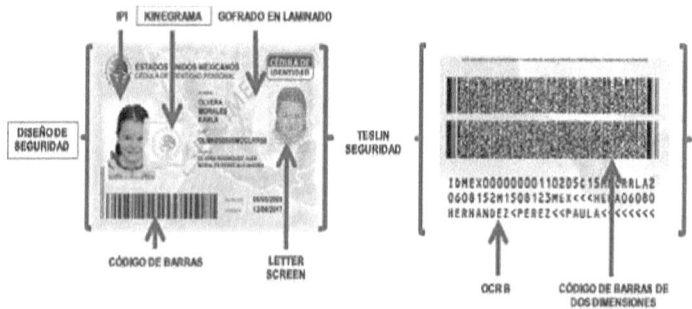

---

33 CALDERÓN, Javier y RUIZ, Raúl. *Prioridad nacional, Cédula de Identidad para menores: Blake Mora.* Unomásuno, México DF, 17 de febrero de 2011, p. 7

• Elemento holográfico del Escudo Nacional, conocido como kinegrama.[34] El kinegrama es una variación de los hologramas que consiste en una estructura de difracción microscópica. La imagen no es tridimensional, como en el holograma, sino que al moverla muestra animaciones gráficas, estas son muy populares en el papel moneda. Tanto los hologramas como los kinegramas se presentan en tiras a modo de hilos de seguridad o en parches.

• Grabado en la mica de la tarjeta que permite la inclusión de un código Braille, que puede tocarse en la parte posterior de la imagen en fondo de agua formada por la CURP.

• Patrones únicos en el dibujo de la cédula diseñados con programas especializados que impiden su reproducción o efectos holográficos que distribuyen a lo largo de la credencial.

• Imagen fantasma formada por la CURP del menor, conocida como "letter screen"[35]

• Código de barras[36] con la CURP.

• "Teslin"[37] de seguridad producido especialmente para la CIP.

• El reverso contiene un código identificado como "OCR B",[38] similar a la clave que aparece en la parte posterior de los pasaportes, por ello se puede usar como documento de viaje.

• Código de barras con información del iris del menor; este código es de dos dimensiones y se ubica en la parte superior del código OCR B.

El segundo nivel de seguridad está integrado por aquellos elementos que se distinguen con lupa o luz ultravioleta, contiene los datos biométricos recabados para

34 SEGURIDAD DOCUMENTAL. (2009) consultado el 31 de enero de 2012. http://seguridaddocumental.blogspot.mx/2009/06/hologra-mas-kinegramas-y-otros.html

35 AZTECA NOTICIAS. Comienza el 24 de enero el registro para cédulas de identidad, 20 de enero de 2011, 18:38 hrs. http://www.aztecanoticias.com.mx/notas/mexico/37633/comienza-24-de-enero-el-registro-para-la-cedula-de-identidad

36 Es un sistema de codificación creado mediante líneas y espacios paralelos de distinto grosor, que solo ofrece información mediante un lector especial, en el caso de la CIP la información que contiene está ligada a la Clave Única de Registro de Población, que se establece con documentos como el acta de nacimiento, fecha y lugar del mismo, sexo. http://www.mbcestore.com.mx/codigo-de-barras/

37 El tesilim es diseño termolaminado elaborado con sustrato de plástico con impresión de alta definición con apariencia brillante que lo protege contra el deterioro por el contacto, no se borra ni decolora. http://www.carnetsmedellin.com/Carnets/carnet-teslin-escarapela.html

38 La OCR B es una codificación numérica que contiene símbolos utilizados en el mundo financiero y que es más fácil de leer al ojo humano por su aspecto menos mecaniscista. http://www.blogartesvisuales.net/diseno-grafico/ocr-tipografias-ocr-a-y-ocr-b

la identificación personal a partir de los rasgos de comportamiento o anatómicos que garantizan la unicidad y se incluye en:

• la Información Personal Invisible que necesita de una mica especial para su visualización, que se anexa en la parte superior de la foto del menor y su característica es que requiere una mica especial para visualizarse.

• Fotografía del menor.

El tercer nivel consiste en el Reconocimiento y decodificación de los elementos de seguridad, mediante el uso de herramientas electrónicas, informáticas y químicas.[39]

• Integración PKI:[40] este tipo de tecnología se emplea para la realización de transacciones seguras y confiables; se basa en la integración de sistemas mixtos de hardware y software, mediante el uso de llaves que admiten que usuarios y equipo cuenten con sus propios certificados de identidad para el intercambio de información.

En este tipo de sistemas las partes involucradas puedan acreditar su identidad/Autoría; garantizar la confidencialidad. Es decir, que el documento sea accesible solo para los directamente implicados; integridad en los archivos para que no sean sino por su autor; no repudio, que el autor no tenga la posibilidad de negar la firma en un documento; establecer la fecha, hora y firma sobre la generación de un documento; garantizar la disponibilidad legítima de servicios e información. Dentro de la arquitectura PKI se contempla la creación y utilización de dos llaves una para encriptar y la otra para desencriptar información con una función coordinada que garantiza la confidencialidad de la información.

---

39 BUJANDA, Benito. *Conoce tu Secretaría...*, Revista Acento, Año 8 Febrero 2011, SEGOB. México, p.14. Cabe destacar que aunque se hace mención de herramientas químicas nunca se especifica en qué consisten estas.
40 Es una protección adicional a los medios digitales. http://www.webtaller.com/maletin/articulos/arquitectura_pki.php

Los datos que se capturan de una sola persona para la integración de la CIP son los siguientes:

• Nombre completo del menor.

• CURP.

• Fecha y lugar de nacimiento.

• Fotografía.

• Registro del iris de ambos ojos.

• Registro de las diez huellas dactilares.

• En el caso de los mayores de 14 años, también se solicita la firma.

Si a ello se agrega que entre los requisitos para su trámite es necesario que los padres presenten una solicitud de Inscripción al Registro de Menores de Edad y de Cédula de Identidad Personal; en ella además de los datos del menor se anotarán los datos personales de al menos uno de los progenitores:[41]

• Nombre completo de uno o ambos.

• Nacionalidad de los padres.

• Firma(s).

• Credencial(es) de elector.

Una de las etapas más importantes para la creación de bases de datos es precisamente el proceso de registro, en este se distinguen:

• Captura de la información requerida para el registro de cada persona:

• Recepción y revisión de documentos;

• Captura de datos biográficos;

• Digitalización de documentos;

• Captura de biométricos y datos complementarios y;

• Transmisión por medios electrónicos de la información capturada a la base de

---

41 Requisitos para la obtención de la Cédula de Identidad Personal. www.renapo.gob.mx

datos de la Unidad Administrativa de la Secretaría de Gobernación, a cuyo cargo se encuentra la conformación del Registro Nacional de Población (RENAPO).

Llama la atención que los datos personales tomados de los menores se relacionan con los de sus padres, así que la información que se obtiene de un solo individuo se incrementa notablemente con esta medida. En el proceso de captura se contempla la digitalización de los documentos pero no se especifica si también se incluyen los documentos que los progenitores presentan para la solicitud del registro; así mismo se pide se anoten "datos complementarios", con esto la cuestión es: ¿realmente cuántos datos de un solo individuo son recabados y tratados?

Salta a la vista una incongruencia, antes se señaló que la fotografía del iris de ambos ojos es información biométrica, pero pongamos de ejemplo los evidentes padecimientos oculares tales como: estrabismo, ceguera, la falta de un globo ocular como resultado de una cirugía, accidente o causa genética, este tipo datos pasan de ser de la categoría de datos sensibles, pues anotaciones de este tipo en una credencial que "aparentemente" solo tiene el fin de acreditar la identidad, sería irrelevante y violatoria de lo que establece la Ley de Protección de Datos Personales, donde se establece que los datos sensibles son aquellos que permiten saber el estado de salud presente o futuro de una persona y por ello son especialmente protegidos pues colocan a su poseedor en una situación vulnerable y posible sujeto de discriminación.

Hasta aquí se observa que los datos personales no le pertenecen a una persona, desde una visión patrimonialista, sino que los datos son la persona misma[42] y en la protección de ello se sustenta la dignidad del ser humano. Aún cuando se distinguen los variados candados de seguridad que se han integrado a la CIP, no se puede olvidar que la integración de las bases se crea mediante la participación de personas que con frecuencia comenten errores y por ello se analizan en el siguiente apartado el proceso de captura y la seguridad institucional.

3. Tecnologías para el resguardo de Datos Personales

Se parte del concepto de tecnología como la ciencia aplicada y desde luego si se lee de la perspectiva social se concluye que toda ciencia no es neutral ni objetiva, sino que persigue un fin que podría ser en beneficio o demerito de la humanidad, con todo su avance no se puede detener aunque ello equivale a la amenaza de ataques al ser humano.

---

42 NAHABETIÁN, Laura. *Apertura de datos y retos de la sociedad de la información*. Conferencia magistral dentro del Seminario Internacional de Acceso a la Información, Protección de Datos Personales y Rendición de Cuentas. PJF. 27 de noviembre de 2012, Ciudad de México.

En la llamada Sociedad de la Información, el resguardo de los Datos Personales equivale a garantizar la dignidad que incluye la intimidad, la vida privada y se extiende en ocasiones hasta el honor y la reputación.[43] Por su dinamismo, la aplicación de nuevas tecnologías representan un reto y plantean el conflicto de cómo usarlas de manera adecuada sin incurrir en su abuso.

Anteriormente se aludió a las razones del gobierno mexicano para la adopción de la CIP como un documento de identificación que integra el uso de nuevas tecnologías y busca brindar una sensación de seguridad a los ciudadanos. El empleo de estas herramientas novedosas no puede ignorar que está basado en actividades que se consideran operativas, sencillas porque se sujetan al seguimiento de un proceso determinado para su cumplimiento.

La creación de las bases de datos siguen un plan que cuenta con varios procesos, el primero inicia con la captura de la información, cimiento de todo sistema de identificación, de allí la importancia que sea lo más claro posible, es aquí donde el sistema se ve sujeto a una mayor riesgo por la manipulación a la que se somete.

En base a la convocatoria[44] de la licitación de carácter internacional para la adquisición de equipo especializado, para la toma de muestras biométricas que se integran al Servicio Nacional de Identificación y el Libro Blanco, emitido por la SEGOB para sustentar el proyecto, se distinguen cuatro fases:

• Captura de datos biográficos: captura del nombre completo inicia con el apellido paterno, el materno, el nombre o nombres, tal como aparece en el acta de nacimiento que se presenta como documento probatorio de la certeza de la información, su registro es obligatorio.

Enseguida se procede a la captura de la CURP, tal como aparece en el documento probatorio, pero en la licitación se indica que su captura no es obligatoria, hecho que llama la atención, pues la Clave de población es anterior a la Cédula y esta tiene mucha de la información biográfica que se solicita, de hecho con la CURP se podría recopilar la mayoría de la información biográfica referida.

---

43 Concepto vertido en conferencia de Tron Petit, Jean Claude. *Protección de datos personales en medios electrónicos.* Primer Seminario Internacional de Acceso a la Información, Protección de Datos Personales y Rendición de Cuentas.PJF. 27 de noviembre de 2012 Ciudad de México.

44 CONVOCATORIA de la Licitación Pública Mixta Internacional Bajo la cobertura del TLC, SG-N-DA-12/09. Relativas a la contratación para la *Adquisición de Equipo Especializado para la obtención de la Información biométrica para el servicio nacional de identificación Personal.*

Los datos se capturan en el siguiente orden y todos ellos son de carácter obligatorio: nacionalidad, sexo, lugar de nacimiento, documento para determinar el tipo de parentesco con quien elabora la solicitud de registro, ya sea el padre, la madre o ambos, y en caso de tener una nacionalidad distinta a la mexicana, especificarla. Para finalizar esta fase, se procede a la asignación de un folio.

• Digitalización de los documentos probatorios de la información que se captura, tales como actas de nacimiento, naturalización, documentos migratorios, CURP, credenciales de elector; así como el tipo de documento que fue registrado, la creación del archivo y el nombre del mismo asociado a los documentos presentados.

• Captura de datos biométricos y datos complementarios: este tipo de datos tienen el carácter de obligatorio, con las excepciones que se especifican más adelante en la captura de huellas y foto del iris.

La fotografía es a color con una pose frontal completa, con el trazo de una línea vertical imaginaria que pase por la nariz y otra horizontal que atraviese en el centro de los ojos; el ancho de la cabeza tiene que ocupar el 50 por ciento del total del ancho de la fotografía.[45] Se crea y nombra el archivo asociado.

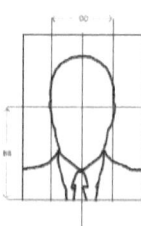

Firma: en el caso de que el individuo no firme, como los niños menores de 14 años, se agrega en este campo la huella dactilar del dedo índice derecho como sustituto de este dato. Es decir, se sustituye un dato biométrico por otro de la misma naturaleza.

Huellas dactilares: las técnicas para la especificación del procesamiento de estos datos se basa en el Acuerdo emitido por la SEGOB para la *Captura de Información y el de Intercambio de Información "*[46] obedeciendo el siguiente orden[47] y asignación: 1= pulgar derecho; 2=índice derecho; 3=medio derecho; 4=anular derecho; 5=meñique derecho; 6=pulgar

---

45 Ídem p. 24
46 PUBLICADOS en el Diario Oficial de la Federación de fecha 21 de Septiembre del 2006.
47 Ídem. Ver tabla 6, *Orden de huellas y valor.*

izquierdo; 7=índice izquierdo; 8=medio izquierdo; 9=anular izquierdo, 10=meñique izquierdo. El orden para tomar las huellas es: tomar las cuatro huellas de la mano derecha e izquierda al mismo tiempo y después tomar las de los pulgares.

Huellas faltantes: En caso de que el individuo carezca de alguno de los dedos, se llena un cuadro en el que se anotan las "huellas faltantes" con los siguientes valores: Xx para amputado; Up para vendado; Na cuando no hay información o la ausencia de huella digital. Todo ello acompañado del archivo correspondiente a cada una de las huellas.

Iris: la cámara captura el iris de ambos ojos de manera automática y consecutiva, sin la intervención del operador, en el caso de que el individuo parpadee o no abra los ojos de manera adecuada, se hace un nuevo intento, para que la toma sea de la mejor calidad. En casos excepcionales, como la falta de un ojo o la existencia de un ojo falso, se debe tomar la imagen del ojo presente; cuando no cuenta con ambos el registro no se realiza. Se crean los archivos relativos al iris de ambos ojos y se les otorga un nombre.

• Transmisión de la información: Una vez creada la base de datos se transmitirá con el uso de medios electrónicos para su registro local o ser enviado a un servidor central ubicado en la Unidad Administrativa de la SEGOB, a cuyo cargo se encuentra el RENAPO, de igual forma se le envía una copia a la unidad registradora.

La información de cada directorio será encriptado, el licitante debe explicar cómo se genera la clave de encriptación y desencriptación de la información. Se asienta la fecha en que se capturó la información.

El alta, baja, actualización y consulta de datos es realizada por el RENAPO que vigila que la información esté bien integrada para proceder a la expedición de la Cédula de Identidad correspondiente a la información registrada.

El proceso de captura de datos, tanto biográfico, físico y biométrico, se observa bien planeado con un orden lógico; sin embargo se debe considerar la intervención del elemento humano y la posibilidad de una catalogación deficiente con la generación de errores correspondientes, algo que no estaría fuera del parámetro.

Las condiciones en las que se pactó es acorde al cumplimiento de los estándares internacionales para la toma de la información. Sin embargo, luego de que hubo inconformidades por parte de empresas como Cosmocolor por el otorgamiento de la licitación internacional a Smartmatic, las condiciones de los contratos fue clasificada como información reservada por un periodo de 12 años por el secretario Blake Mora.

Los kits de equipo para la captura de datos biométricos, cuentan según lo establece la licitación con un sistema de geolocalización que permite su ubicación física, uno de los aspectos más importantes y que tampoco se puede corroborar en qué medida el licitante cumplió con el ciframiento de los datos y si en alguna parte del contrato se le obliga a guardar como secreto profesional el modo en que se generan las claves para la encriptación y desencriptación de la información, pues solo se indica que las claves, algoritmos o programas serán transferidos a la SEGOB, pero no se especifica si la creadora del software se quedaría con una copia de ello y por cuánto tiempo la conservaría.

Las plataformas J2EE o Net Framework incluidas en el kit de registro tienen la desventaja que permiten la ingeniería inversa si no se protege adecuadamente, ello representa un riesgo de seguridad en el acceso a los datos y el equipo de registro. Un dato más que llama la atención es que además de RENAPO, la unidad registradora de los datos obtendrá una copia, sin especificar si eso se realiza a nivel estatal o en cada uno de los centros de captura y en todo caso cómo se resguardaría esta.

Seguridad Institucional

Las medidas de seguridad asignadas para las bases generadas para la expedición de la CIP son las mismas que se han usado en el Registro Nacional de Población y de acuerdo la información publicada por la Subsecretaría de Población Migración y Asuntos Religiosos de la SEGOB,[48] se desarrolla en tres niveles:

> • Medidas técnicas de Seguridad: Las medidas de seguridad que comparte el RENAPO con la Cédula de Identidad también se subdividen en tres aspectos:
>
> El primero, consiste en un lugar que resguarda toda la infraestructura de procesamiento, almacenamiento, telecomunicaciones que es conocido

---

48 Op. Cit. BUJANDA Benito, (2011) p, 14.

cómo el Centro de Datos Biométricos.

El segundo, comprende al Centro de Operaciones de Seguridad, desde donde se monitorean las acciones que se desarrollan en el sistema, para que en el momento en que se detecta una acción fuera de los parámetros del comportamiento habitual se emita una alerta inmediata y se bloquea. Allí mismo se vigilan todas las acciones que tienen lugar en el Centro de Datos Biométricos.

El tercero, se aboca a la adquisición de elementos tecnológicos que mitigan el tráfico de malware o software que pudieran infiltrarse en forma de virus, el objetivo de estos es impedir que se afecte a los servidores y sus aplicaciones mediante las siguientes acciones: La inspección detallada de tráfico; la prevención de tráfico maliciosos que incluye virus de red, gusanos, spyware, adware y abuso en las aplicaciones; protección en línea para bloquear en tiempo real los accesos ilegítimos y ataques informáticos; detección de ataques mediante el monitoreo para identificar los comportamientos extraños y las aplicaciones inusuales; reconocimiento de patrones que eviten la vulnerabilidad y la administración y mitigación de posibles riesgos.

René Martín Zenteno, subsecretario de Población, explicó que estos elementos técnicos han permitido que la información que resguarda el RENAPO no haya sido vulnerada desde su creación en 1997 y usada para tratamientos de carácter ilícito.

• Medidas sobre los sistemas informáticos: Las medidas relacionas a los sistemas informáticos iniciaron cuando se empezaron a integrar las bases de datos de las actas de nacimiento con la CURP, en ellas se encuentran registrados el nombre completo, género, fecha y entidad de nacimiento, información del documento probatorio y el nivel de confiabilidad en el registro de más de 107 millones de mexicanos incluidos en este registro certificado.

Este nivel también incluye dos bases de datos independientes con el objetivo de que la privacidad de los datos sea segura:

Base de datos biográficos en las que se incluye el nombre completo, la fecha y lugar de nacimiento y la CURP.

Base de biométricos en donde se incluye las huellas dactilares, la fotografía del iris de ambos ojos, la fotografía del rostro y la firma.

La seguridad institucional incluye que las mismas bases de datos cuentan a su vez con tecnología para la detección y prevención de ataques cibernéticos, robo, fuga y/o modificación de la información que contienen. De igual forma, los sistemas de respaldos de las bases desde su diseño impiden el borrado de la información, los respaldos se hacen de manera periódica en discos que mantienen los datos cifrados o encriptados.

• Controles de personal y acceso a las bases: Se centran en la vigilancia y observación del personal encargado del tratamiento de los datos que están bajo el resguardo del RENAPO.

Acceso y seguimiento de actividades: El Centro de Datos Biométricos tiene tres controles principales, uno es el control físico del personal que es acreditado mediante la lectura de sus datos biométricos; un segundo consiste en el monitoreo videográfico de los accesos físicos del personal a los edificios; el último es una exclusa de detección de equipos que permite accesos controlados del personal que labora en el Centro de Datos Biométricos.

Adicionalmente, el proceso es acompañado de la generación de una bitácora que registra cada una de las actividades realizadas por el personal del área, lo que permite identificar a cada uno de los usuarios y las actividades que realizan, ello posibilita detectar las acciones no autorizadas y su prevención.

El personal que labora en la Dirección General Adjunta Técnica, de la Subsecretaría de Población, Migración y Asuntos Religiosos fue sometido a pruebas de confiabilidad, durante los años 2009 y 2010, fechas en las que se inició el proyecto de la Cédula y que en su momento fueron realizadas por el Centro de Investigación y Seguridad Nacional de la SEGOB, también conocido por sus siglas como CISEN.

Sobre este último aspecto, vale la pena revisar el artículo 5° de la *Ley de Trabajadores al Servicio del Estado*[49] donde se establece una definición de como personal de confianza en los tres Poderes, y aunque va en razón de su grado de responsabilidad en la toma de decisiones, no se puede dejar de lado que existe personal operativo que realiza labores que también podrán ser candidatos al control de confianza, caso de la mayoría del personal del RENAPO.

El *Estatuto Laboral del CISEN*, publicado en el Diario Oficial el 29 de

---

49 TEXTO vigente al 3 de mayo del 2006.

noviembre de 2006, estable las condiciones en las que los servidores públicos deben prestar sus servicios[50] entre los principios allí mencionados destacan: la legalidad, la honradez, confidencialidad y lealtad. En los artículos 7° fracción IV se señala que este tipo de servidores públicos están sujetos a cumplir el control de confianza; más adelante en el artículo 8° claramente se afirma que les queda prohibido difundir o divulgar la información a la que tengan acceso por su cargo; incurrir en actos que pongan en riesgo la seguridad de los bienes y la documentación del Centro y acceder a las instalaciones si no se cuenta con un permiso oficial.

El artículo 26 agrega que los servidores que se integran al Centro no deben haber sido sujetos a proceso alguno y tienen el compromiso de guardar y mantener en secreto la información a la que tengan acceso, así como aprobar las evaluaciones de conocimientos generales y específicos y controles de confianza.

Específicamente la sección sexta del *Estatuto Laboral del CISEN* en su artículo 55 indica que las evaluaciones de confianza se aplican de manera periódica y comprenden pruebas psicológicas, poligráficas, toxicológicas e investigaciones socioeconómicas, así como exámenes físicos y médicos.

El personal involucrado en el proyecto de la CIP es sometido a controles de confianza continuos, tal como se aplican a los servidores a quienes se les encarga las áreas de seguridad nacional; lo cual parece razonable si se considera el volumen de información y el carácter personal de los datos que les son confiados.

Sin embargo, también en ese nivel y altos grados de capacitación se cometen errores, recuérdese el caso de funcionarios de Gobernación que publicaron por error las direcciones de 124 centros operativos del CISEN, las marcas de sus vehículos y hasta el calibre de sus armas durante un periodo de seis meses y como parte de la licitación pública nacional SG-N-DA-09/08, en Compranet,[51] contraviniendo, con ello la *Ley de Transparencia y acceso a la información.*[52]

Asimismo, a nueve días de que el sexenio de Felipe Calderón concluyera, el director de RENAPO, Alberto Alonso y Coria, renunció como parte de una decisión institucional que no fue dada a conocer. El hecho es que este funcionario

---

50 ARTÍCULO 5.- Todos los servidores públicos del Centro deberán cumplir sus funciones con base en los principios de legalidad, eficiencia, profesionalismo, honradez, objetividad, calidad, imparcialidad, equidad, responsabilidad, confidencialidad, lealtad, transparencia, coordinación y cooperación, así como respeto a las garantías constitucionales y los derechos fundamentales de protección a la persona humana. Estatuto Laboral del CISEN publicado en el Diario Oficial el 29 de noviembre de 2006.

51 MICHEL, Víctor Hugo. *Indaga la SFP el balconeo al Cisen.* Milenio. México, 13 de mayo de 2009. http://www.milenio.com/cdb/doc/impreso/8574547

52 CAPÍTULO 1, artículo 3, fracción II; XIII, XIV; artículo 4, fracción III; y Capítulo 4.

era, precisamente en su calidad de titular del RENAPO, el responsable de la emisión de la Cédula de Identidad.[53]

En otros episodios del personal involucrado en la emisión de la CIP, en la columna periodística *Trascendió del diario Milenio*, México, del 8 de febrero de 2011 p, 2 se comentó:

Que el proceso de captura de datos para la Cédula de Identidad en Baja California ya prendió los focos rojos en las áreas de inteligencia del gobierno federal. Por una decisión que encargados de seguridad dicen que es difícil de explicar, se dejó la captura de información en manos de *freelancers* del Colegio de la Frontera Norte, personas que no se les han realizado los controles de confianza o polígrafo, y tendrán manga ancha en el manejo de datos de miles de menores de todo el estado. ¿No que se querían evitar todos estos riesgos en la cédula?

Un asunto relacionado es el que relata José Alejandro Anaya, secretario general del Sindicato de Trabajadores de Talleres Gráficos de México, quien denunció la contratación de 80 a 100 trabajadores externos para llevar a cabo la impresión de la Cédula de Identidad, excluyendo a sus agremiados; los nuevos trabajadores con un sueldo mayor y con el tiempo rebasarán en un 30 o 40 por ciento el total de los 240 trabajadores sindicalizados, que a decir de Anaya: "están capacitados para realizar la impresión de la Cédula Única, ya que efectúan trabajos de alta responsabilidad, como las boletas electorales y el Diario Oficial de la Federación, por lo que no se explica porqué se decidió a contratar a empleados externos para esta labor".[54]

La existencia de este tipo de riesgos y ante las voces contrarias al proyecto obligaron al Instituto Federal de Acceso a la Información y Gobernación a firmar previamente, en diciembre de 2009, un acuerdo para la contratación de un consultor externo encargado de evaluar los riesgos reales y posibles en la debida protección de los datos derivados de la aplicación de nuevas tecnologías para recabar datos biométricos.[55] José Luis Piñar, ex director de la Agencia de Protección de Datos Personales de España, elaboró el análisis y realizó las recomendaciones correspondientes que clasificó en cuatro aspectos principales:

53 MARTÍNEZ, Fabiola. *Cae otro alto funcionario en víspera del relevo sexenal; ahora, el titular de Renapo*. La Jornada México. 17 de noviembre del 2008 p.8 http://www.jornada.unam.mx/2012/11/17/politica/008n1pol
54 MUÑOZ RÍOS, Patricia. *Contratan plantilla de 100 trabajadores para imprimir la cédula de identidad*. La Jornada México, DF. 24 de enero de 2011, p.18.
55 ESPINA, JOSÉ. Columna: *Bajo Reserva*. El Universal, México DF a 18 de enero de 2011. p.2

• Principio de licitud; que sostiene que por ley el Estado mexicano sí está autorizado a realizar el documento, al respecto iban las observaciones de los legisladores que pedían normar todo el marco jurídico para dar licitud al proyecto, porque su base más fuerte se centra en un decreto presidencial.

• Principio de finalidad; determinar cuál es el objetivo del documento, para qué será usado. La solicitud de inscripción al Registro de menores de edad y Cédula de Identidad indica que la finalidad de la Cédula es acreditar la identidad, para lo cual, dicho sea de paso, ya existe el Acta de Nacimiento.

• Principio de proporcionalidad; solicitar únicamente la información mínima indispensable para establecer de manera fehaciente la identidad de los menores. Por lo ya expuesto el número de datos personales sobre una sola persona es excesivo cuando se tiene una sola finalidad.

• Principio de seguridad; cómo se usarán y resguardarán los datos personales recabados por el gobierno. El uso de los datos recabados se observa todavía en el futuro porque en ninguna entidad pública como escuelas, hospitales y otras oficinas del sector se cuenta con tecnología para la lectura de la información que contienen las Cédulas.

De las cuatro recomendaciones, llaman la atención las dos últimas, primero porque sostienen que la cantidad de datos recabados deben ser los mínimos indispensables y las medidas de seguridad deben ser directamente proporcionales a la cantidad de información recabada. Asimismo, el resguardo de los datos en manos de la SEGOB no ha sido bien visto y en un tiempo se pensó que fuera el IFAI o un organismo creado exprofeso para esta tarea.

Conclusiones

Ordenar un sistema de identificación nacional es una necesidad del gobierno mexicano, incluso se ha vuelto una demanda a nivel internacional que va en aumento. En más de 20 países de habla hispana se cuenta con un documento nacional de identidad, carné de identidad, cédula de identidad, cédula de ciudadanía, documento único de identidad, documento personal de identificación, cartilla del ciudadano.

El caso de República Dominicana es particular, pues cuenta con una Cédula de Identidad electoral que sirve para acreditar la identidad, además de ser efectiva en el ejercicio de los derechos políticos.[56]

Las autoridades federales han anunciado que la CIP es una herramienta para garantizar el derecho a la identidad y al mismo tiempo llave para el ejercicio de otros derechos sociales. El problema es que este documento es intrusivo por la gran cantidad de datos personales, biométricos y sensibles que contiene.

Asimismo, el discurso del miedo del que se sirve para que los ciudadanos permitan una vigilancia más estrecha en nombre de la seguridad de sus hijos, es un distractor, una medida aparatosa que oculta un discurso de control en el fichaje de menores,[57] que los hace identificables para cuando alcancen la mayoría de edad.

Las medidas de seguridad con las que cuenta el Registro Nacional de Población, en la base del Servicio Nacional de Identificación, han resultado confiables hasta el momento, pero se observan riesgos de vulnerabilidad relacionados con el personal que van desde la falta de aplicaciones de estrictos controles de confianza, en la contratación de personal eventual y el cumplimiento de promesas laborales,[58] conflictos sindicales, la renuncia por motivos poco claros de su director y errores humanos como la filtración de datos que podrían poner en riesgo la integridad de millones de menores, dejándolos desprotegidos.[59]

Como se señaló, los riesgos de seguridad en la privacidad de las bases de datos del RENAPO mínimamente son de carácter técnico, más bien son legales y de percepción política, para subsanarlos sería necesario ir a fondo con la creación de una regulación legal completa que permita una auténtica protección de los datos, pues la ley de a materia se aplica al sector público y solo someramente se menciona en la Ley de Transparencia.

Los problemas de privacidad inician cuando no se valoran adecuadamente la importancia de los datos personales, que para los particulares equivalen a dinero.

---

56 Esa ha sido la demanda de las autoridades electorales en México, que se han pronunciado por dar a la credencial de elector la fuerza para que se convierta en el documento único para la acreditación de la identidad y la llave para el ejercicio de los derechos políticos.

57 REDACCIÓN, *Plantea dar a niños la cédula de identidad.* Excélsior. México, 15 de octubre de 2011, p. 6. Graciela García Bringas, consejera de la organización Causa Común, quien participó en una encuesta aplicada en escuelas de todo el país se encontró con una demoledora realidad, un importante porcentaje de los niños respondió que de grande quería ser narcotraficante. Al respecto comentó: "Hemos encontrado que sin la participación ciudadana nunca vamos a llegar a nada. Si nosotros los ciudadanos, no va a haber país".

58 En Chiapas 34 empleados eventuales que tomaron los datos biométricos se quejaron de que terminado su trabajo hacía meses no les terminaban de pagar. Luego de la denuncia en los medios de comunicación pudieron cobrar los adeudos. ROMERO, Enrique. *Medio año ha transcurrido y no entregan las cédulas de identidad infantil.* Libertad en Chiapas. Publicado el 28 de febrero de 2012. http://www.libertadenchiapas.com.mx/noticias/locales/10290-medio-ano-ha-transcurrido-y-no-entregan

59 LEY Federal de Protección de Datos Personales en su artículo 63 establece las infracciones para el tratamiento inadecuado de datos personales.

Esta es otra razón por la es necesario regular el tratamiento de las bases en posesión del sector público y en el caso de la Cédula hay un resquicio donde nuestros datos corren peligro, es cuando se indica que una copia de los datos recabados quedan en manos de la unidad receptora, sin especificar si es a nivel estatal o dónde quedarán. De allí que obedecer a un reglamento homogéneo para todo el país, sin dejar lugar a la discrecionalidad dará un elemento que refuerce su tratamiento seguro.

En la solicitud de registro para la Cédula, se indica que los interesados podrán hacer uso de sus derechos ARCO en lo relacionado a sus datos personales, pero no se indica el procedimiento a seguir, ni después de cuánto tiempo podrán hacerlo.

El cifrado de la información es quizá el mejor elemento para el resguardo de la información, pues ponen desde su origen los candados para hacer segura la operación del sistema de captura y guardado de la información biométrica, es lo que se conoce como *privacy by desing o privacy by default*. Sin embargo, ello también depende del elemento humano, su uso correcto y las medidas que la empresa ganadora de la licitación lo resolvió el resguardo de la información.[60]

El equilibrio es la mejor medida, es cierto que el gobierno para una función más efectiva necesita información de sus ciudadanos, la CIP sería un excelente solución para ordenar el sistema de identificación siempre y cuando los datos que se solicitan fueran proporcionales a la finalidad del documento y pudieran ser usados una vez que han sido entregados, porque la tecnología avanza rápidamente y cuando se tenga ya la mayoría de los registros de los menores, los dispositivos que los leen serán obsoletos. No se está en contra la aplicación de estas herramientas, sino en la adecuación de su uso a un marco jurídico que busque el desarrollo del ser humano, conservando su anonimato y su derecho a vivir libre de intromisiones no necesarias.

En la actualidad, las enormes bases de datos que los gobiernos construyen con la información de sus ciudadanos, exceden de manera alarmante a los regímenes más totalitarios de la historia, por ello es prudente reflexionar que el empleo de las nuevas tecnologías es sinónimo de seguridad absoluta, pues en ninguna circunstancia se le puede garantizar a nivel total y creer que los abusos en el tratamiento de la información son imposibles.

A este respecto vale la pena mencionar que en la *Ley Federal de Derecho*

---

60 Situación que no conoceremos pues la información relacionada los contratos y sus especificaciones fue reservada por 12 años.

de Autor presenta un desfase cuando se habla sobre la propiedad intelectual, sobre las bases de datos y su explotación en los artículos 107-110,[61] sin mencionar que el estado también puede ser considerado como autor de estas y por tanto con el derecho de explotarlas a su mejor parecer, lo cual iría en contra del interés público relacionado con el derecho a la intimidad y la privacidad.

Las razones antes expuestas, demuestra que el uso de nuevas tecnologías para la captación y resguardo de los datos personales no es un asunto de menor importancia, cuando se habla de la Cédula de Identidad Personal, que debe expedirse para 17.9 millones de niños y jóvenes mexicanos. Terminada la pasada administración mexicana, cuando no solo desaceleró el paso para la expedición de la credencial sino que se creyó que perdería vigencia e interés, nos encontramos que este asunto ya quedó plasmado en el Pacto por México, recién signado por el nuevo Gobierno Federal y los partidos políticos en el compromiso 33, así que este es solo el principio de esta historia.

---

61 LEY Federal del Derecho de autor. (1996) Diario Oficial de la Federación. Texto vigente al 27 de enero de 2012.

Referencias Bibliográficas

ALCÁNTARA, José F. *La sociedad de control, privacidad, propiedad intelectual y el futuro de la libertad*. Barcelona, España. Colección Planta 29. Primera edición. El Cobre Ediciones, 2008.

ARQUITECTURA PKI, consultado el 31 de enero de 2013. http://www.webtaller. com/maletin/articulos/arquitectura_pki.php

BALLESTEROS MOFFA, L. A. *La Privacidad electrónica, Internet en el centro del protección*. Valencia. Tirant Lo Blanch, 2005.

CARRANZA TORRES, Luis R. *Los derechos de las personas frente al tratamiento tecnológico de la información personal en: Hábeas Data*. La Protección Jurídica de los datos personales. España. Alveroni Ediciones. Códigos y Leyes No. 9, 2001.

CÓDIGO DE BARRAS. Consultado del 31 de enero de 2013. http://www. mbcestore.com.mx/codigo-de-barras/

FOUCAUL, Michel. *El Orden del Discurso*. Letra e, Buenos Aires, 1992, p.9 Versión PDF.

FOUCAULT, Michel. *Seguridad, Territorio, Población*. México. FCE, 2006.

GUIRAUD, Pierre. *La Semiología*. Vigésimo quinta reimpresión México. Siglo XXI Editores, 2000.

MIERES MIERES, Luis Javier. *Intromisión en la intimidad informacional.* (Prontuario de Jurisprudencia Constitucional) España. Aranzadi Editorial. Cuaderno 8, 2002.

OCR B. Consultado el 31 de enero de 2013. http://www.blogartesvisuales.net/ diseno-grafico/ocr-tipografias-ocr-a-y-ocr-b

PERLOCUCIÓN. Publicado con el 15 de noviembre de 2012, consultado el 15 de enero de 2013. http://sociolinguisticapayan.blogspot.mx/

RENAPO, sitio web consultado el 31 de enero de 2013. www.renapo.gob.mx

SCJN, Unidad de Enlace para la Transparencia. Compilación de normas y criterios en materia de transparencia, acceso a la información pública y protección de datos personales de la Suprema Corte de Justicia de la Nación. Octava Edición, México, 2012.

SEGOB. Libro Blanco de la Cédula de Identidad Ciudadana. México. Versión PDF, 2012.

SEGOB Convocatoria de la Licitación Pública Mixta Internacional Bajo la cobertura del TLC, SG-N-DA-12/09. Relativas a la contratación para la "Adquisición de Equipo Especializado para la obtención de la Información biométrica para el servicio nacional de identificación Personal".

SEGURIDAD DOCUMETAL. Consultado el 31 de enero de 2012. http:// seguridaddocumental.blogspot.mx/2009/06/hologramas-kinegramas-y-otros.html

TESILIM. Consultado el 31 de enero de 2013. http://www.carnetsmedellin.com/ Carnets/carnet-teslin-escarapela.html

VILLANUEVA, Ernesto (Coordinador). *Diccionario de Derecho de la Información. Tomo I*, Tercera Edición, corregida y aumentada. México, Miguel Ángel Porrúa, p.333-339, 2009.

Hemerografía

AZTECA NOTICIAS. *Comienza el 24 de enero el registro para cédulas de identidad* 20 de enero de 2011, 18:38 hrs. http://www.aztecanoticias.com.mx/notas/ mexico/37633/comienza-24-de-enero-el-registro-para-la-cedula-de-identidad

BELTRÁN DEL RÍO, Pascal Columna. Bitácora del director. *Calderón, pentagenario* en Excélsior, 10 de agosto, p. 4.

BUJANDA, Benito. *Conoce tu Secretaría, Subsecretaría de Población, Migración y Asuntos Religiosos, Cédula de Identidad*. Revista Acento, SEGOB. No. 94, Año 8, Febrero 2011, p. 14.

CALDERÓN, Javier y RUIZ, Raúl. *Prioridad nacional, Cédula de Identidad para menores: Blake Mora*. Unomásuno, México DF, 17 de febrero de 2011, p. 7

CAMACHO, Fernando y ARELLANO César. *La histeria colectiva, por desconfianza en medios oficiales y autoridades: expertos*. La Jornada, México DF a 8 de septiembre 2012, pág. 4.

ESPINA, José. Columna: *Bajo Reserva* en El Universal, 18 de enero de 2011. p.2

FRANCO, Luciano. *Presentan controversia constitucional contra la cédula de identidad para menores*. La Crónica de Hoy, 4 de marzo de 2011, consultada el 16 de enero de 2013. http://www.cronica.com.mx/nota.php?id_nota=564136

GONZÁLEZ VIDAL, J.C. y CHAVEZ MENDOZA, J.R. *Reflexiones en torno al sistema nocional de la Posmodernidad*. UMSNH. Idiosema, revista de literatura, lingüística y semiótica. Número 3, volumen. I p. 83-100, 2004.

GUTIÉRREZ, Carlos (2011) *La huella biométrica evitará robo de identidad*. Milenio, 17 de enero p. 36. IFE, Consejo General. (1996) Orden de día se instituye grupo de trabajo para la integración de la Cédula de Identidad Ciudadana. http://www2.ife.org.mx/documentos/CONS-GEN/actas/230196a.htm

MARTÍNEZ, Fabiola. *Cae otro alto funcionario en víspera del relevo sexenal; ahora, el titular de Renapo*. La Jornada México. 17 de noviembre del 2008 p.8, consultada el 31 de enero de 2013. http://www.jornada.unam.mx/2012/11/17/politica/008n1pol

MICHEL, Víctor Hugo. *Indaga la SFP el balconeo al Cisen*. Milenio, México, 13 de mayo de 2009, consultado el 20 de enero de 2013. http://www.milenio.com/cdb/doc/impreso/8574547

MUÑOZ RÍOS, Patricia. *Contratan plantilla de 100 trabajadores para imprimir la cédula de identidad*, La Jornada, México DF, 24 de enero de 2011, p.18.

NTX/MPTP. *Levantadas más de un millón de Cédulas de Identidad: Blake*. Informador.com.mx. Publicada el 14 de junio de 2011, consultada enero el 22 de enero de 2013. http://www.informador.com.mx/mexico/2011/299874/1/levantadas-mas-de-un-millon-de-cedulas-de-identidad-blake.htm

PARRA, Edith. *Cédula ayudará a lucha de delitos contra niños*, Periódico El Universal, México DF. 8 de septiembre de 2010 p. 10.

REDACCIÓN. *Inicia hoy en seis entidades la expedición de la cédula de identidad de Menores*. La Jornada, 24 de enero de 2011, p. 13.

REDACCIÓN. *Plantea dar a niños la cédula de identidad*. Excélsior. México DF, 15 de octubre de 2011, p. 6.

REDACCIÓN REFORMA. *Segob reporta 854 detenidos en primer mes de mandato de Peña* Terra TV. Publicada el 4 de enero de 2013, consultada el 22 de enero de 2013. http://noticias.terra.com.mx/mexico/pena-nieto-primeros-100-dias-de-gobierno/segob-reporta-854-detenidos-en-primer-mes-de-mandato-de-pena,7dc80fb70b70c310VgnVCM4000009bcceb0aRCRD.html

REDACCIÓN. *El Acuerdo Nacional por la Seguridad, la Justicia y la legalidad*, El Universal, México, publicada 22 de agosto de 2008 consultada 15 de enero de

2013. http://www.eluniversal.com.mx/notas/532069.html

REDACCIÓN. *Levantadas, más de un millón de Cédulas de Identidad: Blake*. Informador.com.mx. Publicada en el 14 de junio de 2011, consultada el 25 de enero de 2013. http://www.informador.com.mx/mexico/2011/299874/1/levantadas-mas-de-un-millon-de-cedulas-de-identidad-blake.htm

REDACCIÓN. *Entrega secretario de gobernación cédulas de identidad personal en Morelos*. Zona Centro Noticias, publicado martes 3 de marzo, consulado el 29 de enero de 2013. http://www.zonacentronoticias.com/2012/03/entrega-secretario-de-gobernacion-cedulas-de-identidad-personal-en-morelos/

REDACCIÓN. *Entrega secretario de gobernación cédulas de identidad personal en Morelos*. Zona Centro Noticias, publicada martes 3 de marzo de 2012. Consultada el 25 de enero de 2013.

http://zonacentronoticias.com/2012/03/entrega-secretario-de-gobernacion-cedulas-de-identidad

RENAPO, sitio web. Consultado enero de 2013: http://www.renapo.gob.mx/html/InfoGral.html

ROMERO, Enrique. *Medio año ha transcurrido y no entregan cédulas de identidad infantil*. EN Libertad en Chiapas, consultado el 29 de enero de 2013. http://www.libertadenchiapas.com.mx/noticias/locales/10290-medio-ano-ha-transcurrido-y-no-entregan.

Textos legales

Constitución Política de los Estados Unidos Mexicanos Diario Oficial de la Federación. Publicada el 5 de febrero de 1917; texto vigente al 9 de febrero de 2012.

Estatuto Laboral del CISEN, Diario Oficial de la Federación publicado el 29 de noviembre de 2006, texto vigente.

Ley de Nacionalidad. Diario Oficial de la Federación. Publicada el 23 de enero de 1998: texto vigente al 23 de marzo de 2012.

Ley Federal de Protección de Datos Personales en Posesión de los Particulares. Diario Oficial de la Federación. Publicada el 5 de julio de 2010, texto vigente.

Ley Federal de Transparencia y Acceso a La Información Pública Gubernamental.

Diario Oficial de la Federación, publicada el 11 de junio de 2002, texto vigente al 9 de abril de 2012.

Ley Federal del Derecho de Autor. Diario Oficial de la Federación. Texto vigente al 27 de enero de 2012.

Ley para la protección de niñas, niños y adolescentes. Diario Oficial de la Federación, texto vigente al 29 de mayo de 2012.

Ley General de Población. Diario Oficial de la Federación, publicada el 7 de enero de 1974, última reforma publicada el 25 de mayo de 2011.

Secretaría de Gobernación. Acuerdo Nacional por la Seguridad, la Justicia y la Legalidad. Diario Oficial de la Federación Primera Sección, publicado 25 de agosto de 2008.

Conferencias

NAHABETIÁN, Laura. *Apertura de datos y retos de la sociedad de la información*. Conferencia magistral dentro del Seminario Internacional de Acceso a la Información, Protección de Datos Personales y Rendición de Cuentas.PJF. 27 de noviembre de 2012 Ciudad de México.

TRON PETIT, Jean Claude. *Protección de datos personales en medios electrónicos*. Conferencia magistral dentro del Primer Seminario Internacional de Acceso a la Información, Protección de Datos Personales y Rendición de Cuentas. PJF. 27 de noviembre de 2012 Ciudad de México.

Conferencia telefónica

SOSA GARCÍA, Carlos Neftalí. Especialista en Soporte Técnico, empresa de supermercados en Xalapa, Veracruz, conferencia telefónica realizada en varias etapas entre el 20 de enero y 1 de febrero del 2013.

Capítulo IX

Libertad de expresión y partidos políticos en el Estado mexicano

Héctor García Ruelas

Libertad de expresión y partidos políticos en el Estado mexicano

Héctor García Ruelas

Sumario

Introducción

En la actualidad, mucho se ha hablado de la necesidad del respeto a los derechos fundamentales del hombre dentro del Estado constitucional de derecho y es por esta razón que muchos países del mundo han emprendido desde el siglo pasado una ardua lucha para lograr el respeto de los mismos. Sin embargo, queda mucho por hacer, no obstante que se ha avanzado al respecto, para que se ejerza sobre un ámbito en donde el ciudadano logre hacer de este derecho fundamental un pleno ejercicio, la verdad es que aún existen algunas carencias que reflejan la imposibilidad de alcanzar por el momento la plena igualdad y la libertad individual y colectiva.

Es así que el presente trabajo busca realizar un análisis de la situación actual de la libertad de expresión dentro del Estado democrático mexicano, indicando en ese sentido, sí efectivamente en nuestro país existe un marco constitucional que ampare y proteja el pleno goce y ejercicio de referida libertad, o bien, si la misma sufre de alguna restricción que amenace su disfrute.

Debiendo indicar en todo caso que la libertad de expresión es uno de los pilares de la democracia, en virtud de que la misma abona al ejercicio y disfrute de otros derechos que se encuentran plasmados en el texto constitucional. Y es por ello que resulta de vital importancia el determinar en qué consiste la libertad de expresión y cuáles son las condiciones en que se encuentra actualmente en nuestro país esa referida libertad.

1. Libertad de expresión en el Estado constitucional de derecho

La información es un elemento imprescindible en el desarrollo del ser humano, porque aporta elementos para que éste pueda orientar su acción en la sociedad. Los antecedentes del derecho a la información datan de finales del siglo XVIII, al romperse la tradición de todos los sistemas jurídicos anteriores y determinar que todos los hombres tienen iguales derechos -anteriores a las constituciones estatales-, como los de la libertad de expresión y libertad de prensa.

A partir de la Revolución Francesa de 1789, se considera que la difusión de las ideas es un derecho inalienable del hombre y una libertad que empieza a configurarse como el fundamento de un nuevo orden jurídico de la información. La Declaración de los Derechos del Buen Pueblo de Virginia, surgidos a la luz en 1776, uno de los textos más representativos de los nuevos estados de Norteamérica, servirá de modelo y antecedente de lo recogido en la Declaración de los Derechos del Hombre y del Ciudadano, como legado de ese gran movimiento liberal francés.

Para fines del siglo XVIII y la mitad del siglo XX, estos principios van evolucionando, sobre todo a partir de 1850, debido al desarrollo tecnológico que permite la aparición de la prensa popular diaria; el surgimiento de las primeras empresas periodísticas; la mayor amplitud de contenidos publicados; el crecimiento de las agencias de noticias; la redacción de los primeros códigos éticos de la profesión; y la creciente tensión entre medios y gobiernos, requiriendo de cierta autonomía y libertad.

En 1948, la Organización de Naciones Unidas (ONU) proclamó la Declaración Universal de los Derechos Humanos, que en su artículo 19 reconoce el derecho a la información como un derecho humano. Tal declaración reconoce la libertad de información bajo una perspectiva integral. Posteriormente y a medida de que se desarrollaban los grandes medios de comunicación, el derecho a buscar, recibir y difundir información pasó a ser la preocupación principal.

La libertad de expresión es uno de los aspectos más relevantes en materia de derechos del hombre. Mismo que contribuye a definir qué se es como nación, principio arraigado en las constituciones de los Estados.

En el tratado de la *Libertad de Expresión y Estructura Social,*[1] Fiss Owen explica de forma clara el bien jurídico tutelado referente a la libertad de expresión, haciendo una relación con la forma en la cual se ejerce, se práctica y se enriquece con todos los elementos protectores. Desde esta postura sobresale de una forma muy singular la idea de la tradición de la libertad de expresión, que se ve manifestada en todas las connotaciones jurídicas.

El autor citado anteriormente expresa que la libertad de expresión, que puede tener cualquier ciudadano, identificándose dentro de una de las corrientes filosóficas como es el liberalismo, construye mecanismos acordes que hagan posible la validez de ciertos derechos dentro de una estructura social.

De esta forma, uno de los derechos fundamentales dentro de cualquier democracia es la libertad de expresión, debido a que la misma se convierte en el complemento indispensable de la libertad individual y por supuesto la libertad de pensamiento. Así, "desde la perspectiva de la libertad de expresión, diríamos que somos libres en la medida en la que podemos expresar nuestras ideas, sentimientos,

1 OWEN, Fiss. *Libertad de expresión y estructura social.* México, 1997, p. 23

emociones, etcétera";[2]   y en la misma medida en que estas no son objeto de restricciones o limitaciones, por parte del poder político.

La libertad de expresión, como derecho fundamental del hombre, constituye uno de los principales derechos dentro del Estado constitucional de derecho, entendiendo por este a aquél Estado que se caracteriza por el establecimiento de:

> *a) La supremacía constitucional y de los derechos fundamentales, sean de naturaleza liberal o social, b) la consagración del principio de legalidad, como sometimiento efectivo a derecho de todos los poderes públicos y c) por la funcionalización de todos los poderes del Estado, a la garantía del disfrute de los derechos de carácter liberal y a la efectividad de los sociales.[3]*

Es así que, el Estado constitucional "no es sólo un ser sino también, y principalmente, un deber ser que incorpora una serie de elementos, fines, valores, imperativos o exigencias que lo definen de modo constitutivo";[4]   y que al mismo tiempo determinan la forma en la cual el Estado buscará la promoción de los derechos consagrados por la Constitución. De ahí que, "en el Estado constitucional de derecho no hay poderes soberanos, sino poderes que realizan funciones constitucionalmente determinadas, de modo que su única legitimidad es de ejercicio, contingente y a posteriori, respecto de la realización de sus funciones".[5]

Dado lo anterior, en un Estado constitucional de derecho, la constitución deberá de ser entendida como:

> *"La expresión condensada de toda una serie de valores respecto de los que es presumible un elevado consenso, y que habrán de afectar a las dinámicas y relaciones públicas y privadas, en un doble sentido: en primer lugar, habrán de inspirar a los distintos procesos políticos y sociales y, en segundo lugar, habrán de ser preservados de cualquier vulneración que pudiera tener su origen en alguna de las dinámicas referidas. Es la constitucionalización la que garantiza esa preservación respecto de las dinámicas políticas al tiempo que permite la proyección de los valores y opciones del pacto al conjunto de la producción normativa, asegurando que ésta se lleve a cabo dentro de la unidad u homogeneidad necesarias para preservar el núcleo del pacto de las tensiones que pudieran afectar su solidez".[6]*

---

2 Algo sobre la libertad de expresión. Disponible en: http://www.bibliojuridica.org/libros/6/2583/4.pdf [citado 28/06/2010].
3 PEÑA Freire, Antonio Manuel. La garantía en el Estado constitucional de derecho, Madrid, Trotta, 1997, p. 37.
4 Ibidem, p 38.
5 Ibidem, p 68.
6 Ibidem, p 79.

Estos valores que originan e inspiran a la sociedad, son protegidos por la Constitución, a través de las garantías, las cuales tienen por objeto dotar de instrumentos procesales que mantengan el orden constitucional y el respeto a los derechos fundamentales que la propia Constitución establece. Es decir, las garantías permiten "la neutralización del poder y del derecho ilegítimo".[7] De esta forma, la garantía se revela como un elemento jurídico vinculado con el sistema jurídico regido por la Constitución, cuyo objetivo primordial es proteger a todos los individuos que se encuentre dentro del territorio nacional.

De ahí que, "garantizar significa afianzar, asegurar, proteger, defender, tutelar algo, y cuando en la cultura jurídica se habla de garantismo, ese «algo» que se tutela son los derechos o bienes individuales".[8] En ese sentido, los derechos fundamentales que la Constitución protege, "no son sólo normas jurídicas, fruto de una decisión política voluntarista o decisionista, sino que, desde su justificación externa, incorporan una fuerte carga axiológica, que pretenderá su proyección en el ordenamiento jurídico".[9]

Bajo ese orden de ideas, el contenido de la garantía está determinado por su contexto. Es decir, por el Estado constitucional de derecho; un ente, en el que los derechos fundamentales son la base del pacto social y los valores que inspiran al ordenamiento jurídico. Un Estado en el que se reconoce el principio de que:

> "La libertad en que se basan los derechos acordados en el pacto e introducidos en las constituciones, no es la libertad como dato volitivo o caprichoso, como elemento psicológico que comprenda la explosión incontrolada de la voluntad individual, sino que es la libertad como valor político y jurídico, donde el peso de la voluntad individual, inmune a todo límite e injerencia, es alto pero no exclusivo".[10]

En el Estado constitucional de derecho, no sólo se pretende lograr un equilibrio entre los poderes constitucionales y sus funciones, sino que además, se busca la protección y desarrollo pleno del individuo, ya que se reconoce que "el poder incontrolado no puede tener una buena calificación ética, pues encierra en sí mismo la semilla de su propia degeneración, que revela, como lo dice Loewenstein, lo demoníaco en el elemento del poder y lo patológico en el proceso del poder".[11]

---

7 FERRAJOLI, Luigi. *Derecho y razón. Teoría del garantismo penal.* 7ª ed., Madrid, Trotta 2005, p. 852.
8 CARBONELL, Miguel y Salazar, Pedro. *Garantismo. Estudios sobre el pensamiento jurídico de Luigi Ferrajoli.* Madrid, Trotta-Instituto de Investigaciones Jurídicas, 2005, p. 21.
9 PEÑA Freire, Antonio Manuel. Op. cit., nota 2, p. 87.
10 Ibidem, p 84.
11 DROMI, Roberto. *El perímetro del poder.* Buenos Aires-Madrid, Ediciones Ciudad Argentina, 1996, p. 109.

2. Libertad de expresión como medio de difusión de las ideas

La búsqueda de un derecho cosmopolita, basado en principios democráticos, ha sido una guía poderosa para la creación de instituciones internacionales: desde Kant, que pensaba que la paz perpetua sería posible entre naciones constituidas como Repúblicas, pasando por Hans Kelsen, sobre todo en la primera etapa de su pensamiento y por Norberto Bobbio, cuando se ocupó de la filosofía política, hasta Jurgen Habermas y Luigi Ferrajoli en la actualidad, a lo largo de la historia del pensamiento político los grandes pensadores jurídicos y políticos liberales han abonado en esta dirección prometedora.

La libertad de expresión al ser un medio o vehículo de manifestación de las ideas de los seres humanos, reviste formas que pueden ser muy diversas, en ese sentido se tiene que la libertad de expresión se hará patente ya sea de manera oral, escrita, a través de libros, novelas, escritos literarios o científicos, gestos, silencio, obras de arte, pinturas, esculturas, en fin, cualquier forma mediante la cual el hombre sea capaz de dar a conocer a los demás miembros de la sociedad sus ideas, deseos, opiniones, afectos, necesidades, etcétera. Bajo esas circunstancias, es que la libertad de expresión resulta ser:

> *Esencial para posibilitar el funcionamiento de la democracia y de la participación pública en la toma de decisiones. Los ciudadanos no pueden ejercer su derecho al voto de manera efectiva o participar en la toma pública de decisiones si no cuentan con un libre acceso a la información y a las ideas, y si no pueden expresar sus opiniones libremente. Por ende, la libertad de expresión no sólo es importante para la dignidad individual, sino también para la participación, la rendición de cuentas y la democracia. Las violaciones a la libertad de expresión frecuentemente van de la mano con otras violaciones; particularmente del derecho de libre asociación y reunión.[12]*

Es por ello que se considera que la libertad de expresión es el medio a través del cual los pensamientos son comunicados a la colectividad, revistiendo las formas de crítica, opinión, disentimiento, información, entre otras.

En ese sentido, la libertad de expresión se convierte en un derecho fundamental para el ejercicio de otros derechos, para la manifestación de las ideas de un individuo y para la consolidación de las sociedades democráticas, en las que se busca la participación e igualdad de derechos de sus miembros integrantes, ya que es imposible concebir una sociedad democrática, sin libertad de expresión, debido a que la misma coadyuva a la consolidación de la democracia y a la

12 Disponible en: http://www.hrea.org/index.php?doc_id=851 [citado 28/06/2010]

manifestación de las ideas y pensamientos, bien sean de carácter político o de cualquier otra índole.

En este sentido, los Estados han diseñado la creación de mecanismos más democráticos que auxilien en la tarea de aspirar conjuntamente y que exista una brecha entre democracia y derechos humanos, mismos que han quedado plasmados en diversos documentos internacionales.

En este contexto de construcción institucional, desde el ámbito internacional hasta lo local, se ha venido afirmando la idea de que la libertad de expresión y el derecho de acceso a la información son derechos fundamentales, que juegan un papel relevante para la consolidación de regímenes democráticos, en todos los ámbitos: político, económico, cultural y social.

Ahora bien, la libertad de expresión incluye a su vez la libertad de manifestar tanto ideas religiosas como políticas y artísticas. Es por ello que la libertad de expresión en todas sus formas se encuentra protegida y garantizada por la Constitución, en virtud de que la libertad de expresión resulta ser un derecho fundamental del hombre, que garantiza en última instancia su desarrollo dentro de la comunidad, en vista de que le permite expresar sus pensamientos, sentimientos, deseos o necesidades.

No obstante que esta libertad de expresión resulta ser tan importante, el valor que a la misma se le otorga depende del individuo y de la sociedad, en vista de que son estos quienes le asignan un valor determinado a cada forma de expresión del individuo y es así como se fijan los límites de esta.

3. Respeto de los partidos políticos a la libertad de expresión

Entre las diversas formas de expresión que puede tener la libertad humana, figura la de asociarse pacíficamente con sus semejantes o el de pertenecer o no a alguna asociación civil alguna. Sin embargo, la libertad de expresión no siempre estuvo reconocida en las cartas constitucionales de derechos fundamentales de cada uno de los pueblos originarios, como una garantía de la cual pudieran hacer uso del goce de dicha prerrogativa. En el primer texto jurídico que se plasmó y se dio vida a tal derecho, fue en los documentos básicos del derecho común o *commonlaw* de Inglaterra,[13] que buscó dar una protección especial a la libertad de expresión, siendo fundamental para otras constituciones tomarlo como ejemplo e incluyéndolo dentro de su desplegado de derechos.

13 Disponible en: http://cronica.diputados.gob.mx/Iniciativas/54/024.html

Esta idea de asociarse paulatinamente en un interés común que aglutinara diversos sectores con intereses diversos, fue creciendo aunado a los diversos intereses que se generaban entre los diversos grupos. Estos círculos cerrados hasta cierto punto, resultando fuera de los cuales construir otras uniones distintas que las que se condensaban ahí, lo que generó que pronto se empezará a legislar al respecto para poner orden.

Siendo un derecho nuevo el de asociación, generó diversas posturas, que originó que las asociaciones profesionales se disolvieran y en un precedente a través de la Ley Chapelier, se abolieron con el pretexto de que éstas atentaban contra la libertad de trabajo.

En nuestro país, la libertad de reunión se reconoció en el Acta de reformas de 1847, pero no fue sino hasta 1857 cuando expresamente se consignaron tales derechos en el texto constitucional, los derechos de reunión y asociación.

Nuestra constitución política de 1917 hizo una breve redacción sobre este tema, donde el Constituyente plasmó lo siguiente: "No se podrá coartar el derecho de asociarse o reunirse pacíficamente con cualquier objeto lícito, pero solamente los ciudadanos de la República podrán hacerlo para tomar parte en los asuntos políticos del país, ninguna reunión armada tiene derecho de deliberar".

En ambos casos la figura constitucional es susceptible de ser interpretada a contrario sensu: si el derecho de asociación política se completa como garantía individual, que no se podrá coartar, se colige obviamente que tampoco se podrá obligar. Si en cambio la capacidad de asociarse políticamente se observa como una de las prerrogativas del ciudadano mexicano. Se concluye que al tratarse de un derecho, su ejercicio es potestativo, mas de ninguna manera obligatorio.

No obstante lo anterior, en nuestro país ha proliferado la práctica antidemocrática de diversas asociaciones profesionales, llámense: sindicatos, cooperativas, organizaciones agrarias y demás sociedades intermedias, de establecer en sus estatutos la afiliación corporativa y forzosa de sus agremiados a determinados partidos o asociaciones políticas, lo cual constituye una violación flagrante a los derechos humanos.

Como se ha venido manejando, la libertad de expresión llega a tener un valor fundamental durante todo proceso electoral, porque para tomar decisiones de forma libre y racional, es necesario que los ciudadanos cuenten con la mayor cantidad de información posible sobre los candidatos, sus propuestas y el contexto político existente en ese momento.

Así lo ha establecido la Corte Interamericana, para quien la libertad de pensamiento y de expresión es una herramienta esencial para la formación de la opinión pública de los electores y un auténtico instrumento de análisis de las plataformas políticas planteadas por los candidatos, lo cual permite una mayor transparencia y fiscalización de las futuras autoridades y del gobierno.[14]

De hecho, la Corte ha sostenido que "la formación de la voluntad colectiva mediante el ejercicio del sufragio individual, se nutre de las diferentes opciones que presentan los partidos políticos, a través de los candidatos que los representan. El debate democrático implica que se permita la circulación libre de ideas e información respecto de los candidatos y sus partidos políticos por parte de los medios de comunicación, de los propios candidatos y de cualquier persona que desee expresar su opinión o brindar información.

Es preciso que todos puedan cuestionar e indagar sobre la capacidad e idoneidad de los candidatos, así como disentir y confrontar sus propuestas, ideas y opiniones, de manera que los electores puedan formar su criterio para votar , es por este papel fundamental que se le otorga a la libertad de expresión en época electoral, que la Corte Interamericana considera que es indispensable proteger y garantizar este derecho en el debate político que procede a las elecciones de las autoridades estatales que gobernarán un Estado.[15]

Del mismo modo, la Corte Europea de Derechos Humanos ha establecido que los derechos están interrelacionados y la libertad de expresión es una de las "condiciones" necesarias para "asegurar la libre expresión del pueblo en la elección del cuerpo legislativo". Por esta razón, es particularmente importante que las opiniones y la información, de toda clase, puedan circular libremente en el periodo que antecede a las elecciones.[16]

En nuestro país la libertad de expresión se encuentra consagrada en el artículo 6° de la Constitución Política de los Estados Unidos Mexicanos, precepto en el que se indica que: "La manifestación de las ideas no será objeto de ninguna inquisición judicial o administrativa, sino en el caso de que ataque a la moral, los derechos de tercero, provoque algún delito, o perturbe el orden público; el derecho de réplica será ejercido en los términos dispuestos por la ley. El derecho a

---

14 Corte INH. *Caso Ricardo Canese vs Paraguay*. Sentencia del 31 de agosto de 2004, serie C, 111. Párr. 88. disponible en: http://www. tc.gob.pe/corte_interamericana/seriec_111_esp.pdf.

15 Ibid. Párr. 90.

16 Corte EDH. *Caso Mathieu-Mohin y Clerfayt vs Bélgica*. Sentencia de 2 de marzo de 1987, serie a, No 113, disponible en: http://www. google.com.mx/search?q=Corte_es.pdf

la información será garantizado por el Estado".

De igual forma, el artículo 19 de la Declaración de Derechos Humanos establece que: "Todo individuo tiene derecho a la libertad de opinión y de expresión; este derecho incluye el de no ser molestado a causa de sus opiniones, el de investigar y recibir informaciones y opiniones, y el de difundirlas, sin limitación de fronteras, por cualquier medio de expresión."

En términos similares, el Pacto Internacional de Derechos Civiles y Políticos en su artículo 19 previene: "Toda persona tiene derecho a la libertad de expresión; este derecho comprende la libertad de buscar, recibir y difundir informaciones e ideas de toda índole, sin consideración de fronteras, ya sea oralmente, por escrito o en forma impresa o artística, o por cualquier otro procedimiento de su elección".

Asimismo, en el artículo 13 de la Convención Americana sobre Derechos Humanos dispone que: "Toda persona tiene derecho a la libertad de pensamiento y de expresión. Este derecho comprende la libertad de buscar, recibir y difundir informaciones e ideas de toda índole, sin consideración de fronteras, ya sea oralmente, por escrito o en forma impresa o artística, o por cualquier otro procedimiento de su elección".

Siguiendo ese mismo orden de ideas y de acuerdo con lo establecido por los preceptos antes citados, la libertad de expresión incluye la difusión oral de los pensamientos, ideas, deseos o necesidades de un sujeto, y que la misma se complementa con el derecho de la libertad de imprenta, el cual constituye "un medio de expresión de las ideas y por supuesto del pensamiento en donde se difunde la cultura".[17]

"La libertad de expresión al ser un derecho fundamental protegido y garantizado por nuestra Constitución, y constituir el vehículo de comunicación y difusión de los pensamientos, únicamente puede verse restringido o limitado "por otros derechos fundamentales (el honor, la dignidad, la intimidad, etcétera) o por situaciones extremas en las que se ponga en riesgo la estabilidad de la democracia constitucional".[18]

De lo contrario, el Estado al no garantizar su ejerció y pleno disfrute, se convertiría en un Estado autoritario, en donde "es necesario controlar el pensamiento y la opinión, y destruir en la comunidad y en el lugar de trabajo las

---

17 PADILLA, José R. *Garantías Individuales*. México, Cárdenas Editor y Distribuidor, 2000, p. 34.
18 Disponible en: http://www.bibliojuridica.org/libros/6/2583/4.pdf [citado 28/06/2010]

organizaciones que podrían proporcionar oportunidades e influencia a la gente que no conviene que las tengan".[19]

Se ha dicho que la libertad de expresión, al igual que los demás derechos fundamentales contenidos en nuestra Constitución, no es absoluta, sino que se encuentra supeditada al ejercicio de otros derechos, al mantenimiento del orden, de la moral, la salud y la seguridad nacional.

Es por esta razón que el encarcelamiento y las medidas establecidas por el derecho penal, únicamente tendrán cabida para el caso de que la libertad de expresión de un sujeto sea capaz de poner en grave riesgo a la sociedad; en virtud de que "las acciones de represión y castigo que al Estado corresponden, deben llevarse a cabo dentro de los caminos y en las áreas demarcadas por el mismo orden jurídico, que es la única forma eficaz de respetar los derechos humanos".[20]

En este punto, es importante destacar que la libertad de expresión no sólo se ve restringida o limitada por el derecho, sino que además su ejercicio se ve acotado a causa del terrorismo, el alto índice de criminalidad, la discriminación, el odio racial y la concentración de los medios de comunicación en unas cuantas personas, situaciones que en suma urgen al Estado a replantear su política con el objetivo de poder garantizar la seguridad pública de los individuos y no solamente la del Estado y la clase gobernante, a fin de que cada individuo pueda ejercer de manera plena su derecho a la libertad de expresión, consagrado en el texto constitucional.

Aunado a lo anterior, cabe señalar que la vaguedad de los preceptos constitucionales contenidos en el artículo 6° y 7° han contribuido a que en últimas fechas la Suprema Corte de Justicia de la Nación se pronuncie a favor de una excesiva limitación a la libertad de expresión, lesionando así los derechos fundamentales que tutela nuestra Constitución, tal y como se puede apreciar en el caso del poeta Sergio Witz, quien fue sancionado por expresar sus pensamientos a través de un poema.

Cuando el ordenamiento regulador amplía en exceso las facultades de los órganos del Estado encargados de la investigación, represión y sanción de las conductas ilícitas, y se limitan o circunscriben los derechos humanos para facilitar la acción persecutoria o sancionadora estatal, se cae en el Estado represor o, como más frecuentemente se le denomina, en el Estado policiaco.

---

19 CHOMSKY, Noam. *Política y cultura a finales del siglo XX. Un panorama de las tendencias actuales.* 3ra ed., España, Ariel, 2002, p. 25.
20 KRIEGER, Emilio. *El nuevo Derecho Constitucional. Barreras legales para autarquía y la oligarquía.* México, Editorial Grijalbo, 1996, p. 91.

Sí además, los excesos o abusos de los órganos estatales son protegidos por un sistema ineficaz de fijación de responsabilidades oficiales o directamente por la fórmula de la impunidad, se sale del mundo del estado de derecho para caer en la tenebrosa cueva del autoritarismo sin control y del poder sin responsabilidad.[21]

Asimismo, lo anterior pone de manifiesto que el Estado mexicano no ha hecho lo posible para que se garantice el derecho constitucional de libertad de expresión, en virtud de que no se han establecido los medios que garanticen el ejercicio de los derechos contemplados por nuestra Constitución y tampoco se ha logrado el acceso a los medios de comunicación por parte de la mayoría de los ciudadanos.

Así como el hecho de que en ciertas ocasiones algunas formas de expresión son censuradas o bien se busca que las mismas se ajusten a las ideas del orden social y político imperante, evitando de esa forma el pleno ejercicio de la libertad de expresión consagrada en los artículos 6° y 7° de la Constitución Política de los Estados Unidos Mexicanos.

Por otro lado, cabe resaltar que la legitimidad de las instituciones depende en gran medida de que se respeten los derechos fundamentales que tutela la Constitución, porque al protegerse el derecho del individuo a expresarse libremente, se protegen los derechos de la colectividad a expresar sus ideas, pensamientos o deseos. Es por eso que, resulta indispensable fijar los límites de la libertad de expresión, tomando en cuenta que hay ocasiones en que la libertad de expresión artística y política confluyen al mismo tiempo a través de una obra de arte y ambas merecen respeto y protección por parte del Estado.

Es así que cuando se pretenda realizar una afectación de cualquier índole a un derecho consagrado en la Constitución, es necesaria que la misma sea debidamente justificada dentro del mismo marco constitucional. Porque de lo contrario, se estará en el caso de que se disminuirá la esfera de libertad del individuo, al tiempo que se incrementa el poder autoritario del Estado.

Pero aquí hay que aclarar que ese daño debe ser a derechos importantes de otras personas, esto es, cuando afecte o ponga en riesgo su vida, su dignidad, su honor, su intimidad, su salud, etc. No significa que cuando otro se sienta ofendido o lastimado en sus creencias o sus sentimientos se tenga que limitar el derecho de otros a expresarse.[22]

---

21 Ibidem, pp. 91-92.
22 CRUZ Parcero, Juan Antonio. *De poemas, banderas, delitos y malas decisiones*. La sentencia de la Suprema Corte sobre el caso Witz. Disponible en: http://www.juridicas.unam.mx/publica/librev/rev/facdermx/cont/245/anc/anc21.pdf [citado 20/06/2010]

Es así como en un Estado constitucional se debe buscar establecer límites al poder arbitrario del Estado frente al individuo y minimizar la agresión o amenaza de sus derechos, de lo contrario se estaría en presencia de la paradoja de la libertad.

Es decir, se estaría frente a un ordenamiento jurídico en el que la máxima libertad se ha convertido en la fuente de la máxima opresión y los límites entre moral y derecho se han confundido. Es por ello, que no debe olvidarse que el Derecho Penal, "es una técnica de definición, comprobación y represión de la desviación";[23] y no una forma de opresión violenta y de minimización del individuo frente al poder autoritario del Estado.

Dado lo anterior, es que se debe buscar la consolidación del Estado constitucional de derecho, a través de la supremacía constitucional, del fomento de la democracia, de la protección de los derechos fundamentales tutelados por la Constitución. Así como de la división del poder para su ejercicio, regido por el principio de legalidad y respeto a la constitución. Lo cual traerá como consecuencia que el poder arbitrario del Estado frente al individuo se minimice y por consiguiente se reduzcan las posibilidades de afectación a sus derechos fundamentales, al tiempo que se incrementa la protección y garantía de disfrute de los mismos, favoreciendo así a la tan preciada libertad de expresión.

Es cierto que es necesaria la limitación y control de los derechos fundamentales por parte del Estado, a fin de evitar lesiones a derechos de terceros o poner en peligro la seguridad nacional y el orden constitucional. Sin embargo, se debe poner especial énfasis en los límites que se fijarán a la libertad de expresión, en virtud de que existe una fina línea que podría llevarnos al control del pensamiento, para la modificación de las opiniones, lo cual constituiría una forma sutil de represión por parte del Estado y sus órganos de gobierno.

Finalmente, no debemos olvidar que en los Estados autoritarios, "los individuos deben estar solos, enfrentándose al poder centralizado y a los sistemas de información de forma aislada, para que no puedan participar de ningún modo significativo en la administración de los asuntos públicos".[24] Y es por esta razón que debemos estar atentos en nuestro país a que el Estado y los demás órganos de control constitucional respeten el orden establecido por la Constitución, así como a los derechos fundamentales consagrados por la misma, ya que sí se continua con la violación de los mismos, pronto estaremos a un paso de vivir en un Estado Autoritario, en donde el individuo queda indefenso ante su inmenso poder, alejándonos aún más del Estado constitucional de derecho.

---

23 FERRAJOLI, Luigi, op. cit., nota 6, p. 209.
24 CHOMSKY, Noam. Op. cit., nota 14, p. 25.

4. Importancia de la libertad de expresión en el sistema democrático mexicano

El derecho de la libertad de expresión es una prerrogativa fundamental que como se dijo anteriormente se encuentra consignada en nuestra Carta magna en el art. 6° constitucional, así como en diversos ordenamientos jurídicos internacionales de derechos humanos, suscritos y ratificados por nuestro país, como lo es el Pacto Internacional de Derechos Políticos y Sociales (artículo 19, párrafo 2) y la Convención Americana sobre Derechos Humanos (artículo 13, párrafo 1), aplicables en términos de lo dispuesto en el artículo 133 de la Constitución mexicana.

Asimismo, la libertad de expresión es esencial en el ordenamiento político mexicano, por ser un derecho vital para el mantenimiento y la consolidación de las instituciones democráticas, así como un pilar fundamental de toda sociedad considerada democrática, lo que resulta interesante entre otros aspectos y que contribuye de manera esencial a la formación y al mantenimiento de una opinión pública bien informada, elemento indispensable para el buen funcionamiento de toda democracia representativa. Libertad, ésta que debe ser respetada por todo gremio social, sean partidos políticos, sindicatos, asociaciones civiles o cualquier otro que tenga como fin promover la participación colectiva en los asuntos que atañen a la sociedad.

Miguel Carbonell, investigador del Instituto de Investigaciones Jurídicas de la Universidad Nacional Autónoma de México (UNAM), en alguno de los puntos de las consideraciones torales de la sentencia del caso: *Libertad de expresión, partidos políticos y democracia,* manifestó lo siguiente: Que la manifestación de opiniones, puntos de vista o convicciones políticas y partidarias, deben recibir la más eficaz protección, dada la posición eminente de la libertad de expresión en el entramado de las instituciones democráticas, dado que el derecho a la libre manifestación de las ideas es una condición de posibilidades de un debate abierto, libre, plural y tolerante de ideas que no sólo contribuye a asegurar una mayor democratización interna de los partidos políticos, sino también el enriquecimiento de las iniciativas, propuestas y alternativas en el seno de los mismos.

La protección del derecho de libertad de expresión debe entenderse no sólo a las opiniones o puntos de vista manifestados en el interior de los partidos políticos, sino también aquellas otras expresiones que, como en el presente caso, se difunden en el exterior (a menos que se rebasen los límites de la cobertura constitucional). En ese tenor los partidos no deben ser entidades inmunes a la crítica o autocrítica.[25]

De igual forma, se debe poner especial énfasis en el hecho de que en el Estado constitucional de derecho es inadmisible que se repriman a través del ordenamiento penal, conductas del individuo que son consideradas como formas de manifestación y de ejercicio de sus derechos fundamentales, en virtud de que al darle preponderancia a la facultad sancionadora y represiva del Estado, se retrocede hacia un Estado autoritario, en donde poco o nada importan los derechos del individuo o de la sociedad.

Acorde a la teoría constitucional, se deben de ponderar tanto los derechos del individuo como los de la colectividad, a fin de construir un sistema coherente con los principios que establece la Constitución. Siendo en este punto en donde los límites y justificación del valor de la tolerancia se dibujan, para darle forma a la democracia y donde el control constitucional a través de la eliminación de antinomias, adquiere una enorme importancia, a fin de mantener el orden constitucional.

Conclusión

La libertad de expresión, en cuanto derecho fundamental, nos permite manifestar, difundir o expresar nuestros pensamientos, ideas, sentimientos, emociones, necesidades, deseos, etcétera, bien sea a través de forma oral o escrita. Siendo esta expresión o manifestación de nuestros pensamientos la que posibilita el desarrollo de la sociedad y la consolidación de la democracia, a través de la participación de los individuos en la vida pública del país.

Al ser la libertad de expresión un vehículo de difusión del pensamiento, al igual que los demás derechos fundamentales consagrados por nuestra Constitución, necesita ser debidamente protegida y garantizada por el Estado, quien deberá de proveer de los medios necesarios para su ejercicio, sin perjuicio de los límites que para la misma establezca. Sin embargo, la demarcación de estos deberá de hacerse dentro del marco constitucional, en un ambiente de tolerancia.

De igual forma, el Estado deberá fijar los medios de protección para el ejercicio de la libertad de expresión, tomando en cuenta para ello que la misma se ve restringida frente al alto índice de criminalidad y de inseguridad, de discriminación y concentración de los medios de comunicación en unas cuantas

25 Disponible en: http://www.te.gob.mx/documentacion/publicaciones/Serie_comentarios/07_libertad.pdf.

manos, por lo que el Estado Mexicano deberá de buscar el establecimiento de un orden constitucional que garantice el libre ejercicio de los derechos fundamentales que consagra la Constitución Política de los Estados Unidos Mexicanos.

La libertad de manifestación de las ideas en el ámbito político, en general y en particular, en el sistema constitucional de los partidos políticos, contribuye a la consolidación de un debate libre y una inclusión plural de todas las expresiones políticas. Mereciendo la libertad de expresión una verdadera protección constitucional.

Los partidos políticos están llamados a desempeñar un buen papel dentro del Estado constitucional democrático de derecho. Estos están obligados a ser guardianes de una función preponderante como vehículos para la participación política de los ciudadanos y el desarrollo de la vida democrática.

Referencias Bibliográficas

Bibliografía

CARBONELL, Miguel y Salazar, Pedro. *Garantismo. Estudios sobre el pensamiento jurídico de Luigi Ferrajoli*, Madrid, Trotta-Instituto de Investigaciones Jurídicas, 2005.

CHOMSKY, Noam. *Política y cultura a finales del siglo XX. Un panorama de las tendencias actuales*. 3ra ed., España, Ariel, 2002.

DICCIONARIO JURÍDICO MEXICANO, 8ª ed., México, Editorial Porrúa-UNAM, 1995.

FERRAJOLI, Luigi. *Derecho y razón. Teoría del garantismo penal*, 7ª ed., Madrid, Trotta 2005.

FISS, Owen. *Libertad de expresión y estructura social*, México, 1997.

GARCÍA RAMÍREZ, Sergio. *Corte Interamericana de derechos humanos. Opinión consultiva OC-18/03*, México, Comisión Nacional de Derechos Humanos, 2004.

KRIEGER, Emilio. *El nuevo Derecho Constitucional. Barreras legales para autarquía y la oligarquía*, México, Editorial Grijalbo, 1996.

PEÑA FREIRE, Antonio Manuel. *La garantía en el Estado constitucional de derecho*, Madrid, Trotta, 1997.

Fuentes cibernéticas:

ALGO SOBRE LA LIBERTAD DE EXPRESIÓN. Disponible en: http://www.bibliojuridica.org/libros/6/2583/4.pdf [citado 28/06/2010]

ALGO SOBRE LA CORTE INH: Disponible en: Corte INH, Caso Ricardo Canese vs Paraguay, Sentencia del 31 de agosto de 2004. disponible en: http://www.tc.gob.pe/corte_interamericana/seriec_111_esp.pdf.

ALGO SOBRE LA CORTE EDH. Disponible en: Corte EDH, Caso Mathieu-Mohin y Clerfayt vs Bélgica, Sentencia de 2 de marzo de 1987, serie a, No 113, disponible en: http://www.google.com.mx/search?q=Corte_ es.pdf

CONVENCIÓN AMERICANA SOBRE DERECHOS HUMANOS. Disponible en: http://www.oas.org/juridico/spanish/tratados/b-32.html[citado 22/06/2010]

DECLARACIÓN UNIVERSAL DE DERECHOS HUMANOS. Disponible en: http://www.un.org/es/documents/udhr/index.shtml[citado 20/06/2010]

PACTO INTERNACIONAL DE DERECHOS CIVILES Y POLÍTICOS. Disponible en: http://www.cinu.org.mx/onu/documentos/pidcp.htm[citado 22/06/2010]

CRUZ PARCERO, Juan Antonio, De poemas, banderas, delitos y malas decisiones. La sentencia de la Suprema Corte sobre el caso Witz. Disponible en: http://www.juridicas.unam.mx/publica/librev/rev/facdermx/cont/245/anc/anc21.pdf   [citado 20/06/2010]

Disponible en: http://cronica.diputados.gob.mx/Iniciativas/54/024.html

Disponible en: http://www.hrea.org/index.php?doc_id=851 [citado 28/06/2010]

http://www.te.gob.mx/documentacion/publicaciones/Serie_comentarios/07_libertad.pdf

Fuentes legislativas:

CONSTITUCIÓN POLÍTICA DE LOS ESTADOS UNIDOS MEXICANOS.

LEY SOBRE DELITOS DE IMPRENTA.

Narcocine, ¿expresión cultural o apología del delito?

Maxel D. Avendaño López

Narcocine, ¿expresión cultural o apología del delito?

Maxel D. Avendaño López

Resumen

La expresión ideológica del narcotráfico en México se refleja en los productos culturales del cine y la música. Conjugados se comunica las vivencias, pensamientos y formas de interrelación entre los grupos del crimen organizado. La narrativa cinematográfica basada en las letras de los narco-corridos se componen de textos discursivos que están llenos de códigos que reflejan una ideología inspirada en la ilegalidad, el poder, la superioridad, el dinero, pero por otro lado, en la marginación social, el sentimiento de inferioridad, el machismo y la idealización y glorificación de los narcos.

Con la entrada de Felipe Calderón Hinojosa a la Presidencia de la República y su ya histórica "Guerra contra el narco", en 2006, se puede ver como la realidad supera la ficción y da pie a pensar en la ilegalidad de estos discursos, motivando y elogiando un acto que puede considerarse criminal.

¿Pero hasta dónde estos productos culturales son una libre expresión cultural para convertirse en una apología a la violencia, según el derecho?

Abstract

Much of the ideological expressions of drug smuggling is reflected in part in the cultural byproducts of film and music. In combination, these two communicate the lives, thoughts and forms of interrelationship of organized crime. The narrative cinematography of the lyrics used in the drug smuggling like music, are composed of discursive texts that are abundant in codes that reflect an ideology inspired by power, superiority and illegality, and in other ways by the social marginalization, the feeling of inferiority, machismo and the glorification of the ideology of drug smugglers. Enter Felipe Calderon Hinojosa to the presidential post of the Mexican republic, and with his now historic War against drug smugglers, in 2006, you can see how the reality supersedes fiction and gives way for speeches and some laws being made to officially outlaw and punish such behavior, songs and even praising such acts, to be considered criminal.

But how far do these cultural products of freedom of speech go as to become an apology for violence according to the law?

Sumario

Introducción. 1. Conceptos jurídicos de libertad de expresión y apología del delito. 2. Excepciones sociales: límites y alcances de la libertad de expresión. 3. Normatividad vigente. Conclusiones. Referencias bibliográficas.

Introducción

El "cine de narcos" como se le conoce en México, tiene su apogeo a partir de los años 70´s, producidos para una audiencia sobre todo en el norte del país y el sur de los Estados Unidos. Estas películas hacen mención a las historias del tráfico de drogas en la frontera México-Estados Unidos, es por eso que comenzó llamándose a este género "cine fronterizo". Con la expansión del problema del narcotráfico a todo el territorio, termina llamándose "narcocine".

Este género surge a raíz de los famosos y populares narcocorridos, un género musical heredado de la Revolución, heroicas baladas que celebraban a los fugitivos pistoleros héroes de esa época. Ahora son medios de expresión de los grupos musicales para elogiar y difundir la vida y obra de los narcotraficantes y sus seguidores. Basados en sus letras, los cineastas llevan a la pantalla grande los hechos, hazañas, aventuras y sufrimientos de los más famosos capos de la narcomafia. Pequeñas y medianas compañías productoras que hacían comedias eróticas encontraron un nuevo camino económico, gracias también al éxito de los narcocorridos. Cine que no aporta nada al país, según los intelectuales y con la modificación de la Ley Federal de Cinematografía, el Estado no aporta recursos económicos para su realización y terminaron realizándose en cinta de video o videohome, en vez de películas en 35 mm por su alto costo.

Pero un día, la realidad rebasó a la ficción de este género. Las balaceras, los muertos, los mutilados, los secuestros ya no se veían solamente en el cine, sino en los noticiarios. Las historias y mitos de estos héroes se hicieron realidad y se convirtieron en monstruos-asesinos en una sociedad pacífica.

Para los festejos de los 100 años de la Revolución y 200 de la Independencia, el director, guionista y productor Luis Estrada (LA LEY DE HERODES, de 1999 y UN MUNDO MARAVILLOSO, de 2006), regresa con otra película polémica, que pone de manifiesto el gran problema actual de la guerra contra el narco que inició el Presidente de la República Felipe Calderón en el 2006 y que ha costado la vida de miles de personas entre delincuentes, fuerzas armadas y víctimas inocentes. Cifra de bajas comparable a una guerra civil.

Luis Estrada anuncia en su film que no hay nada que festejar en nuestro país, en una historia que cuenta la necesidad de un inmigrante mexicano que regresa después de 20 años de vivir en los Estados Unidos, con una mano por delante y otra por detrás. Se encuentra con un México violento, con una crisis económica, desempleo y no tiene otra opción que convertirse en narcotraficante. EL INFIERNO, de 2010, es una película de ficción crítica y con un sentido del humor ácido y con escenas fuertes de violencia y sexo que sucede en un pueblo ficticio y personajes creados de la imaginación de este realizador, que no cabe duda inspirados en eventos reales, células criminales y funcionarios corruptos de nuestro país. Producida por el gobierno federal, EL INFIERNO ¿es una apología del delito o únicamente una historia que se quiere contar?

Para esta investigación comenzaremos analizando los conceptos jurídicos y normatividad vigente sobre la libertad de expresión y sus límites, además de la apología del delito, para que se aclaren las dudas sobre el tema y llegar a una conclusión y una reflexión si debería castigarse o dejar que los realizadores se expresen libremente.

1. Conceptos jurídicos

Antes de comenzar esta investigación es necesario definir los conceptos que están en conflicto en este tema, sobre la libertad de expresión de los cantautores y los realizadores de los "narcocorridos" y el "narcocine", respectivamente. ¿Libertad de crear historias narradas visualmente o cantadas como parte de una cultura o expresión artística o el elogio o invitación de un acto que se considera ilícito como el narcotráfico?

Libertad de expresión

Una de las definiciones más certeras y más sencillas para el lector es la que nos da Ernesto Villanueva Villanueva, investigador del Instituto de Investigaciones Jurídicas, de la Universidad Nacional Autónoma de México (UNAM): "La expresión es la forma a través de la cual la persona exterioriza sus pensamientos en signos, palabras o gestos que tengan como propósito comunicar algo".[1]

Basándose en textos de Jean Rivero, el origen de la libertad de expresión reside en "la posibilidad que tiene el hombre de elegir o elaborar por sí mismo las

---

1 VILLANUEVA Villanueva, Ernesto. *Derecho mexicano de la información*. Oxford. México, 2000. Pág. 11

respuestas que quiera dar a todas las cuestiones que le plantea la conducta de su vida personal y social para adecuar a aquéllas sus actos y comunicar a los demás lo que tenga de verdadero".[2]

Es así que Ernesto Villanueva se refiere al contenido de la libertad de expresión y dice que: "puede consistir en reflexiones o comentarios sobre ideas generales, o referirse a comentarios sobre noticias relacionadas con acontecimientos concretos",[3] basándose en el artículo 5° del Código Europeo de Deontología del Periodismo, aprobado por la Asamblea General del Consejo de Europa, que data del 1 de julio de 1993.

También el investigador de la UNAM señala que en el SCT 6-1988 del Tribunal Constitucional de España del 21 de enero: "la libertad de expresión tiene por objeto pensamientos, ideas y opiniones, concepto amplio dentro del que deben incluirse también las creencias y los juicios de valor".[4]

Entonces Villanueva concluye afirmando que: "La libertad de expresión es uno de los Derechos fundamentales del hombre, porque representa la prolongación de la garantía individual de pensar, ejercicio sin el cual no es posible aventurar la posibilidad del desarrollo del hombre en sociedad. La lucha por la libertad de expresión constituye una larga batalla contra el dogma, el autoritarismo y las inercias contra el cambio y la innovación.[5]

Apología del delito

Lamentablemente no existe una definición jurídica exacta, clara y precisa en nuestra legislación. Es por ello que trataremos de definir con nuestras palabras lo que la sociedad entiende por apología del delito.

Del latín *apologia*, es el discurso que se realiza en defensa o alabanza de algo o alguien. Se trata de expresiones orales, escritas o de otro tipo que se difunden con la intención de brindar apoyo a una persona, una organización o una causa. La apología del delito es un término que se usa frecuentemente en el lenguaje jurídico, sobre todo en el área penal y tiene que ver con la defensa a ideologías controversiales.

---

2 RIVERO, Jean. *Les liberé públiques*. Thémis, París, 1977, pág. 121
3 Ob. Cit. *Derecho mexicano de la información*.
4 Ibidem.
5 Idem.

La apología del delito trata de justificar acciones de dudosa legalidad o bien ilegales, normalmente mediante el discurso. En pocas palabras, se podría decir que la apología del delito según nuestras palabras: Es el elogio público de un acto que ha sido declarado criminal o ilegal. Este acto de instigar indirectamente, tiene en su definición la palabra clave de "público", entonces por conclusión, la apología o la aprobación en privado de un delito no constituye un acto ilícito.

Entonces la apología, en algunos casos, puede considerarse como un acto ilícito cuando incita o invita a cometer acciones contrarias a la ley. En estos casos se puede hablar de una apología del delito, ya que la persona que expresa libremente a través del arte, una ideología, defiende y promueve conductas delictivas.

Por otra parte, Castilla Juárez dice que: "Parece evidente que esas formas de discurso o expresión no deben de gozar de ninguna protección, pues lo que buscan justamente es que otros derechos humanos sean violados, lo cual a todas luces, no puede ser compatible con la Convención Americana, ni admitido por la OEA, ni compatible con una sociedad democrática".[6]

Según la Corte Interamericana de Derechos Humanos nos dice: "No obstante ello y la gravedad de las expresiones, resulta necesario para sancionar tener como presupuesto la prueba actual, cierta, objetiva y contundente de que la persona no estaba simplemente manifestando una opinión, por dura, injusta o perturbadora que ésta sea, sino que tiene la clara intención de cometer un crimen y la posibilidad actual, real y efectiva de lograr sus objetivos".[7]

En la Relatoría para la Libertad de Expresión de la Comisión Interamericana se dice: "Tampoco gozan de protección: i) la incitación directa y pública al genocidio, que está implícitamente establecido en el contenido de este párrafo 5, del art 13 de la Convención Americana, así como ii) la pornografía infantil, que tampoco se encuentra expresamente regulada en dicha norma. Aunque pareciera evidente que cualquier expresión que llame expresamente a que sean violados otros derechos humanos reconocidos en la Convención Americana o en otros tratados debe estar prohibida, pues ello atenta con la razón de ser de los tratados de derechos humanos y muchos esfuerzos de la comunidad internacional, destinados a evitar que grandes tragedias humanas se vuelvan a repetir.

Los órganos del Sistema Interamericano de Derechos Humanos (SIDH) no han tenido que analizar un caso de este tipo y, por tato, la jurisprudencia es

---

6 CASTILLA Juárez, Karlos A. *Libertad de expresión y derecho de acceso a la información en el Sistema Interamericano de Derechos Humanos.* Comisión Nacional de los Derechos Humanos. México, 2001. pp. 55 y 56.
7 Corte IDH. *La Colegiación Obligatoria de Periodistas* (arts. 13 y 29 Convención Americana sobre Derechos Humanos). Opinión Consultiva OC-5/85 del 13 de noviembre de 1985. Serie A No. 5, párr. 77.

escasa a este respecto, por lo cual debemos hacer un análisis serio del conjunto de expresiones que podrían entrar en esta categoría y seguramente son más que las dos que ha especificado la Relatoría para la Libertad de Expresión.

No obstante ello, el ejercicio que se haga debe tener una justa dimensión a la libertad de expresión y distinguir, sin error, entre la incitación e invitación expresa a que los derechos humanos sean violados, y las expresiones críticas, molestas u ofensivas que se pueden hacer respecto de personas e instituciones, sin que ello signifique difundir expresiones que llamen a violar otros derechos humanos".[8]

2. Excepciones sociales, límites y alcances de la libertad de expresión

Sobre la libertad de expresión, el catedrático e investigador Héctor Pérez Pintor nos dice: "Una de las excepciones extensibles al derecho a la información es la que se opone a las expresiones en favor de la guerra, de la violencia y el odio raciales, religiosos o nacionales, pues es posible que tales manifestaciones trastoquen el orden público y social".[9]

Orden público: Según Pérez Pintor: "Este concepto hace referencia a un conjunto de ideas, valores e instituciones que permiten la coexistencia pacífica de una sociedad y no pueden alterarse por la voluntad individual o la de entes jurídico-políticos del extranjero. En un rango constitucional, el orden público se manifiesta en los aparatos referentes a los derechos fundamentales, donde destacan términos como: no discriminación; prohibición de la esclavitud; educación pública, laica, gratuita y obligatoria; separación de la Iglesia y el Estado; prohibición de la tortura; principio de legalidad y de seguridad jurídica; propiedad pública, social y privada; superficie del país; salvaguarda de la seguridad del Estado; carácter representativo, democrático, federal de la República Mexicana; división tripartita del poder (separación de funciones); supremacía constitucional, etc. Ellos constituyen los pilares sobre los que se levanta el orden público de los mexicanos. Esta excepción de carácter social supone para el Estado una serie de medidas encaminadas a impedir que intereses o actividades de particulares afecten los fines esenciales del Estado y del conglomerado social en su conjunto".[10]

---

8 Relatoría Especial para la Libertad de Expresión. CIDH, Marco jurídico interamericano sobre el derecho a la libertad de expresión, Organización de Estados Americanos, OEA/Ser.L/V/II/CIDH/RELE/INF.2/09,30 de diciembre de 2009, párr.58

9 PÉREZ Pintor, Héctor. *La arquitectura del derecho de la información en México*. Ed. Miguel Ángel Porrúa. México, 2012. Pág. 86.

10 Ibidem. Pág. 93 y 94

Moral pública: Según la Ley de Imprenta, en su Artículo 2°, fracción I, dice: "Constituye un ataque a la moral: Toda manifestación de palabra, por escrito, o por cualquier otro de los medios de que habla lafracción I del artículo anterior, con la que se defiendan o disculpen, aconsejen o propaguen públicamente los vicios, faltas o delitos, o se haga la apología de ellos o de sus autores". Y se castigará según la misma Ley de Imprenta, en su artículo 32 fracción I, los ataques a la moral se castigarán: "Con arresto de uno a once meses y multa de cien a mil pesos, en los casos de la fracción I delartículo 2°".

Seguridad Nacional: Ernesto Guerrero Gutiérrez menciona: "Se refiere a la protección del Estado frente a amenazas internas y externas. La primera preocupación del Estado, relativa a la seguridad nacional, es la propia supervivencia. Gobiernos fuertes, cuya estabilidad interna está asegurada, se refieren a su seguridad nacional en términos de protección frente a amenazas externas. En cambio, gobiernos débiles han tendido a definir su seguridad nacional como protección del gobierno frente a amenazas internas, tales como la guerrilla, la revuelta, el crimen organizado o los golpes de Estado".[11] En el art. 3 fracción I de la Ley de Seguridad Nacional se menciona que: "Se entienden las acciones destinadas de manera inmediata y directa a mantener la integridad, estabilidad y permanencia del Estado Mexicano, que conlleven a la protección de la nación mexicana frente a las amenazas y riesgos que enfrente nuestro país".

Para finalizar este capítulo, Karlos Castilla Juárez señala que de conformidad con la Convención Americana, "la libertad de expresión, por lo general, no puede estar sujeta a previa censura sino a responsabilidades ulteriores, las que deben estar expresamente fijadas por la ley y ser necesarias para asegurar: a) el respeto de los derechos o a la reputación de los demás, o b) la protección de la seguridad nacional, el orden público o la salud o la moral públicas.

La libertad de expresión sólo puede limitarse si se hace:

a) Por responsabilidades ulteriores, esto significa que toda limitación a la libertad de expresión, como regla general y con contadas excepciones, sólo puede aplicarse una vez que el derecho ha sido ejercido. Esto es, que no puede establecerse ninguna restricción a las expresiones antes de que estas se den a conocer, lo que implica que primero se expresa el pensamiento, idea, opinión o información, y después de expresadas se podrá determinar si existe alguna responsabilidad por el ejercicio de la libertad de expresión,

11 GUERRERO Gutiérrez, Ernesto. *Transparencia y seguridad nacional*. Cuadernos de transparencia 18. IFAI. Pág12.

es decir, si amerita imponer una limitación al ejercicio de este derecho. La responsabilidad ulterior tiene el único fin de prevenir el uso abusivo de este derecho, pero nunca el de evitar que los pensamientos, ideas, opiniones e información sean difundidas.

b) Expresamente fijadas por la ley, lo cual significa que toda limitación a la libertad de expresión debe encontrarse establecida en forma previa y de manera expresa, taxativa, precisa y clara en una ley. Esto es, que la ley debe establecer, en términos claros y lo más preciso posible. Las leyes vagas o ambiguas no son admisibles, ya que por su simple existencia disuaden la libertad de expresión, por el miedo que genera en las personas de ser sancionadas, además de que dejan en manos de las autoridades la interpretación de éstas, lo cual puede llevar a que se hagan interpretaciones judiciales amplias que restrinjan indebidamente la libertad de expresión, o bien, otorgar facultades discrecionales muy amplias a las autoridades, que les permita desarrollar actos arbitrarios equivalentes a la censura previa o a la imposición de responsabilidades desproporcionadas.

Pero más aún, si la ley es de naturaleza penal, éstas deben satisfacer adicionalmente las exigencias propias del principio de estricta legalidad, esto es, los más estrictos requerimientos característicos de la tipificación penal. Lo cual se concreta en la necesidad de utilizar términos estrictos y unívocos que acoten claramente las conductas punibles".[12]

3. Normatividad vigente

Con respecto a nuestra pregunta base si el narcocine es una expresión cultural que debe respetarse como tal o si es un elogio o una invitación a esta labor criminal, nos remitiremos a nuestras legislaciones para comprender si es ilegal o no realizar narcocorridos y narcocine.

La Constitución de nuestro país nos dice en su Artículo 6° párrafo I: "La manifestación de las ideas no será objeto de ninguna inquisición judicial o administrativa, sino en el caso de que ataque a la moral, los derechos de tercero, provoque algún delito o perturbe el orden público; el derecho de réplica será ejercido en los términos dispuestos por la ley. El derecho a la información será garantizado por el Estado".

---

12 CASTILLA Juárez, Karlos A. *Libertad de expresión y derecho de acceso a la información en el Sistema Interamericano de Derechos Humanos.* Comisión Nacional de los Derechos Humanos, México, 2011. p. 39.

Provocar algún delito y perturbar el orden público, son las palabras claves que podrían considerarse importantes para que los realizadores tanto en el cine, como los canta autores de los narcocorridos en que se basan estas producciones cinematográficas puedan ser censuradas, para evitar disturbios o invitaciones a los jóvenes y adultos que carecen de una forma de vida digna, a causa del desempleo que existe en nuestro país y sean reclutados a las filas del narcotráfico, cuando ven y escuchan la buena vida que llevan los personajes principales a los que se glorifican.

En el Artículo 14, párrafo III de la Constitución se puede leer algo muy interesante con respecto a lo peligroso que puede ser, considerar y querer castigar este tipo de expresión como una apología del delito. "En los juicios del orden criminal queda prohibido imponer, por simple analogía y aún por mayoría de razón, pena alguna que no esté decretada por una ley exactamente aplicable al delito de que se trata". Por muy claro que parezca, esta expresión artística no puede ser castigada por simple analogía, por mucho que se le parezca, sino se encuentra claramente tipificada en una ley penal.

En la Ley sobre Delitos de Imprenta nos remitiremos al Artículo 3o., constituye un ataque al orden o a la paz pública:

I.- Toda manifestación o exposición maliciosa hecha públicamente por medio de discursos, gritos, cantos, amenazas, manuscritos o de la imprenta, dibujo, litografía, fotografía, cinematógrafo, grabado o de cualquier otra manera, que tenga por objeto desprestigiar, ridiculizar o destruir las instituciones fundamentales del país; o con los que se injuria a la Nación Mexicana o a las Entidades Políticas que la forman;

II.- Toda manifestación o expresión hecha públicamente por cualquiera de los medios de que habla la fracción anterior, con la que se aconseje, excite o provoque directa o indirectamente al Ejército a la desobediencia, a la rebelión, a la dispersión de sus miembros o a la falta de otro u otros de sus deberes; se aconseje, provoque o excite directamente al público en general a la anarquía, al motín, sedición o rebelión o a la desobediencia de las leyes o de los mandatos legítimos de la autoridad; se injurie a las autoridades del país con el objeto de atraer sobre ellas el odio, desprecio o ridículo; o con el mismo objeto se ataque a los cuerpos públicos colegiados, al Ejército o Guardia Nacional o a los miembros de aquéllos y éstas, con motivo de sus funciones; se injurie a las naciones amigas, a los soberanos o Jefes de ellas o a sus legítimos representantes en el país; o se aconseje, excite o provoque a la Comisión de un delito determinado.

De igual manera, la Ley sobre Delitos de Imprenta es clara y todas estas manifestaciones artísticas deberían ser sujetas de una censura al momento de aconsejar a desobedecer las órdenes y crear odio a las autoridades del país "públicamente" con cantos y la utilización del cinematógrafo, pero aquí no se habla de que sea un delito.

En el Pacto Internacional de Derechos Civiles y Políticos, el Artículo 19 encontramos:

1. Nadie podrá ser molestado a causa de sus opiniones.

2. Toda persona tiene derecho a la libertad de expresión; este derecho comprende la libertad de buscar, recibir y difundir informaciones e ideas de toda índole, sin consideración de fronteras, ya sea oralmente, por escrito o en forma impresa o artística, o por cualquier otro procedimiento de su elección.

3. El ejercicio del derecho previsto en el párrafo 2 de este artículo entraña deberes y responsabilidades especiales. Por consiguiente, puede estar sujeto a ciertas restricciones, que deberán, sin embargo, estar expresamente fijadas por la ley y ser necesarias para:

a) Asegurar el respeto a los derechos o a la reputación de los demás;

b) La protección de la seguridad nacional, el orden público o la salud o la moral públicas.

En el Artículo 20 dice:

1. Toda propaganda en favor de la guerra estará prohibida por la ley.

2. Toda apología del odio nacional, racial o religioso que constituya incitación a la discriminación, la hostilidad o la violencia estará prohibida por la ley.

Y en la Convención Americana sobre Derechos Humanos nos remitiremos al Artículo 13. Sobre la "Libertad de Pensamiento y de Expresión":

1. Toda persona tiene derecho a la libertad de pensamiento y de expresión. Este derecho comprende la libertad de buscar, recibir y difundir informaciones e ideas de toda índole, sin consideración de fronteras, ya sea oralmente, por escrito o en forma impresa o artística, o por cualquier otro procedimiento de su elección.

2. El ejercicio del derecho previsto en el inciso precedente no puede estar sujeto a previa censura, sino a responsabilidades ulteriores, las que deben estar expresamente fijadas por la ley y ser necesarias para asegurar:

a) el respeto a los derechos o a la reputación de los demás, o

b) la protección de la seguridad nacional, el orden público o la salud o la moral públicas.

3. No se puede restringir el derecho de expresión por vías o medios indirectos, tales como el abuso de controles oficiales o particulares de papel para periódicos, de frecuencias radioeléctricas, o de enseres y aparatos usados en la difusión de información o por cualesquiera otros medios encaminados a impedir la comunicación y la circulación de ideas y opiniones.

4. Los espectáculos públicos pueden ser sometidos por la ley a censura previa con el exclusivo objeto de regular el acceso a ellos para la protección moral de la infancia y la adolescencia, sin perjuicio de lo establecido en el inciso 2.

5. Estará prohibida por la ley toda propaganda en favor de la guerra y toda apología del odio nacional, racial o religioso que constituyan incitaciones a la violencia o cualquier otra acción ilegal similar contra cualquier persona o grupo de personas, por ningún motivo, inclusive los de raza, color, religión, idioma u origen nacional.

Internacionalmente vemos que todo realizador artístico tiene el derecho de expresarse por medio de cualquier instrumento, pero existen esos límites personales, como ya los hemos mencionado, como la seguridad nacional, el orden público, la moral y la propaganda en favor de la guerra o la delincuencia organizada en este caso, pero tan solo queda prohibida, esto significa que no debe hacerse alusión a este tipo de conducta. Evitar realizar este tipo de arte porque está "prohibido" por la ley, pero no se menciona sanción ni delito, aunque si habla de una apología del delito a la que nos referiremos a continuación en nuestro país.

En el Código Penal Federal encontramos en el Capítulo VII: "Provocación de un Delito y Apología de éste o de algún Vicio y de la Omisión de impedir un Delito que atente contra el Libre Desarrollo de la Personalidad, la Dignidad Humana o la Integridad Física o Mental". Artículo 208.- Al que provoque públicamente a cometer un delito, o haga la apología de éste o de algún vicio, se le aplicarán de diez a ciento ochenta jornadas de trabajo en favor de la comunidad, si el delito no se ejecutare; en caso contrario se aplicará al provocador la sanción que le corresponda por su participación en el delito cometido.

Diez a ciento ochenta jornadas de trabajo comunitario es la sanción que se aplicará al que "públicamente" provoque o invite a cometer un delito, siempre y cuando el delito se realice, pero ¿cómo comprobar que realmente fue una canción o una película la que hizo que esa persona, joven o adulta haya decidido formar parte de alguna asociación delictiva para cambiar su forma de vida y dedicarse al narcotráfico?. Y de ser así, su condena será el trabajo comunitario por tan solo unos días.

La Ley Federal de Cinematografía nos dice en su Artículo 2.- Es inviolable la libertad de realizar y producir películas y en su Artículo 4.- La industria cinematográfica nacional por su sentido social, es un vehículo de expresión artística y educativa, y constituye una actividad cultural primordial, sin menoscabo del aspecto comercial que le es característico. Corresponde al Poder Ejecutivo Federal la aplicación y vigilancia del cumplimiento de esta Ley y su Reglamento.

Los realizadores cinematográficos tienen todo el derecho de contar historias de cualquier índole. Y en el caso del narco cine no sería una excepción porque a través de ellas manifiestan un personal punto de vista, se expresan libremente y muestran un modo de vida real y parte de la cultura del país.

Quizá todas las producciones basadas en hechos reales, pero con personajes ficticios, como es el caso de "El Infierno", de Luis Estrada, o algunas producciones más basadas en capos reales mostrando su vida y obra desde que no tenían un peso hasta como se burlan y violan las leyes para tener la fortuna y el poder de controlar a las autoridades y vivir como reyes.

Tan solo son historias, que ciertas o no, no pueden considerarse como una invitación a unirse a la delincuencia, sino como una expresión artística, un modo de gritar la verdad de lo que sucede en nuestro país. Es un medio para expresarse libremente de algún acontecimiento o tan solo de contar un cuento.

El gobierno federal en su función de vigilar como lo dice la misma Ley Federal de Cinematografía, podrá clasificar, pero no censurar este tipo de arte. El Artículo 24 dice: Previamente a la exhibición, distribución y comercialización de las películas, éstas deberán someterse a la autorización y clasificación correspondiente, ante la autoridad competente, de conformidad a lo que establezca el Reglamento. Y en su Artículo 25.- Las películas se clasificarán de la siguiente manera:

I.- "AA": Películas para todo público que tengan además atractivo infantil y sean comprensibles para niños menores de siete años de edad.

II.- "A": Películas para todo público.

III.- "B": Películas para adolescentes de doce años en adelante.

IV.- "C": Películas para adultos de dieciocho años en adelante.

V.- "D": Películas para adultos, con sexo explícito, lenguaje procaz, o alto grado de violencia.

Las clasificaciones "AA", "A" y "B" son de carácter informativo, y sólo las clasificaciones "C" y "D",debido a sus características, son de índole restrictiva, siendo obligación de los exhibidores negar laentrada a quienes no cubran la edad prevista en las fracciones anteriores.

Artículo 26.- La autorización y clasificación que se expida para las películas es de orden federal y su observancia es obligatoria en todo el territorio nacional.

Y para finalizar este capítulo, el Reglamento de la Ley Federal de Cinematografía dice en su Artículo 18: Las películas con escenas explícitas, no ficticias, de violencia, tortura o actividad sexual y genital, o cualesquiera otra, para cuya filmación se presuma la comisión de un delito o alguna violación a las leyes, así como la apología de dichas conductas, no serán autorizadas por la Dirección General para su distribución, exhibición pública o comercialización y, cuando corresponda se dará parte a la autoridad competente.

"No ficticias", se refiere a escenas reales, y por tanto, esto si sería un delito, pero en el caso del narco cine, todo lo que se muestra es ficción, con actores e historias "basadas" en hechos reales. Si existe una apología en este tipo de cine o en los narcocorridos, también se encuentran en las telenovelas, series de televisión y videojuegos.

Conclusiones

La libertad de expresión en el mundo del arte no puede ser restringida, aunque existen límites como la seguridad nacional, el orden y la moral pública, que en el caso de los narcocorridos y el cine de narcos, ponen en duda si esta manifestación artística es o no una agresión a estos supuestos y sobre todo si llegan a ser una apología del delito.

En cierta manera, si lo son, pero si los narcocorridos y las películas sobre estos temas con imágenes violentas del crimen organizado dejan de ser una libre expresión del realizador por contar una historia, ya sea cantada o visual, entonces todo lo que vemos en la televisión y los videojuegos, deberían también ser castigados como tal, por poner en riesgo la mentalidad de los niños y jóvenes por invitarlos a ver la violencia como algo cotidiano y ser parte de esta.

Telenovelas producidas por grandes empresas de comunicación como la *Reina del Sur*, protagonizada por Kate del Castillo y producida por Telemundo, es solo uno de los ejemplos más conocidos como una apología del delito, por elogiar la vida de una mujer que se dedica al narcotráfico por no tener otra opción de salir adelante en la vida. Si este ejemplo de hacerse de la vista gorda y no buscar que encuadre con este delito, se debe solamente a que no existen escenas violentas y los respalda una empresa económicamente fuerte y el gobierno jamás vetará una producción que genera dinero y entretenimiento al pueblo.

No obstante los narcocorridos y narcocine son financiados por los mismas bandas musicales y pequeñas productoras de video y no hay pruebas fehacientes que sean producidas con dinero del narco o bien sean obligados para contar historias y elogiar el mundo y personajes del narco.

La película *El Infierno* de Luis Estrada es financiada por el mismo gobierno federal y jamás fue censurada por considerarse como una apología del delito, sino que únicamente fue clasificada para una audiencia para mayores de 18 años, en donde el mismo director no estuvo de acuerdo con esa clasificación, porque para él era de suma importancia que los jóvenes de 15 años en adelante tomaran conciencia del problema y se dieran cuenta que el mundo del narcotráfico no conduce a nada bueno.

Y más que nada esta clasificación se debió a las escenas extremadamente violentas y de sexo explícito como lo señala el Reglamento de cinematografía, cosa que no sucede con la telenovela de la *Reina del Sur.*

En dado caso que fuera una apología del delito, ya hemos visto que la sanción es 10 a 180 días de trabajo comunitario para los realizadores, según el Código Federal Penal. Una sanción ridícula para un problema social tan importante en la actualidad, viendo que es un delito que invita al público a formar parte de estos grupos criminales que ponen en riesgo la paz, la seguridad nacional y el orden público.

La solución ya está en pláticas desde octubre del 2011, en el Congreso de la Unión, con propuestas de reforma al artículo 3 de la Ley sobre Delitos de Imprenta, a cargo del diputado Armando Corona Rivera, del grupo parlamentario del PRI, con el propósito de "evitar que se realice una apología de la violencia y del crimen en medios impresos y otras formas de comunicación gráfica y documental, además de definir con claridad que la apología del delito parte de la sola asociación de la riqueza con el crimen organizado, incluyendo las manifestaciones de admiración y prestigio al modo de vida de los delincuentes". Y asegura que su propuesta no atenta a la libertad de expresión, sino que genera una nueva limitante al marco normativo existente.

Por otra parte, el diputado federal del PAN Oscar Arce Paniagua propuso desde noviembre del 2011, el dictamen que sanciona hasta con cuatro años y seis meses de cárcel a quien por medio de corridos, mantas, videos en internet, espectaculares o cualquier tipo de mensajes por medio de la radio y televisión haga una apología del delito y de la violencia. Además dice que cuenta con el apoyo de la mayoría de los legisladores de la Comisión de Justicia que preside el priista, Humberto Benítez Treviño que plantea que el artículo 208 del Código Penal Federal precise: "Al que provoque públicamente a cometer un delito, o haga la apología de éste o de algún vicio, se le aplicarán de uno a tres años de prisión y hasta cincuenta días de multa, si el delito no se ejecutare; en caso contrario se aplicará al provocador la sanción que le corresponda por su participación por el delito cometido".

Por lo tanto, solamente hay que esperar a que estas reformas se realicen, porque de no modificarse, sobre todo en el Código Federal Penal, no habrá delito que perseguir ni castigar mientras no se defina claramente la apología del delito y se aumente a una sanción que deje de ser ridícula.

Por el momento, la libertad de expresión respaldada por empresas económicamente fuertes, seguirá siendo la opción más viable para los realizadores de estos temas tan polémicos en la actualidad y los pequeños grupos y compañías que no cuenten con este apoyo seguirán siendo focos de atención y de polémica, se les presionará para evitar que puedan expresarse libremente o simplemente decidirán contar un cuento.

No se descarta que realmente haya personas que son parte de la delincuencia y buscan en el narcocine un medio de promover y exaltar a los grupos criminales.

Referencias bibliográficas

CASTILLA Juárez, Karlos A. *Libertad de expresión y derecho de acceso a la información en el Sistema Interamericano de Derechos Humanos*. Comisión Nacional de los Derechos Humanos. México, 2001.

CORTE IDH. *La Colegiación Obligatoria de Periodistas* (arts. 13 y 29 Convención Americana sobre Derechos Humanos). Opinión Consultiva OC-5/85 del 13 de noviembre de 1985. Serie A No. 5.

GUERRERO Gutiérrez, Ernesto. T*ransparencia y seguridad nacional*. Cuadernos de Transparencia 18. IFAI.

PÉREZ PINTOR, Héctor. *La arquitectura del derecho de la información en México*. Ed. Miguel Ángel Porrúa. México, 2012.

RELATORÍA Especial para la Libertad de Expresión. CIDH, Marco jurídico interamericano sobre el derecho a la libertad de expresión, Organización de Estados Americanos, OEA/Ser.L/V/II/CIDH/RELE/INF.2/09,30 de diciembre de 2009.

RIVERO, Jean. *Les liberé públiques*, Thémis, París, 1977.

VILLANUEVA VILLANUEVA, Ernesto. *Derecho mexicano de la información*. Oxford. México, 2000.

Leyes consultadas

Constitución Política de los Estados Unidos Mexicanos

Código Penal Federal

Ley sobre Delitos de Imprenta

Ley de Seguridad Nacional

Ley Federal de Cinematografía

Reglamento de la Ley Federal de Cinematografía

Pacto Internacional de Derechos Civiles y Políticos

Convención Americana sobre Derechos Humanos

Capítulo XI

Narcocorrido, ¿libertad de expresión o apología del delito?

Catalina Azucena Lemus Aguirre

¿Narcocorrido, libertad de expresión o apología del delito?

Catalina Azucena Lemus Aguirre

Resumen

Este artículo tiene el propósito de reflexionar bajo un enfoque del Derecho de la Información, el fenómeno del narcocorrido como una posible repercusión de la apología del delito, cuya naturaleza se hallaría entre el ejercicio de la libertades de expresión e información, y la de ser un acto preparatorio del delito.

Desde esta perspectiva, se describirá el derecho fundamental de la libertad de expresión, sus alcances y límites establecidos en el artículo 6o y 7o de la Constitución Política de los Estados Unidos Mexicanos, así como un acercamiento a los instrumentos internacionales, legislación nacional, criterios jurisprudenciales y los diferentes criterios doctrinales que nos ayudarán a dilucidar sobre esta proposición inicial.

Abstract

This article aims to reflect on an approach of Information Law, the *narcocorrido* phenomenon as a possible impact of the advocacy of crime, the nature of which would be found between the exercise of the freedoms of expression and information and be an act preparatory crime.

From this perspective, we will describe the fundamental right of freedom of expression, its scope and limits of the 6th and 7th article of the Constitution of the United Mexican States, as well as an approach to international instruments, national legislation, case law criteria and different doctrinal criteria that will help us to elucidate on this initial proposal.

Sumario

Introducción

El fenómeno del narcocorrido, como una posible repercusión de la apología del delito, es un tema polémico y poco explorado desde un enfoque del Derecho de la Información, por lo que el propósito de este artículo será describir la configuración del narcocorrido como apología del delito o como una expresión cultural.

En primer término se revisará la libertad de expresión como un valor fundamental en el respeto a la libertad de expresión de ideas, pero también las excepciones o límites de que el mismo texto constitucional pone al ejercicio de esta libertad, como son los derechos de terceros, la moral, la paz y el orden público, donde la apología del delito se conformaría como una excepción social.

Se explorará el narcocorrido como una manifestación cultural, donde en la música se encuentra un modelo de divulgación de la identidad de la narco cultura, como un sistema de creencias, valores y prácticas que reflejan un estilo de vida del crimen organizado. Los textos discursivos del narcocorrido están llenos de códigos que reflejan una ideología acendrada en la ilegalidad, el poder, la superioridad, el dinero, pero por otro lado, en la marginación social, el sentimiento de inferioridad, el machismo y la idealización y glorificación de los narcos.

Finalmente, se discurrirá sobre la fundamentación y motivación de las propuestas de reforma y adición a la Ley de delitos de Imprenta y los Códigos penales, para regular el narcocorrido, así como una revisión del texto constitucional y los criterios de la jurisprudencia mexicana en materia de la apología del delito.

1. Libertad de expresión

La noción de libertad de expresión data desde la antigüedad y ha tenido muchos matices a lo largo de la historia de la humanidad, pero una de las primeras y más importantes expresiones sobre las libertades informativas y de expresión fue la Declaración de los Derechos del Hombre y del Ciudadano de 1789 en Francia, donde se proclamó, entre otros derechos, la libertad de expresión:

"La libre comunicación de los pensamientos y las opiniones es uno de los derechos más preciosos del hombre: todo ciudadano no puede entonces hablar, escribir e imprimir libremente, salvo su obligación de responder al abuso de esta libertad en los casos determinados por la ley".[1]

---

1 El texto completo de la Declaración de los Derechos del Hombre y del Ciudadano puede consultarse en: www.juridicas.unam.mx/publica/librev/rev/derhum/cont/.../pr19.pdf

Posteriormente y después de concluida la Segunda Guerra Mundial, se proclamó la Declaración Universal de los Derechos Humanos de 1948, la que retomó la idea original de la libertad de expresión:

"Todo individuo tiene derecho a la libertad de opinión; este derecho incluye el de no ser molestado a causa de sus opiniones, el de investigar, recibir informaciones y opiniones, y el de difundirlas, sin limitaciones de fronteras, por cualquier medio de expresión".[2]

Estos tratados sobre Derechos Humanos fueron reconocidos por la mayoría de tratados internacionales que han sido firmados por México, específicamente, la Convención Americana sobre Derechos Humanos (1948)[3] y el Pacto Internacional de los Derechos Civiles y Políticos (1966),[4] ambos ratificados por el Senado mexicano mediante decreto publicado en el Diario Oficial de la Federación el 9 de enero de 1981.

De esta manera, según el artículo 133 constitucional, los tratados celebrados por el Presidente de la República y ratificados por el Senado, serán la "Ley Suprema de toda la Unión". Es decir, instrumentos jurídicos nacionales.

Ambos tratados internacionales configuraron una nueva formulación de las libertades informativas y de expresión. El artículo 13 de la Convención Americana de los Derechos Humanos, dice que "Toda persona tiene derecho a la libertad de investigación, de opinión y de expresión, y difusión del pensamiento por cualquier medio".

Mientras que el Pacto Internacional en su artículo 19, menciona: "Nadie podrá ser molestado a causa de sus opiniones. Toda persona tiene derecho a la libertad de expresión. Este derecho comprende la libertad de buscar, recibir y difundir informaciones e ideas de toda índole, sin consideración de fronteras, ya sea oralmente, por escrito o en forma impresa o artística, o por cualquier otro procedimiento de su elección".

Así, la libertad de expresión no sólo alcanza la protección a aquellos que expresan y difunden sus ideas pensamientos, sino también quienes la reciben y aún quienes desean investigarlas. Por tanto, tiene un sentido más amplio el derecho a

---

2 El texto completo de la Declaración Universal de los Derechos Humanos se puede consultarse en: www.un.org/es/documents/udhr/
3 El texto completo de la Convención Americana de los Derechos Humanos puede consultarse en http://www.scjn.gob.mx/Transparencia/Marco_Normativo/ConvencionAmericana_vTE07.pdf
4 El texto completo del Pacto Internacional de Derechos Civiles y Políticos puede consultarse en www.ordenjuridico.gob.mx/TratInt/Derechos%20Humanos/D47.pdf

la información.

En la doctrina jurídica mexicana, Jorge Carpizo McGregor sostiene que el derecho a la información "es la garantía fundamental que toda persona posee a: atraerse información, a informar y a ser informada". (VILLANUEVA, 2010: 339)

En México con el transcurso de los años se fue modificando y adaptando en los nuevos ordenamientos jurídicos donde se establecía la libertad de manifestar ideas. Pero fue con el reconocimiento de los instrumentos jurídicos internacionales, que el derecho a la información fue admitido constitucionalmente en México con la Reforma Política de 1977 que adicionó al artículo 6º la frase "El derecho a la información será garantizado por el Estado". Quedando a la letra:

Artículo 6o. La manifestación de las ideas no será objeto de ninguna inquisición judicial o administrativa, sino en el caso de que ataque a la moral, los derechos de tercero, provoque algún delito, o perturbe el orden público; el derecho de réplica será ejercido en los términos dispuestos por la ley. El derecho a la información será garantizado por el Estado.[5]

De esta manera, desde el punto de vista jurídico la libertad de expresión es un fenómeno normativo, ya que es regulada en diversas leyes, códigos y reglamentos, por ejemplo, en la Ley Federal de Radio y Televisión, el artículo 58, dice:

"El derecho de información, de expresión y de recepción, mediante la radio y la televisión, es libre y consecuentemente no será objeto de ninguna inquisición judicial o administrativa ni de limitación alguna ni censura previa, y se ejercerá en los términos de la Constitución y de las leyes". [6]

De esta manera, se puede atribuir a la libertad de expresión un doble sentido, uno amplio donde comprende diferentes "libertades" y otro estricto donde se definen los alcances o límites de este derecho. Es decir, que su ejercicio conlleva deberes y responsabilidades especiales.

---

5 El texto completo de Constitución Política de los Estados Unidos Mexicanos puede consultarse en http://www.diputados.gob.mx/Leyes-Biblio/ref/cpeum.htm
6 El texto completo de la Ley Federal de Radio y Televisión puede consultarse en www.diputados.gob.mx/LeyesBiblio/pdf/114.pdf - 2012-11-21

1.1 Alcances y límites de la libertad de expresión

La libertad de expresión es reconocida como un derecho fundamental del hombre o un derecho subjetivo, donde se le otorga a toda persona la facultad para ser sujetos de derechos y obligaciones. Sin embargo, tiene restricciones para no vulnerar ciertos valores colectivos como son los derechos de terceros.

La Declaración Universal de Derechos Humanos (DUDH) reconoce en el artículo 29 fracción 2:

> *"En el ejercicio de sus derechos y en el disfrute de sus libertades, toda persona estará solamente sujeta a las limitaciones establecidas por la ley con el único fin de asegurar el reconocimiento y el respeto de los derechos y libertades de los demás, y de satisfacer las justas exigencias de la moral, del orden público y del bienestar general en una sociedad democrática".*

Mientras, en la Declaración Americana de los Derechos y Deberes del Hombre (DADDH), en el artículo 28, queda establecido que "Los derechos de cada hombre están limitados por los derechos de los demás, por la seguridad de todos y por las justas exigencias del bienestar general y del desenvolvimiento democrático".

En el Pacto Internacional de Derechos Civiles y Políticos (PIDCP) se establece con mayor precisión los alcances de la libertad de expresión en el artículo 19.3, que deben estar expresamente fijadas por ley:

> El ejercicio del derecho previsto en el párrafo 2 de este artículo entraña deberes y responsabilidades especiales. Por consiguiente, puede estar sujeto a ciertas restricciones, que deberán, sin embargo, estar expresamente fijadas por la ley y ser necesarias para:
>
> a) Asegurar el respeto a los derechos o a la reputación de los demás;
>
> b) La protección de la seguridad nacional, el orden público o la salud o la moral públicas.

El Pacto de San José, además de contener los anteriormente señalados referentes a los derechos de terceros, la reputación, la seguridad pública, el orden público, la salud, la moral pública, en este último haciendo hincapié en los niños y la juventud, contempla en el artículo 13.3, lo siguiente:

"No se puede restringir el derecho de expresión por vías o medios indirectos, tales como el abuso de controles oficiales o particulares de papel para periódicos, de frecuencias radioeléctricas, o de enseres y aparatos usados en la difusión de información o por cualesquiera otros medios encaminados a impedir la comunicación y la circulación de ideas y opiniones".

De conformidad con los anteriores pactos internacionales de los derechos humanos, las limitantes deben estar fijadas de manera expresa en la ley. En el marco legal nacional, los alcances o límites de la libertad de expresión, los encontramos en el artículo 7° Constitucional, que aunque solo se describe en materia de imprenta, este artículo reglamente otras normativas en el mismo sentido:

"Es inviolable la libertad de escribir y publicar escritos sobre cualquiera materia. Ninguna ley ni autoridad puede establecer la previa censura, ni exigir fianza a los autores o impresores, ni coartar la libertad de imprenta, que no tiene más límites que el respeto a la vida privada, a la moral y a la paz pública. En ningún caso podrá secuestrarse la imprenta como instrumento del delito".

La Suprema Corte de Justicia de la Nación (SCJN) se ha pronunciado sobre los límites del derecho a la información:

"El derecho a la información consagrado en la última parte del artículo 6o. de la Constitución Federal no es absoluto, sino que, como toda garantía, se halla sujeto a limitaciones o excepciones que se sustentan, fundamentalmente, en la protección de la seguridad nacional y en el respeto tanto a los intereses de la sociedad como a los derechos de los gobernados, limitaciones que, incluso, han dado origen a la figura jurídica del secreto de información que se conoce en la doctrina como 'reserva de información' o 'secreto burocrático'. En estas condiciones, al encontrarse obligado el Estado, como sujeto pasivo de la citada garantía, a velar por dichos intereses, con apego a las normas constitucionales y legales, el mencionado derecho no puede ser garantizado indiscriminadamente, sino que el respeto a su ejercicio encuentra excepciones que lo regulan y a su vez lo garantizan, en atención a la materia a que se refiera; así, en cuanto a la seguridad nacional, se tienen normas que, por un lado, restringen el acceso a la información en esta materia, en razón de que su conocimiento público puede generar daños a los intereses nacionales y, por el otro, sancionan la inobservancia de esa reserva; por lo que hace al interés social, se cuenta con normas que tienden a proteger la averiguación de los delitos, la salud y la moral públicas, mientras que por lo que respecta a la protección de la persona existen normas que protegen el derecho a la vida o a la privacidad de los gobernados".[7]

Como se puede observar, las limitaciones a la libertad de información son referentes a la afectación de derechos fundamentales de terceros (intimidad, vida privada, el honor o la propia imagen), la moral pública, la seguridad y orden público.

Sin embargo, estas excepciones son concepciones demasiado vagas y generales, por lo que es necesario acudir a la doctrina para aclarar los términos. La doctrina clasifica a los límites como excepciones personales y sociales del derecho a la información. La primera referentes a los derechos al honor, la intimidad y a la imagen. Héctor Pérez Pintor, aclara esta clasificación, el honor protege al de la estima propia y la fama; la primera se refiere un ámbito individual; la segunda es proyección pública del honor; también se habla de un derecho a la vida íntima y de la vida privada. (PINTOR, 2012:79)

Las excepciones sociales, nos dice que entra a un campo donde la injerencia en la vida social y comunitaria se sensibiliza por el motivo de que el hombre, como ser social, tiene a defenderse en comunidad, por lo que el Estado como representante político y jurídico de la sociedad, regula precisamente la protección social, buscando sobre todo el bien común. Una de las excepciones sensibles al derecho a la información es la que se opone a las expresiones a favor de la guerra, de la violencia y los odios raciales, religiosos o nacionales, que es posible trastoquen el orden público y social. (PINTOR, 2012:85)

1.2 La apología al delito, excepción de la libertad de expresión

En cuanto a la apología al delito, como se revisó anteriormente, se encuentra dentro de los límites sociales del derecho a la información, tanto en los tratados internacionales como en los artículos 6° y 7° constitucionales y las leyes derivadas de éstos. Sin embargo, su mención es ambigua y será necesario precisar, para fines de este trabajo.

El término de apología, según el Diccionario de la Real Academia Española

7 El texto completo de la Ley Federal de Radio y Televisión puede consultarse en www.diputados.gob.mx/LeyesBiblio/pdf/114.pdf - 2012-11-21

lo define como "el discurso de palabra o por escrito, en defensa o alabanza de personas o cosas".[8]

Por su parte, Guillermo Cabanellas de Torres refiere la apología como "elogio, solidaridad pública o glorificación de un hecho delictivo o de su autor a causa de él. (CABANELLAS, 1993:28)

El PIDCP, en su artículo 20.2, refiere como limitación a "toda apología del odio nacional, racial o religioso, que constituya incitación a la discriminación, la hostilidad o la violencia estará prohibida por la ley".

Esto mismo lo reitera el Pacto de San José en su artículo 13.5 añadiendo "… o cualquier otra acción ilegal similar contra cualquier persona o grupo de personas, por ningún motivo, inclusive los de raza, color, religión, idioma u origen nacional".

Por tanto, la apología podemos enmarcarla dentro de moral pública, señalada en los artículos 6° y 7° constitucional y definida en el artículo 2° de la Ley sobre Delitos de Imprenta:

"Toda manifestación de palabra, por escrito, o por cualquier otro de los medios de que habla la fracción 1 del artículo anterior, con la que se defiendan o disculpen, aconsejen o propaguen públicamente los vicios, faltas o delitos, o se haga la apología de ellos o de sus autores."

Los artículos de las leyes y/o códigos penales federal o estatales, hacen referencia a delitos a la apología o provocación del delito, sin encontrar una definición clara y concisa, por lo que queda a la interpretación del jurista.

La Ley sobre Delitos de Imprenta precisa en el artículo tercero, los medios mediante los cuales se puede manifestar o difundir la incitación como un ataque al orden o a la paz pública:

"Toda manifestación o exposición maliciosa hecha públicamente por medio de discursos, gritos, cantos, amenazas, manuscritos o de la imprenta, dibujo, litografía, fotografía, cinematógrafo, grabado o de cualquier otra manera, que tenga por objeto desprestigiar, ridiculizar o destruir las instituciones

---

8 Diccionario de la Real Academia Española, consultado en: http://buscon.rae.es/drae/srv/search?val=apolog%EDas La palabra deriva del lat. apología, y este del gr. ἀπολογία

fundamentales del país; o con los que se injuria a la Nación Mexicana, o a las Entidades Políticas que la forman".

Además, el artículo 63° de la Ley Federal de Radio y Televisión hace mención a los mensajes transmitidos por los medios electrónicos que contengan alguna expresión de incitación al delito o a la violencia:

"Quedan prohibidas todas las transmisiones que causen la corrupción del lenguaje y las contrarias a las buenas costumbres, ya sea mediante expresiones maliciosas, palabras o imágenes procaces, frases y escenas de doble sentido, apología de la violencia o del crimen; se prohíbe, también, todo aquello que sea denigrante u ofensivo para el culto cívico de los héroes y para las creencias religiosas, o discriminatorio de las razas; queda asimismo prohibido el empleo de recursos de baja comicidad y sonidos ofensivos".

Asimismo, una expresión de incitación o alabanza a un delito es penalizada en el Código Penal,[9] en su artículo 208:

"Al que provoque públicamente a cometer un delito, o haga la apología de éste o de algún vicio, se le aplicarán de diez a ciento ochenta jornadas de trabajo en favor de la comunidad, si el delito no se ejecutare; en caso contrario se aplicará al provocador la sanción que le corresponda por su participación en el delito cometido".

En este sentido, la apología del delito seria un principio válido para el derecho penal, porque en sentido estricto se entiende como una alabanza, elogio o exaltación de un hecho delictivo. Para Luis González Guitian es necesario distinguirlo de las conductas de propaganda o exposición de determinadas doctrinas o ideas, conductas que no encuentran base en un hecho concreto. Este es el sentido que tiene expresiones como, por ejemplo, apología de la droga o similares estricto y que en algunos casos el legislador tipifica como delito independiente. (GUITIAN, 1980: 283)

Se configura entonces como una modalidad de provocación. Y ésta, junto con la conspiración y proposición, constituyen los llamados actos preparatorios punibles, los cuales se conciben como preceptos que extienden la penalidad más allá de lo previsto en los respectivos tipos, de los cuales aquéllos son preparación.

---

9 El texto completo del Código Penal Federal puede consultarse en http://www.diputados.gob.mx/LeyesBiblio/pdf/9.pdf

Rafael Rebollo Vargas opina que la simple referencia a delitos ya perpetrados no sería constitutiva de apología, ya fuere por el análisis de los mismos o por la exposición pormenorizada de ellos. Es más, en este mismo sentido cabe añadir que tampoco sería punible, "la mera satisfacción que no se oculta o la simple aprobación de delito". (REBOLLO, 1997: 36)

Por su parte, González Guitian señala que "por muy reprobable que, desde el punto de vista ético pueda parecer el elogio de un delito, lo que no es más que una opinión no debe formar parte del catálogo de delitos que integran un texto punitivo". (GUITIAN, 1980: 283)

La apología ha de constituir una incitación directa a cometer el delito. Ya no se trata únicamente de la difusión de ideas o doctrinas que ensalcen al crimen o enaltezcan al autor, sino que deben constituir una iniciación directa para la comisión de un delito. (ASTACIO, 1977:38)

Otra de las características inherentes de la apología, según Rebollo Vargas es que, ésta, por su propia naturaleza es pública, ya sea realizada ante una comunidad de personas, en manifestaciones o mediante los medios de difusión. Lo anterior supone que la apología realizada es atípica o que, incluso, es penalmente irrelevante cuando las personas receptoras en privado o cuando se dirige a un sujeto individual, ideas o doctrinas forman parte del núcleo personal de quien realiza la misma.

2 Del corrido al narco-corrido

2.1 La cultura del narco

Por cultura[10] del narco o narcocultura, nos referimos a los hechos, acontecimientos y creencias en el ámbito sociológico, político, económico que se realizan entorno del narcotráfico y que han dado identidad a las manifestaciones y expresiones de esta actividad ilícita, como una adopción de un estilo de vida rodeado de violencia física y social, poder, opulencia, dinero y machismo.

El estilo de vida de la narcocultura gira alrededor de ciertos significados y valores de una comunidad, que no sólo adopta quienes se dedican al tráfico de drogas y aquellas actividades que comprende el crimen organizado (secuestro,

---

10 El concepto de cultura es muy amplio y existen diversa definiciones para definirla. En este trabajo, consideramos a la cultura con todo aquello relacionado con el tejido social, su sistema de creencias, costumbres y prácticas que constituyen la forma de vida de un grupo específico de personas.

lavado de dinero, trata de blancas, piratería, otros), sino además por aquellos que admiran y siguen tal peculiar de pensar y de actuar que dan cuerpo a ideas, creencias y valores, es decir, a una ideología.

Las narconarrativas dialogan con los discursos oficiales y crean nuevas maneras de aproximarse a las ideologías que subyacen al tráfico y también a la "guerra contra las drogas" en los países productores. En el caso mexicano, la lucha por el control del mercado de las drogas dividió el norte de México entre diferentes cárteles, disparó la violencia y la represión migratoria y además cambió la cultura de muchos habitantes de la sierra. (FONSECA, 2009: 7)

El narcotráfico ha producido transformaciones en la esfera económica y social, y por tanto una nueva escala de valores. Dos fenómenos que han incidido en la gestación de de la cultura del narco ha sido el abandono social y el problema de la inmigración y ante la pobreza "el dinero fácil y el consumo de mercancías controlan la manera en que los individuos reaccionan frente al futuro y dialogan con los valores de la sociedad tradicional como el esfuerzo, el trabajo y el estudio". (FONSECA, 2009: 8)

Algunos de los valores que constituyen la escala de valores de la narcocultura se construyen a partir del honor, la valentía, la lealtad familiar y de grupo, la protección y la venganza. También forman parte de ese sistema, modelos de comportamiento caracterizados por un exacerbado "anhelo de poder", en una búsqueda casi compulsiva de placer y el prestigio social; así como una visión fatalista del mundo o una "desvalorización de la vida". Los involucrados en el narcotráfico buscan vivir rápidamente porque no hay un horizonte a largo plazo, ya que los pueden matar en cualquier momento. *(SSP, 2010: 8)*

Esta ideología se ha plasmado en algunas expresiones como la manera del vestir, el uso del lenguaje, el uso de vehículos, los símbolos religiosos, algunas prácticas y comportamientos que se han reflejado en la musical a través del *narcocorrido*.

"Otra expresión del fenómeno que merece una mención aparte, la constituye la música que se ha convertido en la distintiva del mundo del contrabando de drogas: el narcocorrido. Ésta se podría definir como una variedad actualizada del corrido cuyos acordes de corte "norteño" acompañados de letras que reseñan la vida o la muerte —real o ficticia- de personajes ligados al narcotráfico, termina por constituir un instrumento de difusión de lo que para algunos representan hazañas de los lugartenientes de la droga, quienes son

acogidos como héroes por un sector de la población que sueñan con emularlos en poder,
dinero y armas". (SSP, 2010:8)

Para Carlos Monsiváis, "más que celebración del delito, los narcocorridos difunden la ilusión de las sociedades donde los pobres tienen derecho a las oportunidades delincuenciales de los de arriba. En la leyenda ahora tradicional, los pobres, que en otras circunstancias no pasarían de aparceros o de manejar un elevador, desafían la ley de modo incesante. El sentido profundo de los corridos es dar cuenta de aquellos que, por vías delictivas, alcanzan las alturas del presidente de un banco, de un dirigente industrial, de un gobernador, de un cacique regional felicitado por el Presidente de la República." (MONSIVAIS, 2004: 35)

2.2 El narco-corrido como género musical

El narco-corrido es una expresión material de la ideología del narcotráfico en México. En las canciones se comunica las vivencias, pensamientos y formas de interrelación entre los grupos del crimen organizado.

Las letras se componen de textos discursivos que están llenos de códigos que reflejan una ideología acendrada en la ilegalidad, el poder, la superioridad, el dinero, pero por otro lado, en la marginación social, el sentimiento de inferioridad, el machismo y la idealización y glorificación de los narcos.

El narcocorrido, al igual que el corrido, nace como forma musical popular para contar historias, cuyo discurso "nos remite a un ámbito de experiencia en relación con un conocimiento convencional del mundo",[11] la actividad delictiva.

El corrido es subgénero musical donde se narran hazañas de héroes, amoríos o bien, se describen acontecimientos del pueblo. El esplendor del género se presenta en el periodo de la Revolución Mexicana, cuando los corridistas informaban los acontecimientos revolucionarios mediante sus canciones. Miguel Olmos Aguilera nos cuenta que:

"con la influencia del nacionalismo mexicano en la década de los treinta y cuarenta, el corrido crea la imagen estereotipada del mexicano macho, desafiante, enamorado, parrandero y jugador, tan difundida en el cine nacional, reflejada en piezas como el *muchacho alegre* o el corrido de *Juan Charrasquedo*. Así pasaba un paso para transitar de la figura altanera

---

11 Apuntes de la clase "Mensajes informativos", impartida por el Dr. Juan Carlos González Vidal, julio 2012.

y benévola de los antiguos personajes, a los personajes modernos que se debaten entre la ilegalidad y la valentía." (OLMOS, 2012:8)

Asimismo, de los corridos de la época se puede inferir el sentimiento que existía entre la distinción entre clases sociales durante el periodo revolucionario, como argumenta Catherine Héau Lambert: "el Siglo XIX el género del 'corrido', sirvió para denunciar la visión clasista de los terratenientes, entonces planteada como una inferioridad/superioridad genética. Los corridos morelenses, por ejemplo, expresaban claramente este enfrentamiento entre asedados y pueblerinos que recurrían a los conceptos de 'iberos' e 'indios', para expresar las relaciones de poder vigentes". (HÉAU, 2010:101)

2.3. Análisis del contenido de narco-corrido.

El campo discursivo que adopta el narcocorrido, se encuentra un lenguaje y simbolismos peculiares, en muchos de ellos se cuentan historias mitificando al narco como un héroe o caudillo. Por ejemplo, en el corrido "Jefes de Jefes", de los Tigres del Norte, hay una denotación de inclusión/superioridad por el poder que dice tener un narco sobre otros poderes: el Estado, los medios de comunicación y otros grupos del crimen organizado.

> *Soy el jefe de jefes señores /*
> *me respetan a todos niveles /*
> *y mi nombre y mi fotografía nunca van a mirar en papeles /*
> *porque a mí el periodista me quiere /*
> *y si no mi amistad se la pierde.*

No obstante, en algunos narco-corridos se expresa un estado de inferioridad/ exclusión, connotada por la marginación social, la humillación, agresividad y resentimiento. Sin embargo, el sujeto se siente reivindicado cuando pasa a formar parte grupo, donde comparte una misma *competencia cultural*. En la canción "Recordando el pasado", interpretada por "Los de la A", podemos apreciar las siguientes estrofas:

> *Ando en mi trocón de lujo /recordando lo pasado /*
> *esta vida que he vivido /me dejo bien castigado /*
> *cuando ocupe favores/nadie quiso hacerme un paro.*
> *Las mujeres ni se diga /hay como me despreciaban /*
> *porque andaba con huarachis y la ropa remendada /*
> *me encontraron defectos porque no valía nada.*

Por lo que podemos apreciar en el texto discursivo de los narco-corridos existen *posturas enunciativas contradictorias*, como son la *exclusión-inclusión*, inferioridad/superioridad y la legalidad/ilegalidad. En el caso de *Recordando a Michoacán*, encontramos en la *estructura textual* estas *nociones*. La historia trata sobre un michoacano que vive en condiciones precarias de vida, emigra al norte del país en busca de fortuna y la encuentra incursionando en el narcotráfico.

a) *Exclusión-inclusión*. A pesar de cambiar su situación de pobreza y lograr una posición de respeto y riqueza, irrumpe un sentimiento de añoranza por la tierra. De regresar a su origen.

> *Ya me acostumbre a lo bueno ya he dejado la pobreza,*
> *muchos jefes importantes me admiran y me respetan,*
> *lo único que no he olvidado Michoacán mi linda tierra.*

b) *Inferioridad/superioridad*. El plano de la superioridad se configura en el poder: tener, disponer o adquirir simbolizados el dinero, las mujeres, las camionetas o las armas. Y aunque la condición de superioridad dure poco por el riesgo de la actividad ilícita, se corre el riesgo a vivirla.

> *La tambora suena y suena cada vez que se me antoja,*
> *seguido se me amanece no quiero hacer otra cosa,*
> *quiero disfrutar la vida antes de irme para la fosa*

> *Mujeres bellas mujeres he tenido por montones,*
> *también tantas amistades pistoleros y matones,*
> *pero tengo muy buen ojo para reconocer traidores.*

c) *Legalidad/ilegalidad*. Hay una confrontación de actividad lícita contra lo ilícito permanente. Un enfrentamiento contra la autoridad que va más allá de los límites administrativos del Estado, trasgrediendo las normas y reglas sociales e institucionales, como es el territorio y la justicia. Conforman un no Estado,[12] donde se reparten el territorio entre los cárteles de la droga y aplican la justicia por su propia cuenta.

> *California bello estado, como he ganado dinero,*
> *como he repartido libras por todos estos terrenos,*
> *como he rifado mi suerte peleando con el gobierno.*

---

12 Norberto Bobbio nos habla de un no Estado como una esfera paralela al Estado, como puede ser el Estado Confesional o Intervencionistas, es decir, que tienen control sobre un ámbito del Estado. En este sentido, consideró que el narcotráfico en México ha cobrado dimensiones de un no Estado en cuanto a su operatividad en asuntos exclusivos del Estado.

Asimismo, con este paradigma de estudio es posible entender el fenómeno del narcotráfico en México, desde su aspecto ideológico, entendido como "el discurso que se relaciona con el conocimiento convencional del mundo y que sirve para comunicar y moldear la realidad"[13] del sujeto de la enunciación. De esta forma, puedo inferir que el narco-corrido como expresión material de una ideología está relacionado con posturas enunciativas contradictorias, como la de exclusión-inclusión, inferioridad/superioridad y la legalidad/ilegalidad.

En estas canciones se aprecia esta relación entre un espacio de la marginación social, de la falta de oportunidades educativas, sociales y económicas, expresadas en un sentimiento de inferioridad, rabia, machismo frente a otro espacio donde la superioridad es manifestada mediante el fetichismo de símbolos de poder: dinero, mujeres, armas, valentía, alcohol, camionetas y drogas.

El narco-corrido ha construido un lenguaje propio a partir de una ideología de un grupo que comparten un marco referencia de los mismos significantes, códigos, valores, formas de vida e intereses en común, produciendo una forma de expresión, una apología a la cultura narco.

3. Regulación del narco-corrido en México

En México la discusión del *narcocorrido* como una libertad de expresión o un posible delito de apología es tema reciente, que apenas se empieza a discutir en los Poderes del Estado y en los estudios del derecho y comunicación. Esto a partir de la situación que priva en el país, con la puesta en marcha de la política del combate al narcotráfico durante el mandato del ex Presidente de la República Felipe Calderón Hinojosa.

Algunos actores sociales se han manifestado por su prohibición, principalmente en el estado de Sinaloa, donde el *narcorrido* fue desterrado de las estaciones de radio y televisión, por presión de las autoridades desde enero de 2001, como parte de un programa de combate al tráfico de drogas.

Asimismo, el ex gobernador Mario López Valdez decretó la medida de prohibir este género musical en bares, cantinas, centros nocturnos y salones de fiesta, además de la presentación de artistas de este corte musical.

Malova justificó la medida en evitar que "surjan ídolos de oropel, así como

---

13 Apuntes de la clase "Mensajes informativos", impartida por el Dr. Juan Carlos González Vidal, julio 2012.

La Barbie (narcotraficante del cártel de los Beltrán Leyva), que ahora es una moda" y haga apología del delito mediante la música.[14]

Por su parte, el gobierno de Chihuahua en abril de 2011 anunció, mediante los medios de comunicación, que no se permitirían que bandas musicales de ningún género incluyan dentro de su repertorio los *narcorridos* o cualquier canción que haga apología de conductas criminales.

Para ello, el ex gobernador César Duarte estudió la posibilidad legal para legislar y dar facultades a los 67 ayuntamientos estatales del Partido Revolucionario Institucional (PRI) para que puedan negar los permisos correspondientes para los bailes, conciertos u otro tipo de presentaciones.[15]

En Baja California, según el regidor de Tijuana, Luis Moreno Hernández, del Partido Encuentro Social (PES), la difusión de *narcorridos* "ha proliferado en el transporte público, autobuses, taxis y microbuses", en los que "los conductores los escuchan a todo volumen".[16]

Para contener este tipo de conductas, el Ayuntamiento de Tijuana decidió poner en marcha un plan anticrimen, que incluye modificar 17 reglamentos locales y la creación de otros dos, así como propuestas de reforma de 200 artículos de leyes estatales, para aplicar sanciones severas a la apología del delito. "A choferes de taxis, camiones y calafias, se les aplicarán multas de 14 salarios mínimos si son sorprendidos escuchando ese tipo de música", añadió Serrano.

En el mismo año en Michoacán, los empresarios de la Cámara de la Industria de la Radio y la Televisión (CIRT) acordaron vetar los narcocorridos en todas las estaciones. Algunos legisladores locales han pretendido formalizar la prohibición de las canciones que tratan cuestiones del narcotráfico, bajo un convenio regulatorio entre el gobierno michoacano, la 69 Legislatura local y los representantes de la CIRT en la entidad.[17]

Ante una aguda crisis de violencia en el país, derivado de la lucha contra los cárteles de la droga y bajo este clima de manifestaciones por parte de los gobiernos estatales de regular la transmisión de los *narcorridos* en Radio y Televisión, así como la publicación de información de mensajes de los grupos organizados,

---

14 Consultar: *Veta Sinaloa narcorridos en antros*, El Universal, 19 de mayo de 2011.
15 Consultar: *Duarte busca prohibir los conciertos de narcorridos*, El Universal, 9 de abril de 2011.
16 Consultar: *Narcorridos seducen a los jóvenes*, El Universal, 1 de marzo de 2009.
17 Consultar: *CIRT veta narcorridos en la radio michoacana*. La Crónica, 29 de septiembre de 2002.

se firmó un Acuerdo Nacional por la Seguridad, la Justicia y la Legalidad,[18] en el marco de la Vigésima Tercera Sesión Ordinaria del Consejo Nacional de Seguridad Pública, celebrada en Palacio Nacional el día 21 de agosto de 2008. Entre las determinaciones que se tomaron fue que cada medio de comunicación definiera y publicará estándares de actuación profesional en su cobertura informativa, para evitar la apología del delito.

Los firmantes del Acuerdo fueron los Poderes Ejecutivos Federal y Estatales, Congreso de la Unión, Poder Judicial Federal, representantes de las asociaciones de Presidentes Municipales, medios de comunicación y las organizaciones de la sociedad civil, empresariales, sindicales y religiosas.

3.1 Iniciativas de reforma al artículo 3º de la Ley sobre Delitos de Imprenta

El grupo Parlamentario del Partido de la Revolución Institucional (PRI), de la LXI Legislatura de la Cámara de Diputado del Congreso de la Unión, presentó en octubre de 2011 una iniciativa para reformar el artículo tercero de la Ley sobre Delitos de Imprenta, con el objetivo de evitar que se realice apología de la violencia y del crimen en medios impresos y otras formas de comunicación gráfica documental.[19]

En el cuerpo de la iniciativa se explica que la propuesta no atenta contra la libertad de expresión, sino que se propone generar una nueva limitación al marco normativo existente, haciendo más explícito el contenido del mismo, para dar certeza a la autoridad reguladora y sancionadora, a la vez también tendrán certeza los particulares emisores de mensajes de los medios impresos.

Y se define a la apología de la violencia y del crimen, como aquellos mensajes en imágenes, en escritos y orales que enuncien y describan actos violentos contra las victimas y la presentación de la riqueza y opulencia material de los criminales que puedan ser recibidos por los espectadores como un modelo de vida exitoso, frente a la mayoría de la población.

El ordenamiento que se pretendió modificar fue el Artículo 3, fracción II, de la Ley sobre Delitos de Imprenta.

---

18 Diario Oficial, lunes 25 de agosto de 2008. *Acuerdo Nacional por la Seguridad, la Justicia y la Legalidad.*
19 Proyecto de reforma el artículo 3o. de la Ley sobre Delitos de Imprenta, a cargo del diputado Armando Corona Rivera, del Grupo Parlamentario del PRI, Gaceta Parlamentaria, año XIV, número 3368-V, jueves 13 de octubre de 2011.

II. Toda manifestación o expresión hecha públicamente por cualquiera de los medios de que habla la fracción anterior, con la que se aconseje, excite o provoque directa o indirectamente al ejercito a la desobediencia, a la rebelión, a la dispersión de sus miembros, o a la falta de otro u otros de sus deberes; se aconseje, provoque o excite directamente al público en general a la anarquía, al motín, sedición o rebelión, o a la desobediencia de las leyes o de los mandatos legítimos de la autoridad; se injurie a las autoridades del país con el objeto de atraer sobre ellas el odio, desprecio o ridículo; o con el mismo objeto se ataque a los cuerpos públicos colegiados, al ejército o guardia nacional o a los miembros de aquéllos y éstas, con motivo de sus funciones; se injurie a las naciones amigas, a los soberanos o jefes de ellas o a sus legítimos representantes en el país; o se aconseje, excite o provoque a la comisión de un delito determinado.

El texto normativo propuesto para la reforma al artículo tercero, adiciona el párrafo siguiente:

"Así como realizar apología de la violencia y del crimen, debiéndose entender que queda prohibido: enunciar, describir y presentar imágenes con un contenido explícito de admiración a la delincuencia; a víctimas asesinadas, mutiladas o ensangrentadas y riqueza en materia generada por acciones delincuenciales".

En esta propuesta se pretende sancionar los contenidos que de manera tácita hagan mención de la violencia y que generen o susciten alabanza a las actividades y consecuencia de narcotráfico.

3.2. Iniciativa con proyecto de decreto que reforma y adiciona diversas disposiciones del Código Penal Federal y de la Ley Federal contra la Delincuencia Organizada

El Grupo Parlamentario del PAN presentó una iniciativa de decreto que reforma y adiciona diversas disposiciones del Código Penal Federal y de la Ley Federal contra la Delincuencia Organizada.[20]

El objetivo es reformar el artículo 208 del Código Penal Federal y el 194 acerca de la apología del delito. Dice: "Al que provoque públicamente a cometer un delito o haga apología de éste o de algún vicio se le aplicarán de 10 a 180 jornadas

20 Iniciativa con proyecto de decreto que reforma y adiciona diversas disposiciones del Código Penal Federal y de la Ley Federal contra la Delincuencia Organizada, Diario de Debates de la Cámara de Diputados, Año I, Primer Receso, 20 de enero de 2010, pág. 100.

de trabajo, a favor de la comunidad, si el delito no se ejecutare. En caso contrario, se aplicará al provocador la sanción que corresponda por su participación en el delito".

Por lo que se pretende crear esta figura autónoma jurídica mediante la cual los delincuentes instigan públicamente a la sociedad a que se cometa un delito y no existe ninguna sanción. En la exposición de motivos del proyecto, se pretende que la apología de un ilícito se sancione como delito autónomo, puesto que se considera que con ella se turba indirectamente la tranquilidad pública, se produce un escándalo, una alarma, una sensación de inseguridad, porque la instigación hecha públicamente puede encontrar un receptor que quiera realizar o ejecutar los delitos de los instigadores y además, porque la ley no puede esperarse a que se comentan los delitos, sino que debe castigar también la probabilidad de comisión creada con la instigación pública".

Y sigue el texto, por ello resulta necesario que no solo sea punible la apología de un delito, sino que resulte un agravante el hecho de que a través de los medios masivos de comunicación, provoquen públicamente la realización de un delito, protegiendo el bien jurídico tutelado, por ejemplo, algo tan preciado como la salud.

Es así que la producción, tenencia, tráfico, proselitismo y otros actos en materia de narcóticos, son delitos contra la salud que han afectado de manera grave el bien jurídico tutelado por la norma, que es la salud pública, y resulta preciso que implantemos estrategias que los prevengan.

Por lo que se propuso la reforma al párrafo primero y se adicionan un párrafo segundo y tercero del artículo 208 del Código Penal Federal y se adiciona el inciso 37 a la fracción I del artículo 194 del Código de Procedimientos Penales, para quedar como sigue:

"Al que provoque públicamente a cometer un delito, o haga la apología de éste o de algún vicio, se le aplicarán de uno a tres años de prisión y hasta cincuenta días de multa, si el delito no se ejecutare; en caso contrario se aplicará al provocador la sanción que le corresponda por su participación en el delito cometido. La provocación pública de un delito, o la apología de este o algún vicio, si no se ejecutare, se agravara en una mitad tratándose de los delitos previstos en la Ley Federal de Delincuencia Organizada. No se procederá cuando se expongan las consecuencias legales adversas derivadas de dicho delito, o cuando el servidor público que en ejercicio de sus funciones y con autorización fundada y motivada de la autoridad competente, simule conductas delictivas con el fin de aportar elementos de prueba en una averiguación previa".

En esta propuesta, se constituye como delito del orden penal federal la provocación o manifestación de la exaltación de un ilícito, o bien, la posible participación de éste aunque el delito no se ejecutaré estableciendo una sanción para cada uno de los dos casos.

3.3 Jurisprudencia

En la revisión de jurisprudencia mexicana, solamente se encontró una tesis aislada de la primera sala de la Suprema Corte, referente al Código Penal de Yucatán sobre la apología de un delito:

> PROVOCACION Y APOLOGIA DE UN DELITO (LEGISLACION DEL ESTADO DE YUCATAN). El artículo 467 del Código Penal del Estado de Yucatán, dispone que el que por alguno de los medios de que habla el artículo 580, provocare, públicamente, a cometer un delito, será castigado con pena de tres meses de prisión y multa de treinta a trescientos pesos, si el delito no se ejecuta y, en caso contrario, será castigado como autor, con arreglo a la fracción III, del artículo 43, del mismo ordenamiento; y el artículo 468 establece que el que públicamente defiende un vicio grave o un delito como lícitos, o haga la apología de ellos, o de quienes los cometen, será castigado con la pena establecida en la primera parte del artículo anterior. Ahora bien, si algunas personas penetran a un templo y destrozan las imágenes que ahí se encuentran y vistiéndose con los ornamentos, ejecutan bailes inmorales y los habitantes del pueblo arrojan de modo violento a los citados individuos, y en un periódico se comentan dichos hechos y se felicita a los vecinos de referencia y se manifiesta satisfacción y complacencia porque supieron defenderse de una chusma salvaje e ignorante, y se expresa deseo de que el ejemplo de los pobladores del lugar, se grabe en todos los pueblos del Estado, para que sepan defender su fe y sus tradiciones, tales comentarios no pueden estimarse como la provocación o la apología de un hecho delictuoso, puesto que no contienen incitación alguna para ejecutar un hecho o caer en una omisión contraria a la ley penal, ni tampoco elogios por haberse ejecutado un acto catalogado como delito, y si contra el autor del referido comentario, se motiva prisión y por los expresados delitos, se violan los artículos 14, 16 y 19 de la Constitución Federal, tanto más, si en la resolución respectiva

no se señala el hecho o hechos criminosos cuya provocación y apología se imputan al acusado; cita indispensable en un auto motivado de prisión, provocación y la apología, para que sean delictuosas, necesitan referirse a un hecho conminado con una sanción penal.[21]

Sin embargo, en las instancias de los Tribunales Colegiados de Circuito en los Estados de Puebla[22] y Yucatán, se han emitido algunas tesis aisladas sobre la provocación a la comisión de un delito, como es donde se establecen que la provocación a cometer un delito debe ser directa y expresa, y sólo puede ser dolosa, o sea, con la voluntad y conciencia del agente de provocar la ejecución de un cierto y determinado delito.

Sin embargo, es muy escaso el análisis y los criterios jurídicos emitidos por los tribunales de justicia, esto llama la atención porque estaríamos frente a un delito no configurado y solo enunciado constitucionalmente.

Conclusiones

Como queda expuesto en este trabajo, el fenómeno del *narcocorrido* como una posible repercusión de la apología del delito es un tema poco explorado bajo un enfoque del Derecho de la Información y en su argumentación jurídica. Por lo que es necesario una configuración del delito de la apología, para poder considerar al narcocorrido como un delito o una expresión del pensamiento.

La doctrina y la jurisprudencia a la hora de precisar la naturaleza de la apología o el fundamento de su castigo -sea en el texto constitucional, el Código Penal Federal y en las leyes referentes a la libertad de expresión-, su conceptualización es ambigua. Se ha prestado poca atención por parte de los tribunales a esta conducta, aunque se ha coincidido en señalar como nota característica de la apología su potencial capacidad para determinar la comisión de delitos análogos aquel al que se alaba.

En este sentido, se encuentran dos posturas para que un *narcocorrido* sea considerado como apología del delito. En la primera, la canción debe hacer una incitación directa del ilícito y tener un posterior efecto, no así por su sola expresión o señalamiento a una invitación o exhortación a delinquir. En una segunda postura

---

21 PROVOCACION Y APOLOGIA DE UN DELITO (LEGISLACION DEL ESTADO DE YUCATAN). [TA]; 5a. Época; 1a. Sala; S.J.F.; Tomo XLVI; pág. 184.

22 PROVOCACIÓN A LA COMISIÓN DE UN DELITO (LEGISLACIÓN DEL ESTADO DE PUEBLA). 9a. Época, Tribunales Colegiados de Circuito, Tomo VIII, pág. 1188.

se consideran que al ser un medio indirecto para repetir o procurar la habitualidad de la infracción se estaría provocando la apología al tener un efecto motivador de ensalzar el delito y dar origen a su posible ejecución.

A pesar de los intentos de regular el *narcocorrido* en México y de su prohibición en medios de comunicación masiva, por considerar que su contenido va en contra de los valores tradicionales establecidos en la sociedad y que exalta una ideología de la *narcocultura*, el género musical ha encontrado otras alternativas de divulgación a través de su reproducción masiva en discos compactos para consumo particular, en páginas de Internet (YouTobe, el blog del Narco, Movimiento alterado), redes sociales, en servicios de audio como las rocolas para eventos privados donde dentro de su selección musical se encuentra el narcocorrido, encontrando sus espacio de expresión cultural.

Referencias bibliográficas

ASTACIO Cabrera, Jacquelyne Guadalupe. *La apología y el prestigio de un futuro inmediato de gran sufrimiento*, Jueces para la democracia, 1977, pág. 38, consultado en: dialnet.unirioja.es/descarga/articulo/174695.pdf

CARBONELL, Miguel (Comp.). *Problemas contemporáneos de la Libertad de expresión*, Editorial Porrúa, Comisión Nacional de Derechos Humanos, México, D.F. 2004.

CORREA, Carlos; GUANIPA, Moraima; CISNEROS, Yubi; CAÑIZÁLEZ, Andrés. *Libertad de expresión, una discusión sobre sus principios, límite e implicaciones*, CEC, Caracas, Venezuela, 2007.

CÓRDOBA Solís Ñera, *Cultura y violencia del narcotráfico* en Zócalo, Año IX, Núm. 106, diciembre, 2008.

FONSECA, Alberyo. *Cuando llovió dinero en Macondo: Literatura y narcotráfico en Colombia y México*, Universidad de Kansas, 2009, consultado en: http://kuscholarworks.ku.edu/dspace/bitstream/1808/5646/1/Fonseca_ku_0099D_10395_DATA_1.pdf

GARCÍA Riera, Emilio. *México visto por el cine extranjero*, no. 5 1970-1998, Ediciones Era, Universidad de Guadalajara, Jalisco, Guadalajara, 1990.

HÉAU Lambert, Catherine. *Los narcocorridos: ¿incitación a la violencia o despertar de viejos demonios?*, Trace 57, 2010. Consultado: www.cemca.org.mx/trace/TRACE_57/Heau_T57.pdf

LÓPEZ Ayllón, Sergio. *El acceso a la información como derecho fundamental: la reforma al artículo 6 de la Constitución mexicana*, Cuadernos de Transparencia no. 17, IFAI, 2009.

MONSIVÁIS, Carlos. *El narcotráfico y sus legiones*, en Carlos Monsiváis et al., Viento rojo / Diez historias del narco en México, México, Plaza y Janés, 2004, 191 pp.

OLMOS Aguilera, Miguel. *El corrido del narcotráfico y la música popular en el Noroeste de México,* en Actas del IV Congreso Latinoamericano de la Asociación Internacional para el Estudio de la música popular, Tijuana, 2002. Consultado en http://www.hist.puc.cl/iaspm/mexico/articulos/Olmos.pdf

RAMÍREZ-PIMIENTA, Juan Carlos y Fernández, Salvador C., compiladores. *El norte y su frontera en la narrativa policiaca mexicana*, Plaza y Valdés, 2005, 204 pp.

SANTAMARÍA Gómez, Arturo (coord.) *Las jefas del narco, el accenso a las mujeres en el crimen organizado*. México, Grijalbo.

SÁNCHEZ Godoy, Jorge Alán. *Procesos de institucionalización de la narcocultura en Sinaloa*, p. 79. El documento puede consultarse en: http://www2.colef.mx/fronteranorte/articulos/FN41/4-f41.pdf

SÁNCHEZ-Ostiz, Pablo. *La apología del delito*. Persona y Derecho. Servicio de Publicaciones de la Universidad de Navarra, 2006, pp 619-652. http://hdl.handle.net/10171/14691

SUBSECRETARÍA de Prevención y Participación Ciudadana, Dirección General de Prevención del Delito y Participación Ciudadana, Gobierno Federal. Jóvenes y Narcocultura, 2010, consultado en http://www.ssp.gob.mx/portalWebApp/ShowBinary?nodeId=/BEA%20Repository/1214169//archivo

LEYES CONSULTADAS

Constitución Política de los Estados Unidos Mexicanos

Declaración de los Derechos del Hombre y del Ciudadano

Declaración Universal de los Derechos Humanos

Convención Americana de los Derechos Humanos

Pacto Internacional de Derechos Civiles y Políticos

Ley Federal de Radio y Televisión

Código Penal Federal

JUSRISPRUDENCIA CITADA

PROVOCACION Y APOLOGIA DE UN DELITO (LEGISLACION DEL ESTADO DE YUCATAN). [TA]; 5a. Época; 1a. Sala; S.J.F.; Tomo XLVI; pág. 184.

PROVOCACIÓN A LA COMISIÓN DE UN DELITO (LEGISLACIÓN DEL ESTADO DE PUEBLA). 9a. Época, Tribunales Colegiados de Circuito, Tomo VIII, pág. 1188.

Editorial AAA

1ª.Edición
250 Ejemplares
Colección
"Transformaciones Jurídicas y Sociales en el Siglo XXI"
6ª serie/No. 5

www.ingramcontent.com/pod-product-compliance
Lightning Source LLC
Chambersburg PA
CBHW031827170526
45157CB00001B/209